帝者，生物之主，兴益之宗。

嬴政

国学经典

秦始皇

《国学经典文库》丛书编委会◎编著

中国出版集团 现代出版社

图书在版编目（CIP）数据

秦始皇嬴政 /《国学经典文库》丛书编委会编著
. -- 北京：现代出版社，2018.6
ISBN 978-7-5143-6808-6

Ⅰ. ①秦… Ⅱ. ①国… Ⅲ. ①秦始皇（前 259- 前 210）—传记 Ⅳ. ① K827=33

中国版本图书馆 CIP 数据核字（2018）第 135402 号

秦始皇嬴政

作　　者　《国学经典文库》丛书编委会
责任编辑　李　鹏
出版发行　现代出版社
通讯地址　北京市安定门外安华里 504 号
邮政编码　100011
电　　话　010-64267325　64245264（传真）
网　　址　www.1980xd.com
电子邮箱　xiandai@vip.sina.com
印　　刷　天津文林印务有限公司
开　　本　710mm × 1000mm　1/16
印　　张　20
版　　次　2018 年 8 月第 1 版　2018 年 8 月第 1 次印刷
书　　号　ISBN 978-7-5143-6808-6
定　　价　39.80 元

前言
Foreword

历史的车轮渐渐前行，中国历史已有五千多年。自公元前 221 年秦王嬴政称皇帝始，到 1912 年“末代皇帝”溥仪退位，这两千多年的封建社会，朝代更迭，沧海桑田，但封建帝制从未间断。在中国封建社会的历史长河中，总共有四百九十五位皇帝（包括驾崩后追封者），其一直是国家的最高统治者，是专制集权统治的象征和代表。

在中国漫长的历史长河中，有的皇帝就如这条河流的顺风船，趁势前行；有的皇帝就如逆流中的航船，逆势而上；有的皇帝如漫漫散沙，无稳固根基；有的皇帝如中流砥柱，坚固牢靠。历朝历代的皇帝，不管是雄才伟略的英明之君，还是草菅人命的暴君，抑或苟延残喘的傀儡，他们举手投足、指点江山，无不牵动着百姓的神经，无不以独特的方式推动着历史的发展进程。

唐太宗说：“以史为鉴，可以知兴替。”这里所谓的“史”，正是经历时间积淀的历史。翻开历史，我们会发现，每一位皇帝即是每个时期的缩影，作为今人，史海钩沉，传述他们的治国方略、逸闻趣事，于今借鉴、增知、休闲，不无裨益。

本系列丛书重点选取了历朝历代最具代表性的十位皇帝，分别是秦始皇嬴政、汉武帝刘彻、唐太宗李世民、昭仪皇后武则天、宋太祖赵匡胤、元太祖孛儿只斤·铁木真、明太祖朱元璋、康熙帝爱新觉罗·玄烨、雍正帝爱新觉罗·胤禛、乾隆帝爱新觉罗·弘历。每一位皇帝都在中国历史上留下了深深的烙印，成为历史传奇。

此刻，让我们以历史发展的先后为序，共同来一睹为快，先知梗概，然后明细节。

秦皇汉武，雄才伟略，文治武功。秦始皇是中国历史上的第一位皇帝，素有“千古一帝”之誉。六国征战，诸侯争霸，中原大地的战火熊熊燃烧。是秦始皇纵横捭阖、叱咤风云，最终在中原大地上建立起了中央集权统一的国家。他在位期间，政治、经济、文化、思想渐趋完善，却又浮华奢侈，阿房宫、骊山墓、万里长城，耗尽了无数人的血汗，一生功过是非，只留后人品评。汉武帝刘彻堪称前无古人、后无来者的一位皇帝。他开疆拓土，击溃匈奴帝国、东臣朝鲜、南服百越、西逾葱岭、征服大宛，奠定了中华疆域的版图。他的雄才伟略、文治武功使汉朝成为当时世界上最强大的国家。

盛世唐朝，唐太宗与武则天都是典型代表。唐太宗选贤任能，重用文臣武将，休养生息、励精图治，开创“贞观之治”，建设出我国乃至当时世界上最鼎盛的封建王朝。武则天是中国历史上唯一的女皇帝，她在通往权力的道路上，不仅洒满血泪，还有超凡的智慧、勇气和卓越耐力，曾经倾权一时，最后却步履维艰。对于她传奇的一生，只留无字碑，让人遐想。

宋太祖和元太祖分别作为宋朝和元朝的开创者，前者鉴于唐朝后期藩镇割据的局面，集中兵权，加强了中央统治，将宋朝治理成为安定公平的社会，文学、哲学、美术、科技、教育等也比较发达，经济和文化达到了我国历史上的又一个高峰。后者人称“成吉思汗”，在他的率领和指挥下，开展对外征服战争，一时间，蒙古骑兵横扫千军，征服地域远达中亚和东欧的黑海之滨，建立起了中国有史以来疆域最大的一个王朝。

明太祖是中国历史上身份最为特殊的一位皇帝，真正出身于贫穷布衣之家。他从小只是最底层的放牛娃、四处要饭的小和尚，经过自身的不懈奋斗，逐渐成长为元末农民起义的领袖，再到明朝开国皇帝，人生经历堪称传奇。朱元璋是一位杀戮无数的皇帝，也极为关心民间疾苦，实行休养生息政策，推动了明朝社会的发展。

清朝作为中国最后一个封建王朝，出现了康熙帝、雍正帝、乾隆帝三位最具代表的皇帝。康熙帝少年承运，力挽狂澜，智擒鳌拜、裁撤三藩、亲征噶尔丹、收复台湾，在一系列军事行动中或御驾亲征，或决胜千里。他兢兢业业，辛苦经营六十一年，奠定了清朝几百年基业。雍正帝敢于革除旧弊，办事雷厉风行，是康乾盛世的有力推进者，是促进清朝历史发展的政治家，是可以肯定的历史人物。乾隆帝统治下的清朝，没有大刀阔斧进行改革，但是他平衡政权、平叛安邦、锐意进取也不容忽视。当然，他重用奸臣和珅、包容腐败、大兴文字狱，也为他的一生留下了污点。

每一位帝王都是一部信息资源庞大的史书，供今人探究；每一位皇帝都是一面能发人深省的明镜，供今人领悟。我们秉承“读正史，学真知”的宗旨，编写了这一系列丛书。以通俗化的语言、纪实的手法，真实地再现了每一位皇帝的生平事迹。

总而言之，本系列丛书史实性和趣味性兼具，相信广大读者在阅读之后，会领略诸多知识，也会用新的价值观去评判历史人物的是非功过，并通过历史去感悟自己的人生。

由于时间和水平原因，本书仍存在不足或欠妥之处，望广大读者朋友批评、指正。

目录
CONTENTS

人物档案

秦始皇（公元前259—公元前210年），嬴姓，赵氏，名政。秦庄襄王之子。于赵国都城邯郸出生，十三岁继承王位，三十九岁称皇帝，在位时间三十七年。他是中国历史上著名的政治家、战略家、改革家，也是第一位完成华夏大一统的铁腕政治人物。他建立了第一个多民族的中央集权国家，曾采用三皇之“皇”、五帝之“帝”组成了“皇帝”这一称号，是古今中外第一个称皇帝的封建王朝君主。他把中国推向了大一统时代，为建立专制主义中央集权制度奠定了基础。他对中国和世界历史产生了深远影响，奠定了中国两千多年政治制度的基本格局，被明代思想家李贽誉为“千古一帝”。

CHAPTER

第一章 非比寻常的童年 1

秦始皇是中国历史上第一位实现大一统的皇帝，他的一生充满了传奇色彩，然而他的童年生活远远不是人们想象的那样幸福。他出生在赵国邯郸，一生下来就是质子，幼年的嬴政在那里度过了九年时光，时刻面临着死亡的威胁。后来他随母亲回到了咸阳，年仅十三岁就成为秦王。不同寻常的经历，必定会让他成为不同寻常的人物。

奇货可居的质子异人

秦始皇名叫嬴政，是秦庄襄王异人的儿子。异人是秦昭王的孙子，父亲是太子柱（也就是后来的秦孝文王）。异人虽然是王族，但他在家族中的地位很低。他有二十多个兄弟，又不是嫡长子，其生母夏姬并不受太子柱的宠幸。这种状况，使异人不可能成为太子柱的嫡嗣。然而，历史上总会有一些出人意料的事情发生，虽然异人的出身不占据优势，却最终当上了秦国的大王。异人发迹的过程，要从他在赵国的质子生涯说起。

秦昭襄王四十七年（前260），长平之战爆发。战争初期，廉颇采用坚守不战的方式消耗秦军的实力。秦军主将王龁求战不得，秦军陷入粮草不继和士卒伤病的困境，在这种情况下，秦昭襄王起用战功赫赫的白起担任主帅。而赵王中了秦国的反间计，解除了廉颇的职位，换上了“纸上谈兵”的赵括。赵括到了前线之后，立即指挥军队主动进攻，结果赵军大败，四十万军队全部被坑杀。长平一战，天下为之震动，赵国哀号遍野。

秦始皇雕像

秦昭襄王四十八年（前259），秦昭王没有采纳白起的意见，趁着长平之战大获全胜，派大军围攻赵国都城邯郸，给了赵国喘息的机会。第二年，秦王派王龁继续围攻邯郸，秦相范雎起用王稽为河东守，郑安平为将军。秦昭襄王五十年（前257），信陵君魏无忌、春申君黄歇率大军于邯郸城大破秦师，王龁逃走，郑安平降赵。

秦军锐气尽失，已经失去了出击的时机，秦昭王不得不与赵国达成妥协。当时诸侯国之间结盟的时候，有相互派送人质的惯例，称为“质子”，秦昭王也必须从王子王孙中选派一人送往邯郸作为质子。最终，异人作为王子王孙中最不起眼的一个，无奈接受了这份使命。王子王孙在本国虽然身份尊贵，可是到了异国之后，命运便不得而知。假如秦国违约，异人就会受到生命的威胁。异人没有选择的余地，必须在限期内前往赵国。

在由咸阳通往邯郸的漫长旅途中，异人心情忧郁，沉默无语，无心欣赏一路上车帘外的春光和美景。因为异人心里清楚，秦军虽然暂时失利，但是秦国仍然实力强大，迟早会再次派大军进攻赵国。到那个时候，自己只能客死他乡，难以回到秦国。思前想后，异人感到来日归国的希望十分渺茫。异人的车队进入邯郸城中，城中的市民百姓闻知秦王派来的人质来到赵国，纷纷前来围观，在围观的人群中，有一位气度不凡的人，一直在观察异人，只见异人生得面如傅粉，唇若涂朱，虽在落寞之中，却不失贵介之气。那人暗暗称奇，向旁人问道：“这人是谁？”别人告诉他：“这是秦王太子安国君的儿子，来赵国做人质，因为秦兵屡次犯境，我王非常想杀了他。虽然他现在还没死，但是一直被拘留着，也不给他吃穿用度，和乞丐没什么两样。”那人说道：“此奇货可居！”

此人便是远近闻名的大商人——吕不韦。吕不韦出身阳翟富商，“往来贩贱卖贵，家累千金”（《史记·吕不韦列传》），是卫国有名的大商人。然而他并不以事业上的成功为满足，他崇拜的是子贡。子贡作为孔子的高足弟子，不仅在经商上发了大财，而且在政治上交结王侯，当上了鲁、卫两国的宰相，在春秋末年大展奇才，即所谓“子贡一出，存鲁、乱齐、破吴、强晋而霸越；子贡一使，使势相破。十年之中，五国各有变”。（《史记·仲尼弟子列传》）

“奇货可居”原本是商业术语，指把少有的货物囤积起来，等待高价的时候出售。吕不韦见到落难王孙，立即联系起“人弃我取，人取我予”的经商之道，想到异人虽然此时落魄，但也许有出头的一天，若是能够帮助他成就事业，自己也能够顺风而行，飞黄腾达指日可待。吕不韦将人比作货物，说明了他的商业头脑非常精明，能够发现常人所不能发现的道理，同时也说明他对异人的帮助，其实是一场政治赌博，是他为了谋利而做的投资。

吕不韦在街头见到异人之后，就一直打听有关异人以及太子楚、华阳夫人的一些情况，梦想着以经商为跳板步入仕途。在回家的路上，吕不韦兴奋异常，他兴致冲冲地找到父亲，未等父亲开口，便向前请教说："耕田种地，可获利几倍？"

"十倍。"父亲答道。

"贩卖珠宝玉器呢？"

"获利百倍。"父亲又答。

"那么，扶立君主而安定国家，可获利几倍？"

父亲为他的这个问题感到奇怪，"无数。"父亲回答。

吕不韦见到父亲疑惑的神色，便接下去说道："父亲可知，秦国的质子异人已经到了邯郸？"

父亲表示自己听到过与之有关的消息。

吕不韦说："今日天下的农夫，尽力耕田，仍然得不到暖衣饱食；而扶立国君，安定国家，却可以恩泽后世，异人虽然此时落魄，但我认为，只要得到帮助，他终将贵不可言。"

商圣范蠡

老人对儿子的胸怀大志是满意的，但是像"立君定国"这样的大事，并不是经商能够相比的，经商赔钱还可以赚回来，可政治就不一样了，一旦失败，就很难东山再起，甚至还会有生命危险。他为此感到忧虑，担心吕不韦年轻气盛，草率行事。

吕不韦于是决心帮助异人，为此不惜散尽家财，后来终于成功。他在执掌权力之后，施展才华，将秦国经营得更加强大。吕不韦和范蠡、子贡等人一样，用个人的财富影响了中国古代社会的发展进程。

吕不韦结交落魄王孙

在集市上见到异人之后，吕不韦便决定结交这个落魄的王孙，把他当作谋取政治财富的跳板。他用百金结交监守异人的公孙乾，一来二去便和他混熟了，得以见到异人，但是表面上装作不知道，向公孙乾问他的来历，公孙乾如实相告。

一天，公孙乾置办了酒席宴请吕不韦。吕不韦到了之后，作揖拜谢，非常客气地坐下了，然后故意看看四周，对公孙乾说："只有两个人吃酒，太烦闷了，既然秦国的王孙在这里，何不把他请来一同吃酒呢？"公孙乾笑着说："先生说得对，我这就去请异人。"

秦国富商吕不韦

异人听说邀请自己的竟然是一位商人，心中颇不是滋味。不过此时他境遇堪忧，这位商人又诚意邀请，不得不以礼相待。吕不韦拜见异人，互致问候后，宾主落座。

酒至半酣，公孙乾起身如厕。吕不韦低声说："其实我这一次是专门来见公子您的。"

异人不冷不热地说道："哦？

先生远道而来，有何见教？”

“想帮助您光大门楣。”吕不韦微笑地注视着异人。

异人见客人突然口吐狂言，疑惑地说道：“我自身难保，你还是暂且光大自己的门楣吧！”

吕不韦笑了笑，说道：“是啊，您有所不知，我要想富贵也要依靠您啊！”

异人是个聪明人，立即明白了吕不韦的意思，便改变态度，尊敬地向吕不韦询问策略。吕不韦正襟危坐，严肃地说道：“秦王已经年迈，太子最宠幸华阳夫人，华阳夫人却没有子嗣。殿下您有二十多个兄弟，没有哪个人是特别受宠爱的，您何不趁着这个机会请求回到秦国，侍奉华阳夫人呢？如果能够博得她的欢心，成为她的养子，将来就会有立储的希望。”异人听到这番鞭辟入里的分析，非常赞赏，无奈他现在的处境不容乐观，他叹了口气说道：“先生说得都对，我也很想回去，可是我现在身在牢笼，无计可施。每每想到故国，我都心如刀绞，只恨没有脱身之计。”吕不韦说：“我虽然没有多少钱，却也愿意花费千金，为殿下前往秦国，游说太子及华阳夫人，营救殿下回朝，如何？”异人说：“如果真的能够像您所说的一样，我在登基之后，一定与你共享富贵。”

话还没说完，公孙乾已经回来了，见二人神色怪异，问道：“你们在聊什么呢？”吕不韦笑着说：“我问王孙秦国关中地区玉石的价格，不想王孙却说他不知道。”异人也装作遗憾地说：“我自幼生长在深宫大院内，对物价实在是不知道。”公孙乾便信以为真，继续与他们喝酒，直到喝得大醉才散去。

吕不韦返回家中，当即变卖家财，暗中拿出五百金送给异人，让他结交宾客。公孙乾收了异人的财物，也就不再干涉他了。接着吕不韦又花费了五百金买了很多的珍奇古玩，辞别了异人和公孙乾，前往秦国。来到咸阳城后，吕不韦探知华阳夫人有个姐姐也嫁在了秦国，于是先买通了她家里的下人，赠送了她一袋金珠和一封信，信里说道：“秦国的王孙异人现在在赵国，思念华阳夫人，托我送来一些礼品。这些小礼品，也是对王孙姨娘的敬意。”华阳夫人的姐姐很开心，亲自来到厅堂，坐在帘后接见吕不韦。

接着，吕不韦又找到华阳夫人的弟弟阳泉君，赠送财宝，受到阳泉君的接见。

吕不韦趁机向阳泉君说道："您已大祸临头，难道还不知晓吗？"

"客人何出此言？"阳泉君惊讶地问道。

"您身居高位，子傒的门下却没有显贵的人。您的家中藏有珍宝、骏马和无数的美女。您没有继承王位的资格，过得却比子傒还要富裕。安国君年事已高，一旦驾崩，继嗣人定是子傒。等到子傒登上王位，您的处境就危险了。"

阳泉君听完脸色大变，诚惶诚恐地说："望先生不吝赐教！"

"异人颇有贤才，却在赵国当质子。如果华阳夫人能够认异人为子，设法将他立为嫡嗣，日后就可以由他继承王位。这样一来，华阳夫人不就可以永葆荣华？"阳泉君闻言后连连点头称诺，并立即转达给了华阳夫人，华阳夫人决定亲自接见吕不韦。

吕不韦向华阳夫人奉献珍宝，随后向华阳夫人说道："我曾经听说，以色相博取尊崇的，年老色衰之后就不会再得宠。夫人您侍奉太子，虽然恩宠备至，却没有子嗣，年老之后，难保太子仍旧会像现在这样宠幸您。既然如此，夫人为何不趁早在太子的诸子之中挑选一位贤孝之人，认作自己的儿子并设法立为嫡嗣呢？而今异人贤孝，自知身为'中男'，依次不得立为嫡嗣，其母又得不到太子的宠幸，自然甘愿依附于夫人。夫人如果能选他为嫡嗣，便可以终生享受荣华富贵了。"

华阳夫人见吕不韦讲得在理，深以为然，于是寻找有利的时机向太子进言。一日，太子柱在谈话中提到了身在赵国的异人，华阳夫人趁机说道："臣妾听说，那些从赵国回来的人都称赞异人十分贤能、孝顺。"说完便故作哽咽，泣不成声。太子柱连忙扶住夫人，关切地询问。

华阳夫人说："提到异人，臣妾就联想到了自己。臣妾没有为您生下一个像异人那样的儿子，深以为憾，十分对不起您。"

太子柱安慰说："不必忧伤，你如果喜爱异人，那就认他作干儿子，并立他为嫡嗣。"

华阳夫人吃惊地问道："此话当真？"

"当真。"太子柱便与夫人当面将这件事刻在了玉符上，正式立异人为嫡嗣。

华阳夫人派人给异人送去了很多金银财宝，正式聘请吕不韦做异人的师傅。自此，吕不韦通过自己的一系列游说，成功地为异人谋得了储位。

出生在异国他乡的小王孙

异人得到吕不韦的帮助，成功当上了秦国太子的嫡嗣王子，生活也得到了很大的改善，除了吕不韦和华阳夫人的赏赐以外，赵国的达官贵人也纷纷来结交他，昔日冷清的门前，如今已是车水马龙。宾客们进进出出，异人应接不暇。他不禁感慨，人世间的沉浮冷暖，竟会是如此变幻莫测！

一天，异人应邀到吕不韦家中饮酒，当时公孙乾也在。酒酣之际，主人呼唤美人歌姬向前给贵宾敬酒，赵姬应声而至。赵国的女子喜好歌舞，经常用美色和舞姿吸引富贵人家，以至于各地诸侯的后宫中都有赵地的美女。战国乃至秦汉时期，“赵国女”和“邯郸姬”都曾经在上层社会中有过出色的表演。赵姬是“邯郸诸姬”中最为美貌的妙龄芳女，善于歌舞，又出身于豪门。吕不韦是阳翟的首富，现在又成了秦国王孙的师傅，所以赵姬才肯委身于吕府。由于赵姬到的时间还不长，吕不韦十分宠爱她。

吕不韦十分高兴，喝得已经有点醉意了，便顺口呼唤赵姬给贵宾敬酒。当赵姬步履轻盈地捧杯献酒祝寿之时，异人闻声举目而望，顿时愣在原地。早在来邯郸之前，异人便听人说过，郑姬赵女，能歌善舞，窈窕美貌，天下无比。看着眼前这位宛如天仙的赵姬，有些愣神儿。吕不韦对赵姬说：“你可以拜见两位贵人，给他们敬酒。”赵姬轻移莲步，在毛毯上轻轻叩了两个头。异人与公孙乾慌忙作揖还礼。吕不韦令赵姬手捧金杯，向前敬酒。来到异人面前时，异人抬头看她，果然标致！一时间竟瞧得出了神。这一切，吕不韦当然瞧在眼里，但没有在意。

赵姬敬酒完毕之后，就舒开长袖，跳起舞来。只见她体若游龙，袖如素蜺，身段柔软，姿态妩媚。看得公孙乾和异人目乱心迷，神魂摇荡，口中赞叹不已。

赵姬舞毕，吕不韦又命她换上大杯，再次敬酒，二人一饮而尽。赵姬劝完酒，就退下了。主人与宾客又继续喝酒，公孙乾已经喝得大醉，躺倒在坐席上。异人对赵姬仍念念不忘，借酒壮胆，对吕不韦说："我一个人身处赵国，甚是寂寞，想求此姬为妻，不知道她身价多少？"吕不韦听了这种轻佻的话，顿时十分生气地说："我好意请你来喝酒，又让我的姬妾出来敬酒，殿下居然想要夺我所爱，这是什么道理？"这番话说得异人十分尴尬，马上赔罪道："我实在是喝醉了，才会说出这样不堪入耳的话来，还望先生不要见怪。"吕不韦慌忙将他扶起，叹了一口气，说道："我为了帮助殿下回秦国，耗费千金，倾家荡产都毫不在乎，又怎么会舍不得一个女子呢？只是此女年纪还小，十分害羞，我担心她会不答应，如果她情愿的话，我自当奉送。"异人再拜称谢，等到公孙乾酒醒之后，一同坐车离去了。

赵姬献酒之后，便依礼退入帐中，二人之间的对话，她听得字字清楚。等到异人走后，她便走了出来，吕不韦说："秦王孙十分喜爱你，想娶你为妻，你意下如何？"赵姬委屈地说道："赵姬既然已经是您的姬妾了，又怎可再嫁给别人呢？"吕不韦爱抚地看着她，说道："你跟着我，最多不过是一个商人的妻子，王孙将来是要做秦王的，你跟着他，就一定能够成为王后。"赵姬流下泪来，不舍地说："您是要办大事的人，妾不敢不奉命，只是你我夫妻恩爱，叫我怎么舍得离开呢？"吕不韦轻轻地擦干她的眼泪，对她说："你要是真的不忘此情，等到将来得了秦国的天下以后，我们仍然做夫妻，永不相离，如何？"赵姬只好答应了。

第二天，吕不韦就将赵姬送到了异人居住的馆驿。当晚，异人就和赵姬成婚了。

得到赵姬之后，异人和她如鱼得水，二人十分恩爱。过了一个多月，赵姬对异人说："妾侍奉殿下，有幸怀有子嗣。"异人于是更加欢喜。九个月后，赵姬已经到了预产期，可是腹中的胎儿却没有任何反应，一直到怀孕的第十二个月，赵姬才生下一个孩子，取名为"政"，也就是日后的秦始皇。由于赵姬的母家是赵国的豪富之家，所以嬴政是嬴姓、赵氏，又名赵政。

后人津津乐道赵政的身世，大部分人认为他是吕不韦的亲生儿子，并且由此产生了许多不同的说法。就连《史记》也有如下的记载："吕不韦取邯郸诸姬绝好善舞者与居，知有身。……至大期时，生子政。"意思是说吕不韦娶了邯郸诸姬中最擅长舞蹈的人，并且与她同居，其间赵姬怀孕，但是瞒着异人，成婚之后，赵姬告诉异人她怀有身孕，到了"大期"生了王子政。

这里说的"大期"，有十月和十二月两种解释，毫无疑问都不能作为赵姬生子不足月的解释。郭沫若曾经在《十批判书》中有一篇是《吕不韦与秦王政的批判》，其中就对这种传言进行了质疑。他提出了三个理由：第一，《史记》中有多处关于这件事的记载，但是前后不一致，自相矛盾。第二，只有《史记》记载了这件事，《战国策》中却没有任何记载，更没有其他的旁证。第三，这更像是从春申君与女环的故事中盗刻出来的。

楚考烈王没有儿子，春申君黄歇十分着急，到处寻访适宜生养的女子，可是一连进献了许多人，都没有效果。春申君的门下舍人李园有个妹妹叫李环，长得美丽动人，得到了春申君的宠幸并怀孕。之后李园兄妹商议，想要说服春申君将李环进献给楚王。春申君立即就答应了。李环于是被献给楚王，并且得到了他的宠爱，成为王后，生下来的儿子被立为太子。李园也得到了楚王的赏识，势力不断扩张。楚考烈王死后，太子即位，为楚幽王。李园担心春申君会泄密，于是设计杀死了春申君全家。

春申君黄歇

郭沫若根据这个故事，认为秦始皇的身世传说不足为信，很有可能是秦始皇的敌人为了污蔑他而编造的。

就在异人沉浸在得子的喜悦中时，秦、赵之间再次开战了。

幼年生长在邯郸的嬴政

秦昭襄王五十年，嬴政已经长到三岁了。当时秦军围困邯郸，形势十分危急。吕不韦对异人说："现在秦赵之间再次开战，倘若赵王一气之下迁怒到你，那该怎么办？倒不如逃回秦国，就不会有这种情况发生了。"异人此时已经完全没了主意，于是对吕不韦说："此事全仗先生筹划。"

吕不韦于是将剩下的家财全部变卖，得到六百金，他把其中的三百金拿出来贿赂邯郸南门守城的赵国将军，对他说："我全家都是从阳翟来到这里做生意的，没想到竟然会遭到秦军的攻打，围城这么多天，我很想念家乡，只想回去，带着这些钱财也不方便，愿意全部送出去，只求能让我和家人出城，逃回阳翟，感激不尽。"赵将看到这么多黄金，不由自主地动心了，于是答应了吕不韦。

吕不韦担心公孙乾会告密，于是又备了一百金给公孙乾，感谢公孙乾这么多年对自己的照顾，又请他向守军求情，放自己出城。公孙乾只道吕不韦为了自身的安危，真的要回阳翟，便遵命从事，哪里会想到守军早就已经被收买了。吕不韦说道："承蒙你的帮助，我才能够在邯郸有立足之处，无奈时局不稳，我将会在三天以后离开邯郸，回到故乡，临走之前，特地来和老朋友再喝一杯。"公孙乾也十分感伤，与吕不韦说起家长里短，席间喝了一杯又一杯。他酒量本来就不大，喝得烂醉，左右守军也大吃大喝，醉得不成样子。吕不韦抓住时机，半夜带着打扮成仆人的异人悄悄出了南门。临行前，将赵姬母子在娘家安顿好了。

吕不韦之所以选择从南门出逃，是因为阳翟就在邯郸的南面，从南门走正好可以迷惑赵人。况且当时秦军大营在西面，倘若直接从西门出发，势必会引起旁人的猜疑。他和异人以及一名仆人结队而行，三人趁着月色快速赶路。等到离开了守军的视线以后，便绕了一个大弯，改道前往秦军大营。直走到天快亮的时候，被秦军的一队哨骑拦住了。吕不韦指着异人说：“这是秦国的王孙异人，一直在赵国当质子，现在逃出了邯郸，归往秦国，你们速速引路。”哨骑听说是王孙归来，不敢怠慢，于是让出三匹马来给他们，带着他们来到了秦将王龁的大营。

王龁正在制定作战部署，听到消息之后，请他们进来相见，又找了一套得体的衣服给异人更换，设宴款待。异人向他表示了谢意，说：“我在异国他乡受尽磨难，终于再次见到秦人了。”王龁说：“王孙福泽深厚，才会逢凶化吉。大王亲自在此督战，行宫距此不过十里，王孙稍后便能见到。”异人不禁十分激动，马上请王龁备好了车马，不顾路途劳累，直奔秦王而去。

秦昭襄王见了异人，不胜之喜，说道：“太子日日夜夜都在思念你，如今是上天让寡人的孙子脱离虎口。我军还须在此作战，你可以先回咸阳，以慰父母的思念之情。”异人于是辞了秦王，回到了咸阳。

异人虽然逃脱了，但是赵姬母子留在了邯郸。没过多久，秦军被合纵联军打败，退回秦国，赵国得以保存国都。赵王听到秦国质子逃脱的消息之后，非常愤怒，找来了公孙乾，责问他为何会发生这样的事。公孙乾惭愧地说：“臣办事不力，导致质子异人逃去，罪无可恕！”说完引剑自杀。赵王于是迁怒于赵氏母子，想要杀了他们。

此时的赵政刚刚三岁，对于大人世界里的纷争毫无概念，他不知道为何父亲会匆匆离去，也不明白为何母亲整日愁容满面。赵政出生在敌国——赵国，童年的际遇相当悲惨。异人虽然也是人质，却遇上了吕不韦这样的人处处保护他，最终逃出了。赵政可没有这样好的命运，异人和吕不韦走后，他完全是靠着母亲赵氏家族的庇护，才能够存活下来。

生活在邯郸城里的人们，大多都在长平之战中失去了亲人，当年的白起担心投降的赵军发动暴乱，于是无情地将他们坑杀了，只释放二百四十名年纪尚轻的男子返回赵国。经此一战，秦军前后斩杀赵军四十余万人。消息传来，举世震惊，赵国上下一片哀号。现在秦国的质子异人又逃回了秦国，他们会怎样看待这个仇人的后代呢?

当时有许多人想要谋害赵氏母子,但是碍于势力强大的赵家,始终没有得手。赵家之所以会不惜触犯众怒保护赵姬和赵政，并不是因为血缘关系。当时女子的社会地位很低，赵家是豪富之家，赵姬却沦为歌姬，用美色博取达官贵人的欢心，从这一点就可以看出，赵姬是被当成了博取政治利益的一个筹码，毫无地位可言。赵家当然不可能为了一个女子与王室结怨，他们之所以会提供保护，完全是因为赵政特殊的身份。赵政是异人的儿子，异人又是秦国华阳夫人宠爱的养子，最有可能继承王位，赵政也很有可能成为将来的秦王。吕不韦替异人经营储位的传奇经历，也启发了他们。如果不是赵政的王孙身份，恐怕他和赵姬早就暴死街头了。

一个远离家乡和族人的幼儿，在这样的环境下生活长大，心理的发育必然会受到极大的压抑。赵政是在九岁的时候返回秦国的，在此之前都生活在赵国，这个阶段，正是人的性格形成期。有人分析，秦始皇暴虐的性格特点和两点有关:一是母亲赵姬的淫乱，另外一个重要的原因就是儿时的经历给他留下了深刻的影响。

公元前 228 年，十九岁的赵政再次回到了邯郸，只是此时的赵政已经不再是那个手无缚鸡之力的稚子幼童了，他带来了秦国的虎狼之师；此时的赵国王室也不再是之前高高在上、大权在握的王室贵族了，他们全都成了秦王嬴政的阶下囚。秦王嬴政下令，将那些曾经和赵姬家有过仇怨的人全部坑杀。

赵姬母子回到秦国

吕不韦带着异人从邯郸逃出来之后，回到了咸阳。几天之前，异人还处于性命堪忧的境地，如今却已经回到秦国的国都，并且成为太子最宠爱的王孙，人生的大起大落实在转变得太快，甚至让他一时间无法接受，总感觉像是生活在梦中一样。回来之后，所做的第一件事，就是听从吕不韦的建议，换上一身楚人的衣服去见华阳夫人。华阳夫人大喜之余，赐名“楚”，所以从此之后，异人就成了“子楚”。

秦昭襄王五十六年（前 251），在位五十六年的秦昭襄王嬴则去世，享年七十五岁。太子嬴柱即位，是为秦孝文王。秦孝文王也就是最宠爱华阳夫人的安国君，此时他已经年过半百，身体本来就不好，再加上贪恋女色，很快也就病倒了。秦孝文王元年十一月己亥日（公元前 250 年十一月十二日），秦孝文王服丧期满，正式改元即位。三天后，秦孝文王去世，终年五十三岁，子楚即位，成为秦庄襄王。

秦庄襄王即位后，尊嫡母华阳夫人为华阳太后，尊生母夏姬为夏太后。吕不韦担任相国，封文信侯，食河南洛阳十万户，执掌朝政大权。他多年的付出终于有了回报。

新君登基，秦国暂时罢兵，各方诸侯也纷纷退兵，天下得以暂时太平，赵国也调回部队，修复战争带来的巨大创伤。赵国国内对赵政母子的仇恨也不再像从前那样强烈了。赵姬抱住他大哭不已，赵政懂事地问：“母亲为何哭泣？”

赵姬哽咽着说：“政儿，你父亲继位做了秦王，与各路诸侯罢兵言好，打算将我们接回秦国。”

“真的吗？”赵政将信将疑，“我父亲怎么会是秦王呢？”原来赵政以前并不知道自己的身世，赵姬为了掩人耳目，一直叫他赵政，而不称嬴政，他也问过父亲是谁，去了哪里，可是母亲总是避而不谈。后来赵政慢慢长大，就更加疑惑了，但懂事的他不再询问，而是把这个谜团深深地藏在心底。

现在，母亲跟外公终于向他吐露真情，原来自己是秦国王子！赵政在小小的年纪好像经历了无数的世态炎凉，遭遇的一切都因为这个“秦国王子”的称呼吗？他不知道究竟应该怎么选择，是继续留在赵家？不，这里的人对他没有好感，只把他当作杀父仇人一般，他在这里只有顶着秦国王子这个头衔四处逃难。

“赵王会放我们回去吗？”他还是对这一切表示怀疑。

赵姬俯下身来，轻轻抚摸着爱子的脸庞，如果说嫁给子楚，是听从了吕不韦的政治计划，那么赵政出生之后，她所做的一切事情，就都是为了这个渐渐长大的儿子。她说：“秦、赵两国已经休战，你父亲又是秦王，赵王如果不想开战，就必须送我们回去。”赵政似懂非懂地点了点头。

秦王子楚突然提出接回秦王子赵政和赵姬，没有引起赵人的激烈反应，反倒在秦国国内掀起一阵巨浪。他们母子早已和秦国失去联系，秦国几乎已经忘掉还有一位在赵国的小质子。这个时候，关于赵政的身世传遍了秦国，甚至连华阳太后也听说了，她也对此表示怀疑，建议秦庄襄王不要太过于匆忙。

这个时候的秦庄襄王，身边已经有了成蛟母子相伴，倒也快活自在，但他从没有忘记过曾在赵国共患难的赵姬和赵政，因此坚持己见，要尽全力接回他们母子二人。

吕不韦也极力主张要接回赵姬母子，毕竟那是他辛苦安排送给子楚的人，有赵姬母子在手，他在后宫中的影响力也将变得更大，因此他带着珠宝求见华阳夫人。吕不韦说：“夫人也许听说一些关于王子政身世的谣言，那都是无中生有，小人伎俩而已。如果大王不接回王子政，正好会给造谣生事者以口实，他们会更加卖力宣扬这件事情，如此一来，大王的名声威望将会受到极大的影响，后果不可想象啊！”

华阳太后性情温良，听见吕不韦这么一说，也不免为子楚担忧，如果谣言被人们信以为真，不就给子楚一个大大的难堪吗？子楚身为秦国大王，将如何在天地间立足呢？

吕不韦见华阳太后已经上钩，接着说道：“一旦赵姬母子回到秦国，宫里的事情还不是太后说了算吗？若是您找到了确切的证据，怎么处置他们也都听凭太后发落，外人绝不会知道。”

华阳太后最终同意接回赵政母子，她告诉秦王所有迎接事宜准备妥当，只等着王孙安全回归了。华阳太后传下命令，王孙多年在赵国的生活习惯与秦国宫内不同，所以一切准备都从简办理，等王孙回国再另行安排。

行程确定下来之后，赵政和赵姬乘着车马，一路颠簸回到了秦国。此时的赵政已经九岁了，身体瘦弱，沉默寡言。进到王宫，早有等待在那里的大臣将他们接进准备好的宫室，按照礼制，换上了秦国的衣服。秦庄襄王与吕不韦正在处理政事，因此没有来接他们。

第二天，他们由使者引着前去参见华阳太后。赵姬俯身跪在地上，向华阳太后请安，说着："太后万福。"华阳太后打量着面前的两人，不禁为赵姬的美艳暗暗称奇，说道："人人都说赵姬美艳无双，今日一见，果不其然。"赵姬谢恩。华阳太后微笑着将目光移到赵政身上，发现这个小男孩儿竟然也直直地盯着自己看，毫不回避，脸上没有任何表情，华阳夫人的心里就更奇怪了，问道："你怎么盯着我看呢？"他说："赵政从未见过太后，但是早已听过关于您的事情，今日总算能够见到，所以才一直看您。"华阳太后笑着说："你既然已经回到秦国，就改回名字，叫嬴政吧，小小年纪竟然毫无惧色，长大后一定是个人才。"

"嬴政遵命。"嬴政跪下谢恩，脸上仍然十分严肃。

十三岁少年登上王位

赵政回到秦国，改回姓名成为嬴政，只是他多了一个弟弟——成蛟。成蛟比嬴政小两岁，对他没有好感，成蛟的母亲更是视嬴政为眼中钉，因为嬴政回来之后，将会以嫡子的身份当上王子，进而承继大位，这是他们最不愿意看到的事情。多年以来，嬴政早就养成了察言观色的本领，自从见到他们的第一眼起，嬴政就靠着敏锐的眼光发觉了他们的敌意。他并不惧怕，而是用冷冰冰的眼神回敬过去。

三年之后，嬴政的父亲子楚病重，死前命吕不韦辅政，王子政即位。

此时已经是五月，关中地区迎来了春天，到处鸟语花香。五月是一个繁忙的季节，人民正忙着播种。然而就在秦国上下一片忙碌的时候，秦庄襄王躺在长杨宫内，他的周围跪着嬴政和成蛴，跪着他的众多姬妾，还有一群王公大臣。秦庄襄王艰难地睁开眼睛，他看看四周，示意吕不韦上前，吕不韦赶紧走到他身边，俯身倾听，他说："王子政年幼，我去世之后，你要好好辅佐他。"吕不韦连忙点头答应。但是他还不放心，因为吕不韦大权在握，他对此心存疑虑，于是他又说："相国，当日你散尽家财，助我回国，又将我扶上王位，可谓居功至伟，寡人不胜感激，所以任命你为相国，一人之下，万人之上，寡人死后，你尽可以享受荣华富贵，但是一定要确保大秦的江山不会动摇。"吕不韦明白他的意思，对他说："大王请放心，吕不韦一定会尽心辅佐王子政，绝不敢辜负大王的信任。"子楚听了，闭上眼睛，满意地点了点头，又对跪在最前面的嬴政说："相国忠心为国，能干有名，你要多听从他的意见。"

秦始皇嬴政

这时华阳太后和夏太后也进来了，她们走到子楚面前，默默地哭泣。子楚说："我不能侍奉太后，报答你们的养育之恩，是孩儿的不孝。嬴政年幼，你们还要好好管教他。"

子楚又看了一眼成蛴说："政儿，成蛴与你虽然不是一母同胞，却也是你的亲弟弟，寡人死后，你一定要好好照顾他，不要让为父九泉之下不能瞑目。"嬴政眼含热泪，点头答应。

说完之后，子楚闭上眼睛永远地离开了人世。子楚自幼不受父亲重视，生在后宫却受人冷落，等到年龄稍长，长年在国外做人质，生活得不到保障，历经艰难，遇到吕不韦后，才渐渐摆脱困境，苦尽甘来，回国做了太子。然而登上王位之后，只过了短短三年就命归黄泉，心中实在不舍，却又无可奈何，只能带着无限的遗憾永远地闭上了眼睛。

秦庄襄王去世后，年幼的嬴政即位做了秦王，为秦王政，尊赵姬为太后。此时的嬴政年仅十三岁。

嬴政做了秦王，他的一切都改变了，吃穿用度与以前大不一样，周围的人见了他都毕恭毕敬，不敢有丝毫怠慢。其实在他手握秦国最高权力的那一刻，他仅仅在秦国生活了三年，甚至不了解秦国的各种风俗习惯。

秦王政即位的时候，秦国已经兼并了南边的巴、蜀和汉中，成为天下最强大的国家，兼并天下，已经成为秦国的政治方向。这个沉重的担子，落到了年幼的秦王政身上。

李斯画像。李斯（约前284—前208），李氏，名斯，字通古。战国末期楚国上蔡（今河南上蔡）人。秦代著名的政治家、文学家和书法家。

吕不韦果然没有辜负秦庄襄王的嘱托，他尽心尽力地辅政，协助秦王政处理秦国的大小政务。他虽然大权在握，但是并没有做出僭越的事情来。为了教导年幼的秦王政，他派门下舍人李斯担任侍读，陪伴秦王政读书，学习处理事务的能力。李斯是著名学者荀子的徒弟，学富五车，了解儒、道、法等各家的学识，有他的辅导，秦王政进步得很快。

秦王政向李斯请教："李斯，依你之见，我亲政之后，应当采取何种战略呢？"

李斯回答说："大王，若要制订方案，必须首先了解清楚形势，要知道敌我的实力对比。秦国原本只是一个小国，偏居一隅，可是后来占据关中，兼并巴、蜀，实力早已不可同日而语。反观东方六国，连年征战，国力不但没有上升，反而越来越弱，此时即使六国组成合纵联盟，也难以与秦国相抗衡。大王应当借此天赐良机，利用强大的实力积极拓张，对六国加紧攻伐，各个击破。如果迟疑不定，就会让六国休养生息，重新强大起来，那时再联合抗秦，秦国就没有这么容易能够抵挡了。”

秦王政听了之后，若有所思，又问道：“六国的实力已经弱到这种地步，难不成还能东山再起？”

李斯说：“大王，目前六国虽然实力很弱，但领土广阔，兵源众多。以赵国为例，赵国在东方六国之中实力最强，长平之战中，赵四十余万大军被武安君白起坑杀，秦军也死伤一半。第二年秦军攻击邯郸，五大夫王陵率十万大军围攻邯郸，历时四个月死伤无数，而赵军依然士气高昂。昭王于是命王龁代替王陵，连续攻打邯郸近五个月，依然没有攻下。十月，又命郑安平率军五万支援王龁，结果被赶来的魏楚联军所败。经过长平之战和邯郸之战后，赵国的实力一落千丈，却仍然不容小觑。燕将栗腹率领六十万大军进攻赵国，赵国老将廉颇再次被起用，击败燕军并围困燕国国都，后来因事逃奔至魏，可是赵国竟又涌现出一批杰出的将领，比如庞煖、乐乘、李牧等人。由此可见，想要攻克一个国家绝不是那么容易的一件事，应该徐图进取，逐步瓦解六国，趁各国全都疲惫，对秦的力量感到恐惧之时，再一鼓作气，统一天下。”

秦王政虽然年幼，但听了这些话之后，便越发尊敬李斯了。他在没有亲政之前就已经确立了正确的策略，等到亲政之后，就逐步收归大权，朝着统一天下的目标前进。

李牧，战国时期赵国军事家

CHAPTER

第二章 2

初立政事安国强民

秦王政渐渐长大，开始亲自处理政事，他用极大的魄力修建了郑国渠，在天灾面前毫无惧色，又派兵迎击来袭的匈奴。但随着年龄的不断增长，权力斗争的问题也出现在面前，面对兄弟的反叛，吕不韦的专权，嫪毐私通母亲，阴谋反叛，他隐忍了多年，终于爆发，将敌人一个个击倒在地，实现了独掌大权的梦想。

尊吕不韦为“仲父”

秦庄襄王病死之后，年幼的嬴政即位，但此时的嬴政还只是一个刚刚懂事的孩子，还没有成长为后来扫荡六国、统一天下的秦始皇，没有能力治理国家。于是，在秦庄襄王和赵姬的委托下，吕不韦出任秦国国相，协助秦王政治理国家，处理大大小小的政事。为了表示尊敬，秦王政称他为“仲父”。

在古代，“仲父”的意思是父亲的大弟弟。《释名·释亲属》：“父之弟曰仲父……仲父之弟曰叔父。”当初齐桓公夺取天下的时候，任用管仲为相治理国家。管仲非常有才华，将齐国上下治理得井井有条，齐国实力迅速上升，成为春秋第一位霸主，为了感谢管仲，齐桓公尊称他为“仲父”。从这里可以看出，秦王政一开始是非常依赖吕不韦的。

秦王政刚刚上台时，秦国已经出现过好几位英明的君主，他们励精图治，为秦国的后任国君开创出一个良好的局面。贾谊在《过秦论》中说：“及至始皇，奋六世之余烈，振长策而御宇内。”当时的秦国虽然是七国之中最强大的，却依然面临着严峻的社会问题。

秦国自从商鞅变法以来，实现了富国强兵的目的，可是秦国用严刑峻法而不施仁政，导致政局并不安稳。比如惠文王时，劳苦功高的商鞅受车裂之刑；穰侯魏冉实力强大，担任相国，为秦统一天下立下汗马功劳，只因范雎进谗言，说“宣太后专制，穰侯擅权”，就被昭王免去相国之职，贬谪至边远地区，死在陶（后秦收陶为郡）。太史公曰：“穰侯，昭王亲舅也，而秦所以东益地，弱诸侯，当称帝于天下，天下皆西向稽首者，穰侯之功也。及其贵极富溢，一夫开说，身折势夺而以忧死，况羁旅之臣乎。”白起善于用兵，在秦昭王执政期间，“为秦战胜攻取七十余城，而定鄢、郢、汉中，北擒赵括之军”，封为武安君。秦昭王不听白起之言，攻邯郸失利，白起因而称病。于是秦昭王免去他武安君的爵位，又赐剑令他自刎，“死者非其罪，秦人怜之，乡邑皆祭祀”。

这些事实说明，秦国看似最为强大，其实在秦国内部，大臣恐惧不安，民心不稳，政局出现动荡的趋势。所以吕不韦为相后，首先要做的就是巩固统治，创造一个稳定的社会局面，这对秦国的前途有着深远意义。

吕不韦有雄心壮志，想要做出一番事业来。他当上国相之后，沿用了秦国国君注重使用客卿的传统，立即发布告示，用重金招聘天下的宾客和游说之人，请他们来共同治理秦国，建功立业。同时他还大赦天下，释放监狱里的犯人，让他们改过自新，回归生产活动。对于先王的功臣，他表示尊重，注意团结他们，又经常施加恩惠给民众。他采用了孔孟学说中的一系列仁政德政，这是秦国振兴最关键的措施。

在实行孔孟仁政巩固统治的同时，吕不韦还实行了一系列行之有效的外交政策，并加快了统一天下的步伐。

信陵君魏无忌（？—前 243 年），魏昭王少子，安釐王的异母弟，战国时期魏国著名的军事家、政治家。

在嬴政即位的当年，魏国公子信陵君魏无忌率领赵、魏、韩、楚、燕五国军队联合抗秦，在河外击败了秦将蒙骜，因此秦人最忌惮魏无忌。吕不韦派人持万金到魏国离间魏王和信陵君的关系，同时派人到魏国境内假装祝贺信陵君登上王位。魏王更加怀疑信陵君，派其他人代替信陵君执掌魏国兵权，使五国攻秦的计划流产了。信陵君从此心灰意懒，回到魏国之后，不再上朝，每日沉迷于酒色。

秦王政元年（前 246），吕不韦用谗言击败了信陵君，然后再次商议用兵。他派遣大将蒙骜和张唐率兵伐赵，攻下晋阳。秦王政三年（前 244），再次派遣蒙骜和王龁攻韩，韩王派遣公孙婴率兵抵抗秦军的入侵。王龁说：“我曾经败给赵国，后来又败给魏军，多亏秦王宽恕我才保住了性命，这一次一定要以死相报。”于是王龁带领着他的亲兵一千余人，直接攻进韩军大营。王龁力战而死，但是韩军的阵形也已经被冲散，蒙骜乘机发兵，大败韩军，杀了公孙婴，攻下韩国十二座城池。

吕不韦从当上相国到秦王政十年（前 237）被免职，在秦国专权十二年，这十二年里，秦国几乎每一年都要蚕食掉周边邻国的土地。

秦王政元年，秦占韩上党郡全部，派蒙骜平定晋阳，重建太原郡。开郑国渠。

秦王政二年（前 245），秦攻取魏国的卷。

秦王政三年，蒙骜攻取韩十三城。秦攻取魏国的氏畼、有诡，岁大饥。

秦王政四年（前 243），秦国发生蝗虫灾害，百姓纳粟千石拜爵一级。

秦王政五年（前 242），秦将蒙骜攻取魏酸枣等二十城，建立东郡。

秦王政六年（前 241），秦取魏国朝歌。秦迁卫君角于野王，以为秦国的附庸。赵将庞煖率韩、赵、魏、楚、燕五国联军攻秦，进至地。

秦王政七年（前 240），秦取赵国的龙、孤、庆都。秦攻取魏国的汲。

秦王政八年（前 239），秦嫪毐为长信侯。

秦王政九年（前 238），秦王政于蕲年宫加冠亲政，平定嫪毐叛乱。秦将杨端和攻取魏国的首垣、蒲、衍氏。

秦王政十年，秦王免除吕不韦的相国职务。

在吕不韦掌权期间，秦国的国土包括巴、蜀、汉中，并且越过宛国攻占了楚国的国都郢（今湖北江陵北），设置了南郡；东至荥阳（今河南荥阳），灭掉了东周王室和西周国两个政权，设置三川郡（郡治在今河南洛阳）；北方则兼并了上郡（郡治在今陕西榆林南）以东地区，设置了河东郡（郡治在今山西夏县）、太原郡（郡治在今山西太原西南）、上党郡（郡治在今山西长治）；韩国的国都新郑已经成了孤岛，魏国的国都大梁（今河南省开封市一带）也被分割包围了。

在吕不韦的治理下，秦国的经济实力已经远远超过六国，军事实力更是无人能敌，统一天下已经成了秦人的直接目标了。吕不韦为秦王政铺平了道路，对统一天下起到了很大作用。郭沫若先生曾经评价："吕不韦在中国历史上应该是一位少有的大政治家。"

淫乱后宫的赵姬

嬴政登上王位的时候才十二岁，年少的皇帝，对于男女之事还处于似懂非懂的阶段。他的生母赵姬仍然年轻，才 30 岁左右。太后地位尊贵，生活优裕，但庄襄王的早逝也使独守空房的赵姬寂寞不已，她又曾同吕不韦有过一段难忘的旧情，便想重修旧好。而此时的吕不韦正以相国的身份掌握着秦国的军国大权，经常出入后宫。

吕不韦在政治上的投机大获成功，使他由商人摇身一变成了西方强秦的相国。庄襄王早逝后，他以"仲父"的身份辅佐一个年少的皇帝，专权地位已十分牢固。当太后向昔日的情人"投以木瓜"的时候，吕不韦也欣然地"报之以琼琚"。这就是史书所记载的："秦王年少，太后时时窃私通吕不韦。"

从史书记载来看，赵姬并不像后来的西汉吕后、大唐武则天那样对权力有着极度的渴望，她对成为天下女主，或充当临朝太后的角色并不热衷，似乎对操纵国家政权不感什么兴趣。她青春年少，当然不甘于后宫的清冷与寂寞。而如今当她挣脱了一切羁绊，重新拥有吕不韦的时候，使她那埋藏于心底、压抑多年的激情，终于能够得到释放。

吕不韦之所以与太后私通，除了重温旧情，有弥补往日遗恨的情结以外，也应当包含如下的考虑：当年的赵姬，如今已尊为一国太后，国王又年少，她作为秦王之母，掌握着一定的权势。虽然吕不韦权倾朝野，无须借助太后，但也犯不上得罪太后。总之，太后与吕不韦的重修旧好，就其动因而言，二人在起始时便各自有所不同。对于吕不韦来说，他的“报之以琼琚”，带有顺水推舟，何乐而不为的随意成分。

吕不韦私通太后的事情，在《史记》中都有所体现。司马迁自然不会乱说，他的根据应该就是《秦记》，这是一本秦国史官编纂的史书，可靠性较强，而且这也并不是秦史中记载的唯一一件。从秦昭襄王的母亲宣太后的言行中，似乎可以看出这原本就是秦人的风俗特征。

宣太后（？—前265），姓芈，又称芈八子，秦宣太后。战国时期秦国王太后，秦惠文王之妾，秦昭襄王之母。义渠是东周时期活跃于泾水北部至河套地区的一支古代民族，长期与秦国发生战争。秦昭襄王继位时，义渠王前来朝贺，宣太后与义渠王私通，生下两子。后秦昭襄王与宣太后日夜密谋攻灭义渠之策。公元前272年，宣太后引诱义渠王入秦，杀其于甘泉宫。秦国趁机发兵攻灭义渠，在义渠的故地设立陇西、北地、上郡三郡。

宣太后用私通的方式麻痹了义渠王，最终将其诱杀，为秦国谋取利益，这样的女子在整个中国历史上也并不多见。宣太后十分宠爱情夫魏丑夫，去世之前传令让魏丑夫为自己殉葬。魏丑夫得知后十分害怕，于是就请庸芮游说宣太后。庸芮先问宣太后人死后是否能够感知到人世间的事情，宣太后回答说不能。庸芮继而说既然人死后不会有什么知觉，那您又为何要将自己心爱的人置于死地呢？如果死人真的有知觉，那么先王早就因出轨之事对太后您恨之入骨了。太后您弥补过失都来不及，又怎么能和魏丑夫有私情呢？宣太后认为庸芮所说有理，于是便撤销了魏丑夫为自己殉葬的旨令。可见宣太后丝毫不避讳她的这些行为，甚至希望在死后能够继续享用。

宣太后的影响之大，远远超过一般的皇太后。太后称谓，始见于她。宋代高承《事物纪原·卷一》云：“《史记·秦本纪》曰，昭王母芈氏，号宣太后。

王母于是始以为称。故范睢说秦王有独闻太后之语。其后赵孝成王新立，亦有太后用事之说。是太后之号，自秦昭王始也。汉袭秦故号，皇帝故亦尊母曰皇太后也。”

从宣太后的身上可以推测，秦国作为地处西方的边远国家，并不像中原人那样有着强烈的忠贞观念。他们尊重女权，经常出现太后把持朝政的情形，太后掌权之后，又经常伴随着淫乱后宫的传闻。所以赵姬淫乱的事情能够被秦史记录下来，也就在情理之中了。

首先，相较于太后来说，吕不韦可能只是玩玩而已，并不抱有太大的兴趣。太后幽居深宫，受到规矩的限制和束缚，但吕不韦可不一样，他是秦国的相国，姬妾美女成群，姿色和风情超过太后的绝对不少，吕不韦没有必要非得和太后私通不可。

其次，吕不韦的“奇货可居”，是一笔政治上的投机交易。他做了秦国的相国之后，唯一的目标和最大兴趣，就是获得更大的权力。他利用秦王年少、专权地位不受威胁的有利时机，集中精力招致天下宾客编纂《吕氏春秋》，把它作为嬴政亲政后的教科书，以图日后继续控制秦国的大权。他日理万机，忙得闲不下来，对于同太后的私情又能有多大的兴致呢？

再一次，吕不韦早已过了不惑之年，精力肯定已经无法和赵姬相比了。时间一久，吕不韦无法满足太后，兴趣自然也会大减。

最后，吕不韦出身商人，深谋远略，他懂得“人无远虑，必有近忧”的至理名言，并以此规范自己的言行。当他确信自己无论如何也难以满足太后的情欲，而秦王嬴政又年岁日壮时，便当机立断，从困境、险境中立即脱身而出，像以往经商捕捉时机时那样。秦王总有长大的一天，而太后又纠缠不休，如果继续下去，迟早会被秦王发现，引起他的忌恨，岂不大祸临头？

吕不韦虽然迫切地想要结束这段关系，但是他并没有因此变得焦躁不安，他非常冷静，最终想出了一个金蝉脱壳的办法，那就是另外举荐一人，代替自己，这个人就是嫪毐。

嫪毐得到太后的专宠

吕不韦为施金蝉脱壳之计，已谋划一月有余。一日，吕不韦到门客的书房察看编书情况，听见屋外传来一阵笑声。他感到好奇，便上前询问，原来是一位门客正在叙说近日京郊发生的一段趣闻。他此时绘声绘色地讲给同事们，似乎一切都是他亲眼所见，并提到“大阴人”。

吕不韦对这个“大阴人”很感兴趣，于是专门让人调查他的详细背景，得知他的真名叫嫪毐。

嫪毐原本只是一个市井无赖，后来无意中得到一个偏方，用了之后果然效果很好。他因为下体巨大，在家乡很有名气，他又懂得许多手段，很会哄贵妇人开心。吕不韦将他收到府中，作为府中的一个舍人，静静等待机会。

秦国有一个习俗，农耕做完之后，全国人民都会聚集起来，玩乐三天，舒缓辛勤的劳作。那个时候只要是有一技之长，会点儿别人做不到的技艺的人，都可以在这段时间里大展身手，博取人们的开心。吕不韦搭建好了戏台，将太后和秦王政请来一同观赏节目。这个时候，只见有人推着一个桐木做的车轮走进场中，众人都伸长了脖子，想要看他会表演什么技艺。这人正是嫪毐，他将要表演的是他的拿手好戏。人们还在等待，没想到他却脱去了裤子，一时间鄙视之声响彻全场。太后微微皱眉，似乎对这种粗鲁无礼的行为感到厌恶。嫪毐脱去裤子，将阳具放进车轮的孔中，然后推动车轮一阵狂奔。看到这种奇葩的行为，所有的人都被逗乐了，场内场外笑成一片。吕不韦微微侧过头去，看见年幼的秦王政目瞪口呆，而太后也张口结舌，同时流露出欣羡的神色来，吕不韦知道自己的计策成功了。

这件事过去之后，吕不韦去见太后，等着太后主动提起嫪毐。果然，太后有意无意地问他：“那天在场中的那个人是谁呀？”

吕不韦说："那是我府中的舍人，名叫嫪毐。"见时机成熟，吕不韦便将嫪毐举荐给了太后，"太后要是想见他，我可以帮您安排。"太后笑而不语，过了很久又说："但是公然让一个男人出现在太后的寝宫里，传出去也太不像话了，恐怕会遭到别人的议论。"

于是吕不韦又想出一个办法来，他故意给嫪毐编织了一个淫乱的罪名，然后假装阉割他。在行刑之前，吕不韦用重金贿赂了行刑的那个人。行刑之人盛着一只驴的阳具出来示众，观看的人都感到很惊诧，但是又嫌恶心，看了一眼之后就都转过头去了。吕不韦又命人拔掉了嫪毐的胡须，将他送进宫去，并让宦官去贿赂了管理太监的给事中，这样一来，就没有人知道太后淫乱的事了。太后晚上令嫪毐侍寝，一试之下发现他果然名不虚传。嫪毐用尽浑身解数，侍候得太后非常舒服。自从秦庄襄王死后，赵姬寂寞无比，每天都十分烦闷，心中的欲火得不到发泄。虽然她和吕不韦旧爱缠绵，但吕不韦年纪已经不小了，精力不够，赵姬觉得嫪毐要胜过吕不韦十倍。

第二天，太后厚赐吕不韦，酬谢他举荐嫪毐的功劳。吕不韦终于松了一口气，得以从泥潭中逃了出来。

太后与嫪毐相处如夫妇，又没有做好避孕措施，没过多久就怀孕了。太后的肚子一天天大了起来，她害怕生产的时候没有办法隐瞒，于是诈称得了重病，让嫪毐贿赂占卜的人。占卜的人收了好处之后，向人们谎称宫里有不干净的东西在作祟，应当让太后移居宫外，往西方走二百里找地方住下。当时的秦王政已经开始怀疑吕不韦了，太后的这一走也正好可以让他们没有机会再相会，所以秦王政就答应了，并且说："雍州就在咸阳的西边，相距正好二百里，况且以前的宫殿都还在，适合太后居住。"于是太后迁往雍城，嫪毐也跟着一起去了，住在雍都的宫殿大郑宫里。

太后到雍都"避难"，嫪毐作为太后的侍从一起前行，太后给予嫪毐很厚重的赏赐。太后暂居雍城的一段时间内生下一个男孩儿，养好身体之后就回到了咸阳。可是不久又怀有身孕，只好再度回到雍都，咸阳城内太后宫中的大小

咸阳城复原图

事情，以及有关国家政务的一些大事都由嫪毐做决定。嫪毐手中的权势日益膨胀，以至于“家僮数千人”。宾客中不少人见嫪毐权势日盛，争着做嫪毐的“舍人”，不下千余人。秦王政八年，太后向上奏称嫪毐侍养有功，请求封给他土地。秦王尊奉太后的命令封他为长信侯，并赐给他山阴，让他居住，又把河西太原郡作为嫪毐的封国。嫪毐又结交朝中的大臣，很多趋炎附势的人纷纷和他来往，他的势力反而超过了文信侯吕不韦。

秦王政九年春，天上出现了彗星，长度跨越整个天空，在古时这是不祥的征兆。太史占卜之后说：“国中将会出现兵变。”秦王政于是决定亲自前往城外，举行祭祀。临行前使大将王翦率领军队在咸阳城外驻扎，和仲父吕不韦镇守京城，桓齮引兵三万，屯于岐山，然后起驾。嫪毐由于受到太后的宠幸，在秦国迅速发展自己的势力，并最终与秦王政以兵戎相见。

用人不疑修建郑国渠

《汉书·地理志下》里说，秦国当时的国土面积相当于天下的三分之一，人口不超过天下人口的百分之三十，它的财产却相当于天下的百分之六十。秦人的主要根据地关中地区，是当时农耕经济最发达的地区之一。因为经济富庶，关中也被称为“天府之国”，或者是“陆海”，被看作九州之中最富庶的地方。

画面左侧为古郑国渠。郑国渠是古代劳动人民修建的一项伟大工程，属于最早在关中建设的大型水利工程，战国末年由秦国修建。

关中地区的经济实力，在秦王嬴政当权时期，更是获得了巨大的飞跃，而这一切，都要归功于郑国渠的修建。

秦国日益强大，虎视东方，实行远交近攻的战略，首当其冲的韩国，却羸弱到不堪一击，承受着巨大的压力。秦王政元年，秦国占领了韩国上党郡的全部地区，蒙骜平定了晋阳，重建太原郡。昏庸无能的韩桓惠王惶惶不可终日，无计可施，只能经常讨好秦国。经过商议，韩人认为，最好的办法是用重金贿赂秦人，因此出卖韩国的美人。但是美人的价格太高，诸侯国没有人买，反而是秦人用三千金买了回去，韩人得到钱之后，又把这些钱给送了回去，秦国于是更加轻视韩国了。

当时，秦国的都江堰工程刚刚建成不久，秦国正沉浸在喜悦之中，兴修农田水利工程的兴致正浓。为此，韩桓惠王竟然想出来一条“疲秦之计”。他找来水工郑国，然后对他说：“我们韩国势力弱小，处在大国的旁边就像是伴着猛虎一样，如果不思索对策，迟早会被吞并。如果能够说服他们再次兴修庞大的水利工程，就会使秦国消耗更多的人力与物力，韩国不久就可以免受秦兵灭国之祸了！”

水工郑国热爱自己的祖国，对于韩王所赋予他的这个特殊使命欣然应允，觉得这是自己报效祖国的一个绝好机会。同时他也可以借助为秦国开渠这件事一展自己的抱负与才能，在韩国，他一直没有发挥才能的空间。能在有生之年修建一个令后世惊叹的水利工程，造福子孙后代，这是郑国久积于心中的最大夙愿。他怎能不为前往秦国游说开渠而兴奋不已呢？

当时，异人刚刚即位，成为秦庄襄王，执掌国家大权的是相国吕不韦。秦国自商鞅以来便以“农战”为基本国策，都江堰工程的修成，使成都平原成为沃野千里。秦国之所以能够富强起来，与修建水利工程有着密不可分的关联。因此，庄襄王与吕不韦对郑国在关中地区开凿大型水渠的建议十分感兴趣，命令郑国拿出一个完整的修渠方案。

经过实地勘察，郑国发现，泾河从陕西北部群山中冲出，流至礼泉就进入关中平原。平原东西数百里，南北数十里。平原地形特点是西北略高，东南略低。郑国以他那绝世的才能，精心设计了西引泾水，东通洛水的方案，充分利用这一有利地形，在礼泉县东北的谷口开始修干渠，使干渠沿北面山脚向东伸展，很自然地把干渠分布在灌溉区的最高地带，不仅最大限度地控制灌溉面积，而且形成了全部自流灌溉系统，可灌田四万余顷。

像这样工程浩大、设计合理的自流灌溉系统，无疑是水利史上少有的良作，令庄襄王和吕不韦极为赞赏，便当即决定由郑国按设计方案负责组织施工，因此任命郑国为这一工程的设计者和施工技术上的总负责人。整个工程分干渠、引水渠、灌溉渠三个组成部分。渠首的选址正处于泾河冲出群山进入平原的一个峡口，泾河从西北向东南奔腾而下，东西两面都是高山。在这里修筑拦河大坝，抬高水位，拦截泾河水进入灌区，充分利用了渭北平原西北略高、东南略低的地势特点，筑造了一个自流灌溉系统。引水渠就是引导河流到灌区的水路工程，即《汉书·沟洫志》中所说的“凿泾水自中山西邸瓠口为渠”，长十五里到二十里。

灌溉渠分干渠与支渠，从头到尾，流经三百余里。为最大限度地扩展灌溉面积，同时也为保障干渠的河水流量，在旱季充分满足灌溉农田的需要，郑国在设计时采用拦腰截断河流的“横绝”工程技术，把小河的水量汇集到干渠中来，从而加大干渠的水流量，同时还能把经过整理的河道改造成良田，扩大种植面积。横绝工程，是战国水利工程技术上的一大发明，为关中地区后世大规模兴修水利工程开创了成功的先例。

正式开工时，庄襄王已死，正值秦王政元年。这条水渠的开通，调用了大批的劳动力，国库的财力也损耗大半，等到这项费时十年的浩大工程已经进行

《史记》作者司马迁

到一半的时候，秦国人才发现了韩国“疲弊秦国”的阴谋，郑国作为韩国的奸细被立即逮捕。

面临杀头的危险，郑国在秦王面前毫不畏惧，面不改色。嬴政质问郑国：“韩王派你来鼓吹修渠，想借此来消耗秦国的国力，是不是？”

郑国说：“臣一开始确实是来消耗秦国的，但是修成水渠对秦国也有好处，臣为韩国多延续了几年的寿命，却也为秦国建立了万世功业。”

听了郑国的一番话，秦王政陷入了深思，水渠修成的话，确实可以为秦国带来巨大的利益，况且工程已进行了一半，怎可半途而废？于是他非但没有加罪于郑国，反而让他继续主持这项工程，责令他按预定方案修完。渠成后人们为了纪念他的光辉业绩，便称这条人工开凿的灌渠为“郑国渠”。

渠建成后，经济、政治效益显著，《史记》《汉书》中都说：“渠就，用注填阏（淤）之水，溉泽卤之地四万余顷，收皆亩一钟。于是关中为沃野，无凶年，秦以富强，卒并诸侯。”一钟为六石四斗，比当时黄河中游一般亩产一石半要高许多倍。司马迁在《河渠书》中把郑国渠的兴建及其功效的发挥同“秦以富强，卒并诸侯”联系在一起，表明他对这个问题见解的深刻。他以此昭示后人，是这位伟大史学家高见卓识的又一闪光点。

秦国统治者敢于下定决心，按照敌国的意见，投入巨大的人力和财力，甚至在郑国的阴谋被发觉后，仍然继续相信他，前后费时十年，修建如此浩大的工程。这除了因为修渠会给秦国带来富国强兵的重大效益外，也反映出秦国对来自国外贤能人士的重视。

蝗灾过境积极补救

嬴政即位第四年，秦国爆发了大规模的蝗虫灾害。蝗虫灾害是毁灭性的，在古书中，曾有这样的记载："凶饥有三，曰水、曰旱、曰蝗，地有高卑，雨泽有偏被，水旱为灾，尚多有幸免之处，唯旱极而蝗，数千里间，草木竭尽。"意思为：对以农业生产为主的社会来说，能够导致饥荒的灾害有三种——水灾、旱灾和蝗灾。所处的地理位置不同，降雨量也会不一样，通过兴修水利等人为措施，还可以缓解水灾和旱灾带来的影响，但是大旱之后引发的蝗灾，一旦来临就根本没有什么方法可以预防和制止。

蝗灾，是指蝗虫引起的灾变。一旦发生蝗灾，大量的蝗虫会吞食禾田，使农产品彻底遭到破坏，引发严重的经济损失和因粮食短缺引起的饥荒。蝗虫喜爱温暖干燥的气候环境，蝗灾往往和严重旱灾相伴而生，有所谓"旱极而蝗""久旱必有蝗"的说法。蝗灾自古以来就有，最早的文字记载见于商朝的甲骨文，上面记述每过一段时间就会爆发蝗灾，给生产带来无法预料的毁坏和打击，人们在蝗灾面前往往束手无策，眼睁睁看着蝗虫毁灭大片的良田谷物。《诗经》中也有"去其螟螣（螣即蝗虫），及其蟊贼，无害我田稚。田祖有神，秉畀炎火"的句子。

引起蝗灾的主要原因是干旱，这是因为蝗虫是一种喜欢温暖干燥的昆虫，干旱的环境对它们的繁殖、生长发育和存活有许多益处。干旱使蝗虫大量繁殖，迅速生长，在干旱年份，由于水位下降，土壤变得比较坚实，含水量降低，且地面植被稀疏，蝗虫产卵数量大为增加，多的时候可达每平方米土中产卵四五千个卵块，每个卵块中有五十粒到八十粒卵，即每平方米就有二十万粒到四十万粒卵。

嬴政即位四年的十月，铺天盖地的蝗虫自东方呼啸而来，所到之处，寸草不生，植被都被啃噬得干干净净，大片的农田被蝗虫毁坏得草叶全无，老百姓一年辛苦的劳动成果就这样被破坏，痛苦之情无以言喻。

蝗灾的消息很快传到朝廷，嬴政听说后，非常苦恼，召见大臣商量对策。嬴政问："国家突然遭受这么大的灾难，该如何应对？"

有的大臣说："农为国之本，依照历制，应该安抚百姓，开仓赈灾，提议拨出两千石粮食以赈济受灾百姓。"有的大臣说："蝗灾是上天对人们的惩罚，应当举行大规模的祭祀活动，祈求上天免除灾难。"有的主张从没有受灾的地方调集粮食来救济灾民。

嬴政听从了大臣的建议：一方面祭祀神灵，乞求上天护佑；一方面从富裕地区调拨粮食，救助受灾百姓。虽然他积极调遣，派兵给各地散发粮食，但毕竟充盈的国库因数年战争，所剩无几。嬴政焦头烂额，想不出办法，一年多的蝗灾已经让秦国快要承受不住了。

前所未有的蝗灾让秦国国力大减，受灾百姓数不胜数，饥荒、疾病随之而来，无一幸免。为了更快、更好地鼓励人们捐助粮食，嬴政做了一个大胆决定，他说，让人主动捐款捐物，没有人乐意去做，但是现在情况危急，可以采取鼓励政策。传下旨令，缴纳粮食一千石，拜爵一级。命令一下，纳粮求官的人络绎不绝，很多富裕人家都想当官，就趁机缴粮做官，解救灾民。

古时候社会生产力不高，统治者为了充实国库，鼓励人民多纳税，对于多缴纳钱粮赋税的，给他们记功，按照捐献的多少，赏给他们相应的官职，称为"捐叙"。这种纳粮捐叙的政策，之后一直延续下来，实质上就是封建统治者卖官鬻爵，在国家危难的时候，可以缓解危机，但也为腐败提供了法律支持。

相传孔子曾经修订的今文《尚书》记载，已说虞舜便规定"金作赎刑"，官员有罪可以罚金赎减，可见卖爵与用钱赎罪早就是官员的特权，但是广大的贫苦老百姓因为没钱，也就无法享受特权。到了西汉的"文景之治"，治法的一个表征，就是一再颁布"卖爵令"，凡向朝廷捐献粮食的富民达到一定的数量，就可以拜官封爵，或者是免除对所犯罪行的惩罚（"得以拜爵，得以除罪"，见《汉书·食货志上》）。公元前1世纪初，堪称"中国史学之父"的司马迁因为替李陵在对匈奴作战中的失利说了几句公道话，被汉武帝认为是讥刺他命将不当，下狱判死刑，因家贫没钱赎罪，被迫接受腐刑即以断子绝孙为代价，得以存活，出狱后任中书令，忍辱含垢，继续写作，前后历经十四年，《史记》的写作才终于完成。司马迁的事例，便是反例的代表。自两汉到元明，尽管有太多的王朝因腐败而垮台，但作为政治腐败的体制性痼疾之一——统治阶级的卖官鬻爵却愈演愈烈，尤以清王朝最为严重。

在清朝，这种政策被称为“捐叙”或“捐班”，是满清文官的四大资源之一。捐班的官员只知道追名逐利，把捐献出来的那些钱财当作自己出的本钱，也就不可能成为清官廉吏。于是皇帝明知捐班不好，仍然照样实行，继续骗人骗己。借口财政困难而“开捐例”，就好比饮鸩止渴、自噬其肉。

为救灾力行节俭

秦国发生蝗灾以后，许多地方的农作物被蝗虫啃噬殆尽，遭受了重大损失，秦王嬴政亲自主持祭天大典，向上天祈求庇佑，然后调拨各地粮仓里的存粮赈灾，接着便颁布法令，以卖官的形式鼓励富人积极捐赠。经过他的努力，灾情有所好转，但形势依然十分严峻。

这时，又有大臣提出建议：“国家遭到这么大的灾难，应当鼓励百姓早做准备，等到明年情形好转，要勤耕细作，如果谁的收入好，缴纳的粮食多，就给谁重赏。同时力行节俭，禁止浪费。”

嬴政觉得他说得有道理，就在朝堂上宣布推行节俭。这件事说来容易，做起来却千难万难，百姓贫困，要满足自己的生存需求尚且难以办到，就更不可能浪费了。而王公大臣和那些富人子弟享受惯了荣华富贵，吃的是山珍海味，穿的是绫罗绸缎，出则宝马香车，入则妻妾成群，整日逍遥自在，哪里会想起节俭来？当时的贵族喜欢娱乐，项目也很多，最常见的有斗鸡和养狗。他们的财产和官爵都是世袭得来的，所以永远不用担心将来，整日生活在声色犬马之中。

《庄子·外篇·达生》记载了一个“呆若木鸡”的故事：齐国国王喜欢斗鸡，有个叫纪渻子的人因为擅长驯养斗鸡，得到齐王的赏识，被聘请来专门负责训练斗鸡。到了第十天的时候，大王问他：“斗鸡训练好了吗？”纪渻子回答说：“还没有，现在这些鸡虚浮骄傲，而且自恃意气，不是合格的斗鸡。”过了十天，齐王又问，他回答说：“还不行，这些鸡听到声音或者动静还是会有所反应，心还是为外物所牵制，不能专心致志，不是好的斗鸡。”又过了十天，这时齐王觉得时间已经够长了，就再次来问，可得到的答案是：“快了，但还没好。”齐王心里急躁，甚至担心纪渻子是个骗子，故意拖延时间。终于又过了十天，齐王几乎快要忘掉这件事了，没想到纪渻子主动来找他了，齐王就再次问起，纪渻子说：“虽然有时候还会鸣叫，还没有达到最好的状态，但现在这些斗鸡已经可以出战了。”等到训练完全成功以后，齐王前来观看比赛，只见纪渻子训练的斗鸡站在场中央一动也不动，不放心地说：“这样就算成功了吗？”纪渻子说：“现在它意志很稳，听到别的鸡叫也不慌不忙，丝毫没有着急的表现，各种战斗的本领它都学会了。”战斗开始后，纪渻子的鸡看上去好像在发呆，像木头做的一样，但其他的鸡，一见到它就吓得掉头逃跑，不敢和它斗。齐王方才明白其中的道理，满意地重赏了纪渻子。由此可见，当时的贵族都过着奢侈的生活，恰如那只一动也不动的斗鸡，过惯了舒适的日子，哪里肯受一点儿委屈？虽然嬴政要求大臣生活节俭，可是谁也没有当回事，依然过着从前那种锦衣玉食的日子。

嬴政知道后，决定亲自带头，给大臣做个榜样，他不再过锦衣玉食的生活，而是减少用品，处处节俭。

一次，嬴政站在城墙上，恰巧有位大臣的车队从城下经过，他看到车子上装饰着锦缎丝绸，系着玲珑玉佩，马背上驮着黄金马鞍，就连随从也衣着华丽，前呼后拥，一副趾高气扬的样子，他心里不太高兴，愤愤地说：“国家遭受天灾，他们竟还如此浪费！”嬴政的话很快传到了大臣的耳朵里，大臣心想，如果依旧我行我素，必然会与大王产生冲突，不如立刻改正，效法节约。于是，他的车马就不再使用华丽的装饰，随从也减少了，还严格要求手下谨慎行事。

这件事渐渐传了开来，立刻在朝臣中产生了影响，他们也警觉起来，开始在吃、穿、住、行上降低标准，不敢以浮华享乐为荣耀，全国上下也积极效仿。

在自然灾害面前，嬴政采取了积极的措施，赈济灾民，使生产得到尽快恢复，显示了他身为君主重视农业的一面。嬴政的表现越来越出色，也越来越引起吕不韦的警觉，此时的嬴政，已不再是那个懵懂无知的少年，在祭神活动中，他竟然重用成蛴，并且册封成蛴为长安君。虽然成蛴是异人的次子、嬴政的弟弟，但两人的关系并不是那么热络。嬴政继任秦王，成蛴成为秦王政潜在的威胁，当时的相国吕不韦处处欲置他于死地，但是此时嬴政居然重用成蛴。吕不韦心里开始慢慢产生疑虑，嬴政可能是要提高成蛴的地位，让吕不韦和他相互制约。秦王室子孙在朝中有他们的势力，先王曾经厚待他们的兄弟，其中昌平君、昌文君都掌握一定的权力，成蛴又封为长安君，长此以往，嬴政年龄大了，不会久居人下，我独揽朝纲，会不会有什么危险？吕不韦的担心很有道理，他以商人的身份趋利避害，逐渐走到权力的顶峰。贵族们早就对他独揽朝纲、勾结太后不满；他广收门客，名倾天下，也遭到很多人的反对。现在秦王渐渐长大，等到他亲政掌握了实权，肯定会拿自己开刀，那些痛恨他的人也会对他报复。吕不韦越想越害怕，他决定先采取行动，消灭一部分对自己不利的人。

匈奴对中原各国的侵扰

就在吕不韦还没有考虑好如何行动的时候，北方匈奴又开始南下扰境了。

匈奴，是我国北部一个古老的少数民族。据部分史籍记载，匈奴人是夏朝的遗民。《史记·匈奴列传》记载：“匈奴，其先祖夏后氏之苗裔也，曰淳维。”《山海经·大荒北经》称：“犬戎与夏人同祖，皆出于黄帝。”《史记索隐》

引张晏的话说："淳维以殷时奔北边。"是说匈奴人是夏朝人的后裔淳维，也是黄帝的后代，在商朝时逃到北边，子孙繁衍成了匈奴。还有一说认为，移居北地夏的后裔，是夏桀的儿子。夏桀流放三年而死，其子獯鬻带着父亲留下的妻妾，躲避在北方的原野上，畜养牲畜，逐水草而居，即是中原所称的匈奴。匈奴人以游牧、狩猎为生，牲畜以马、牛、羊为最多，其次为骆驼、驴、骡等。他们喜欢不断迁徙到水草旺盛的地方，没有城郭，和农耕民族的生活习惯很不一样，但是他们也有各自的封地。男子从小就学习骑射本领，小孩子能骑在羊身上，用弓箭射鸟雀和老鼠，长到少年，就能射狐狸和兔子，当作食物，因此，一到成年，就全都成了武艺超群的骑兵战士。

匈奴人过着游牧生活，居无定所，选择水草茂盛的地方居住，一旦水草枯竭，就会迁徙到别的地方。匈奴人强悍，喜好骑射并以此为荣，他们平时以放牧、狩猎为生，经常通过战争掳掠奴隶和邻族、邻国的财物，他们把战功视为荣誉。

赵武灵王赵雍（约前 340—前 295），嬴姓，赵氏，名雍（先秦时期男子称氏不称姓，故称为赵雍，不叫嬴雍），战国中后期赵国君主，生于赵国首都邯郸。

从夏、周开始，匈奴人经常侵扰中国北方边境，只要有机会，他们便兴兵南下，烧杀劫掠，然后扬长而去。

战国时期，匈奴已经进入奴隶社会，并且有了固定的国家机构。国王称为单于，其下设左、右贤王，左、右谷蠡王，左、右大将，左、右大都尉，左、右大当户，左、右骨都侯，除左、右贤王外，其余大臣都是世袭。

匈奴人作战很有特点，他们

会根据实际情况作出决定，对他们有利的时候，他们就进攻，如果条件不利，就会快速逃遁，并不把逃跑看作耻辱。他们经常突击，来去飘忽不定，让人难以捉摸，而且战斗力非常强。他们来去如风，非常迅速，令人防不胜防。秦、赵、燕三国与匈奴接壤，时常受到匈奴南侵的骚扰。为此各国想了许多办法，防止匈奴人继续南下。

匈奴经常南下进行抢掠攻杀，他们将成群的牛羊赶走，把丰收的粮食抢光，放火烧毁房屋住宅，劫掠女人做奴隶。百姓深受其苦，纷纷南逃，生产遭到破坏，大片土地荒芜，本来的良田沃土成了无人居住之地。赵武灵王刚刚即位的时候，赵国正处于衰落的边缘，见赵国人好欺负，匈奴就进一步向南进攻，希望得到更多的财宝、牛羊和人口。

赵武灵王得知北方战况紧急，屡屡派兵遣将来抵抗匈奴的进攻，可是收效并不大。为了加强边防，强大军队，赵武灵王决定“胡服骑射”，改变人们的生活习惯，换成游牧民族的衣服，每天加紧训练骑射。当时匈奴被称为胡人，他们穿的服装比较简单，短袖短襟，没有任何装饰物品，特别适合骑马射箭，动作快速而灵活。赵国人久居中原，崇尚文雅庄重，穿着长袍子，衣服又长又大，动作很不灵活。赵国使用的战车，在北方山地和丘陵地区无法行动，而匈奴人骑马射箭的作战方式却显示了特有的长处。赵国军队和匈奴人打仗，为此常常吃亏。赵武灵王说：“愚蠢的人会嘲笑我，但聪明的人会明白。即使天下的人都嘲笑我，我也这么做，一定能把北方胡人的领地和中山国都夺过来！”国相肥义听说赵武灵王的想法后，也很赞同，于是也改穿胡服。

命令下达以后，反对者不计其数。赵国人瞧不起匈奴，认为他们凶残、落后，现在国王却让他们向匈奴学习，大家自然反对。他们都不明白赵武灵王此举的用意，就连他的叔叔公子成也称病不上朝。有人议论说：“中原地区在圣贤之人教化下，采用礼乐仪制，使得远方国家前来游观，学习效法。现在君王却要去仿效外族的服装，是违背人心的举动。”赵王听了之后便对国人解释说：“赵国周围有秦、韩等大国，又有中山、楼烦这样的小国。如今没有实力强大的军队，怎么能守得住疆土呢？先前中山国倚仗齐国的支持，侵犯我们领土，掠夺人民，又引水围灌鄗城，如果不是老天保佑，鄗城几乎就失守了，此事先王深以为耻。所以我决心改变风俗，想以此提高军队的战斗力，报一箭之仇。而你们却只知道依循中原旧俗，忘记了国仇家恨，真是让人失望啊！”赵国的人听了这番话，改变了以往的想法，支持赵武灵王。

赵军从装备和作战方式上高度学习匈奴，建立了让六国震惊的骑兵部队。不久，赵国兵强马壮，阻止了匈奴继续南下。但骑射终非汉人所长，任赵国骑兵如何在中原纵横驰骋，对匈奴战争依然是屡战屡败。毕竟，以骑兵对抗匈奴，对于当时骑兵战法还相对落后的汉人来说，无疑是以己之短击彼之长。战国末年，赵国又派大将李牧镇守北疆，抵制匈奴侵略。

李牧是赵国北部边境的良将。没有敌情的时候，他就每天宰杀几头牛羊犒赏士兵，训练士卒。但是一旦匈奴入侵，他就固守不战，敢于私自出战的斩首。长此以往，匈奴人占不到便宜，认为李牧胆小。赵王责备李牧，李牧依然如故。赵王发怒，把他召回，派别人代他领兵。此后一年多里，匈奴每次来侵犯，赵国就出兵交战，屡次失利，伤亡很多。赵王只好再请李牧出任。李牧闭门不出，坚持说有病。赵王无奈，多番请求。李牧说：“大王一定要让我去带兵，就要答应一切照旧，我才敢奉命。”赵王答应了他的要求。

李牧来到边境，还按照原来的方法，匈奴人始终认为他是胆小。边境的官兵每天得到赏赐，都想主动出击。于是李牧就准备了精选的战车一千三百辆、精选的战马一万三千匹、敢于冲锋陷阵的勇士五万人、善射的士兵十万人，全部组织起来。同时让大批牲畜到处放牧，匈奴小股人马入侵，李牧就假装失败，故意留下几千人。单于听到这种情况，就率领大批人马入侵。李牧布下奇兵，从左右两翼包抄反击敌军，大败匈奴，杀死十多万人马。灭了襜褴，打败了东胡，收降了林胡，单于逃跑。此后十多年，匈奴再也不敢接近赵国边境。

秦国也和赵国一样，经常受到匈奴侵扰。秦国派重兵把守北部的陕西、北地、上郡等地，可匈奴人的行迹飘忽不定，难以防范。嬴政即位初年，蒙骜率兵收取晋阳，又在晋阳设置郡府，作为抗击匈奴的军事重镇，却仍难有效对抗匈奴南侵。

面对匈奴兵马南下，秦国群臣聚集朝堂，商议退敌之策。

吕不韦思忖着说道："为今之计，只有先派兵增援，再慢慢谋划。"

蒙武和王贲主动请缨，他们分别是蒙骜和王翦的儿子，受到嬴政的器重。但蒙骜和王翦认为匈奴善战，两个儿子年纪太小，没有作战经验，所以就不同意。但吕不韦也趁机怂恿，嬴政只好答应了他们出战的请求。

蒙武和王贲首次出征，他们精心准备，披褂整齐。嬴政在霸上设宴，亲自为两人饯行，要他们两人像赵国的李牧一样，戍守边疆，保土安民。

蒙武、王贲听嬴政把他们与李牧相提并论，心里更加激动，发誓不退匈奴绝不还朝。

蒙骜和王翦担心儿子贪功冒进，出发前一再叮嘱，要他们固守不战。可是他们到达边关之后，并没有听从父亲的指示，而是主动出击，带着大批粮草辎重深入草原大漠，过了一个多月，始终没有发现匈奴人的行踪。大军渐渐陷入被动，嬴政只好派出两位老将前往前线，接替指挥。

蒙骜、王翦到了边境之后，制止了漫无目的的寻找，继续加固城池，准备军需物资。匈奴人见秦军势大，不敢正面应对，秦国北部边境也就得以暂时地安定下来。

大军班师之日，嬴政亲自率众臣迎出郊外。吕不韦暗地指使官员弹劾蒙武、王贲。嬴政说："这次出兵是我的错，我错误地估计了敌我之间的形势，不怪两位将军。"吕不韦见嬴政这么说，也不好再深究，于是剥夺两人一年的俸禄，也不准他们私自出入宫廷，陪伴秦王左右。

第五次合纵抗秦

信陵君是战国时期四公子之一，本名魏无忌，战国时魏国贵族，魏安釐王之弟，因受封于信陵（今河南宁陵），故称信陵君。他礼贤下士、广纳门客，据说有食客三千人。公元前 257 年，秦围赵都邯郸，赵王求救于魏王。一开始的时候，魏王派大将晋鄙去救魏国，但魏王害怕秦国，又下令停止进军，所以晋鄙率兵只到邺（今河北临漳），之后就不再前进了。信陵君派门客偷出魏王的虎符，杀了晋鄙，取得魏国军队的指挥权，率军救赵，打败了秦国。但这样一来，魏无忌和魏王之间的矛盾就加深了，不得已留在赵国十年。

公元前 247 年，秦国攻魏，信陵君魏无忌派使者向各诸侯国求援，各国得知魏无忌担任了上将军，都纷纷派兵救魏。魏无忌率领五个诸侯国的联军在黄河以南大败秦军，使秦国将领蒙骜战败而逃。联军乘胜攻至函谷关，秦军紧闭关门，不敢再出关。这次合纵攻秦的胜利，使魏无忌的声威震动天下，各诸侯的宾客都向他进献兵法，魏无忌编写成书，后世称为《魏公子兵法》。

秦王忌惮信陵君魏无忌，因此吕不韦建议派人持万金到魏国离间魏王和信陵君的关系，同时派人到魏国境内假装祝贺信陵君登上王位，因此魏王更加怀疑信陵君，于是派其他人代替信陵君执掌魏国兵权。

信陵君从此心灰意懒，回到魏国之后，不再上朝，每日沉迷酒色，四年之后（公元前 243 年）去世，从此魏国失去最后支撑的顶梁柱。

这时的秦军已经没有一丝恐惧了，因为信陵君已经死了。秦王政五年，蒙骜攻魏，占领了酸枣（今河南延津西南）、燕（今河南长垣）、虚、长平、雍丘、山阳等地，取二十城，置东郡。

在当时，秦国的国土在关中之外，还拥有了巴、蜀、汉中，并且越过宛（今河南南阳）而攻取了楚国国都郢，设置了南郡；在东方则将国境线推进到荥阳，灭掉了东周和西周两个政权，置三川郡；北方则兼并了上郡以东地区，设置了河东郡、太原郡、上党郡。如果太行山、白河、汉江下游一线贯通南北的话，这条线以西的辽阔地域，都会成为秦国的疆土。东郡的设立使秦国国土已经与齐国接壤，并切断了楚韩与燕赵之间的南北联系，这个举动让诸侯国十分震惊。

他们原以为庄襄王刚死不久，嬴政年少无知，秦国又承受了蝗灾瘟疫和匈奴的侵扰，一定会休养生息一段时间，哪知道秦国竟然锐气不减，接连紧逼。在这种情况下，他们不得不联合起来，对抗秦国。

秦王政六年，赵、楚、魏、韩、燕五国达成合纵盟约，推举楚考烈王为纵约长，以援救魏国为名，任命赵国庞煖为大将，太子嘉为监军，率领五国军队分五路讨伐秦国。秦新占区大，兵力分散，且人心尚未稳定。联军势力庞大，进攻一开始很顺利，占领了寿陵。

这五路大军按照预定计划，取道蒲坂，由华洲西进，挺进骊山，袭击渭南，伺机夺取潼关，威胁咸阳。消息传到咸阳，嬴政急忙召集群臣商讨对策，命吕不韦亲自率军出征。

庞煖认为，攻秦之师屡向西进攻，均在函谷关（今河南灵宝北）被阻，不如绕道蒲坂（今山西永济西南），南渡河水（今黄河），迂回至函谷关后，可以出其不意。五国联军分路出蒲坂，进展顺利，至蕞时与吕不韦所率秦军相遇。

吕不韦分析联军情况，楚为联军首领，影响较大，但他们远道而来，疲惫不堪，战斗力不强，如果能够击败楚军，联军必不战自溃。于是决定先以精锐部队，乘联军夜间疏于防范之际，突袭楚营。楚军侦知，自行东撤。四国军队闻楚军先退，军心动摇。诸将皆请退军，庞援只好应允。于是，韩、魏、燕之军先回国。庞煖对于齐国依附秦国而不与联军结盟的做法很生气，率军攻取齐国饶安（今河北盐山东南）后，才回赵国。

函谷关。函谷关西据高原，东临绝涧，南接秦岭，北塞黄河，是中国历史上建置最早的雄关要塞之一。

蕞之战是战国时期最后一次合纵攻秦行动。尽管庞援富有智谋，善纵横，但联军同床异梦，协同不力，终于无功而返。秦军利用庞援攻齐国的时机，进一步东进，攻克了魏国的朝歌和卫国的都城濮阳，逼迫卫君迁都于野王，使之成为秦国的附庸，并威胁楚考烈王把都城由陈迁至寿春。公元前240年，秦伐魏，攻取汲县，又占领了魏国的首垣、蒲坂和衍氏。至此，秦已完成了对韩、魏两国国都的三面包围，极大地削弱了诸侯国的实力，从此，六国已经分崩离析，面临着被各个击破的危险，再也无力互相救援、联合抗秦。

在群雄角逐的复杂环境中，秦充分运用外交与军事相结合的合纵或连横的战略，使战略发展到新的水平。中原各国合纵攻秦失败，重要的原因是他们只顾暂时利益而不能建立牢固的联合。秦国改革彻底，国富兵强，以强大军事实力为后盾，再结合连横战略，获得最后胜利。特别是“远交近攻”这一战略，对最后的胜利起到重要的作用。可见，没有实力的外交，不可能获得真正的战争胜利。

在吕不韦时代，秦国的经济实力已经远远超过六国，秦国的军事实力也已经强大无敌，当时，以夺取天下为目标，已经成为秦人的第一目标。秦国统一天下，早在吕不韦专权的时候就大势已定了，可以说，他是秦王朝统一的奠基者。

秦国任用来自他国的客卿，往往可以做到用之不疑，例如商鞅、张仪、魏冉、蔡泽、吕不韦、李斯等人，都曾经被委托以国家大事而被秦人充分信任。如果评价他们政治业绩的话，吕不韦可以和商鞅并居前列。

虎狼之国威慑天下

秦王政九年，二十二岁的嬴政在蕲年宫加冠亲政，按照祖制，秦王要到古都雍城举行加冠仪式并佩带宝剑。在咸阳王宫，嬴政头戴冠冕腰佩带宝剑，举行了庄严盛大的冠礼亲政仪式。昔日里懵懂无知的小男孩儿，如今已经长成了一个成熟的君王。关于秦始皇的形象，历来争议很多，在后世的许多美术作品中，

蕲年宫复原图。蕲年宫，始皇帝居住的宫殿。

秦始皇都是一幅威武魁伟的千古帝王形象。但是尉缭在他的著作《尉缭》中描述秦始皇的面相和为人时说得很清楚："秦王为人，蜂准，长目，挚鸟膺，豺声。少恩而虎狼心，居约易出人下，得志亦轻食人。"也就是说秦王嬴政长着蜂窝鼻，很长的眼裂，挚鸟一样的鸡胸（幼年营养不良导致缺钙的一种典型生理现象），豺狼似的沙哑嗓音，狠毒，有虎狼之心。困境能处于人下，一旦得志就会变得非常残忍。

尉缭是魏国人，但是他在秦国游说的时候得到了秦始皇的赏识，留在秦国当国尉，他把秦始皇描述成了一个非常阴险的人，说他像猛虎饿狼一样凶狠。

秦素有"虎狼之国"之称，古代史籍多次提及。据《战国策》所载，在述及秦国时，常常称秦为"虎狼之国"或"虎狼之秦"，如《楚策一》载苏秦说楚威王曰："夫秦，虎狼之国也，有吞天下之心。"《史记》中也记载，秦末楚汉相争时，樊哙在鸿门宴上对项羽也说："夫秦有虎狼之心，杀人如不能举，刑人如恐不胜。"

秦始皇已经死去两千多年，究竟相貌如何，长得是不是真的那么阴骘，今天也很难再去考证了。战国时候的人称呼"虎狼之国"，一般都有两个原因，一是秦王有吞并天下的大志；二是 秦军勇猛、凶狠，战斗力强。至于说秦律严苛，则是秦王统一天下之后的事了。

秦国修建了都江堰和郑国渠两大水利工程，使成都平原和关中地区成为当时天下最富庶的地区，秦国富强，国力一跃成为七国之首。而通过商鞅变法，秦国的军队战斗力也得到了质的飞跃。

商鞅变法奖励军功，禁止私斗。所谓"私斗"，并不是指一般的打架斗殴，而是指城邑之间为争夺土地财物而发生的械斗，即所谓的"邑斗"。"邑斗"

商鞅浮雕

在春秋战国时代是普遍现象，它反映出一般的社会关系还具有宗法制的浓厚色彩。中国古代社会是以有血缘关系的亲族系统为特征的。当宗族人口渐渐增多的时候，原有的土地已无法养活全部的人，就需要分支，族长率领族人去占领新的土地，建立新的城池。这种由血缘关系建立的社会制度，称为“宗法制”。随着历史的发展，私有土地渐渐增多，城邑作为宗族聚落的意味逐渐减弱了，而作为国家行政区域的功能逐渐在增强。商鞅把这种争斗称为“私斗”，就是要使城邑完全成为国家的行政单位。商鞅禁止私斗，使“乡邑大治”“民勇于公战，怯于私斗”，在增强秦国的对外作战能力的同时，也有力地推动了秦国从宗族社会向封建社会的转变。

与禁止私斗密切相关的是奖励军功，即鼓励国人在战场上英勇杀敌，为国立功。奖励军功的基本原则是，凡有军功者，都可以得到封赏，为出身社会底层的人展示了自我发展的广阔前景，对于激发整个军队的战斗力具有很大的作用。

商鞅变法以后的爵位分为二十个等级，它们是：公士、上造、簪袅、不更、大夫、官大夫、公大夫、公乘、五大夫、左庶长、右庶长、左更、中更、右更、少上造、大上造、驷车庶长、大庶长、关内侯、彻侯。爵位的等级与军功的大小相对应，也与一定的特权和待遇联系。例如，杀死敌人甲士一人并取得其首级的人，可得爵一级，受田一顷，宅九亩，还可以役使奴隶一人。爵至九级的大夫，就可以分得三百户人口。爵高的还可以用军功抵罪，或者是用军功为亲属赎免奴臣的身份，使之成为自由人，等等。

变法还废除了世卿世禄制，鼓励宗室贵族建立军功。《史记》记载，秦国规定“宗室非有军功论，不得为属籍。明尊卑爵秩等级，各以差次名田宅，臣妾衣服以家次。有功者显荣，无功者虽富无所芬华”。即依军功大小定贵族身份的高低。该规定沉重打击了奴隶主旧贵族，因而招致他们的怨恨。

这些做法，意味着商鞅彻底废除了旧的世卿世禄制，今后将根据军功的大小授予爵位，官吏从有军功爵的人中选用。从此以后，秦国的实力蒸蒸日上，到了秦王政即位的时候，早已经远远超过东方六国了。

《战国策·韩策一》中记载：秦国拥有身披铠甲的壮士一百余万，战车千乘，战马万匹，勇猛之士，不可胜数。会战的时候，六国的士卒，身披铠甲，头顶铜盔，而秦人却脱掉衣甲，光着身子冲锋陷阵，迎战敌军，左手提着斩获的头颅，右臂夹着生擒的俘虏。将秦军和六国的士卒相比，就好比是著名的勇士孟贲和没吃饭的胆小鬼对战一样。两军冲击，就好比是拿勇士乌获和女子相比。调集这样的勇猛壮士，来攻打不肯屈服的弱国，就像是千钧之物猛然坠下，压在鸟蛋上，根本就不可能有幸存者。

从上面这段话，可以看出当时秦军士卒的勇猛善战，当时赵国人对秦国，早就有“不可与战”的评价。这时的秦国，经济繁荣，军力昌盛，统一天下，指日可待。

《史记·世家·陈涉世家》有云：“始皇既没，余威振于殊俗。”直到后来秦始皇死了，他的余威仍然震慑着天下人，秦人虎狼之国的影响是多么巨大。

屯留平叛治成蟜

秦王政八年，秦国的朝政出现了一个意外的波折，长安君成蟜奉命率兵出征赵国，结果在前线叛秦。成蟜（公元前 256 年？—前 239 年）为秦庄襄王之子，被封为长安君。他曾前往韩国担任官职，劝说韩桓惠王割地百里给秦国。虽然他是嬴政的亲弟弟，但是嬴政从小就以质子的身份生活在赵国，而成蟜从一出生就是锦衣玉食的公子哥,所以看不起他那个远在他乡的哥哥，两人的关系并没有那么亲密，在吕不韦看来，长安君成蟜始终是秦王政的一个隐患。

第五次合纵抗秦，虽被吕不韦打败，但是吕不韦心中愤恨，想要报一箭之仇，他说：“五国伐秦，始作俑者是赵国的庞煖。”于是请求秦王政发兵攻赵，秦王答应了，派遣蒙骜和张唐率领五万精兵伐赵。三天以后，又派出长安君成蟜、樊於期率兵五万为后援，有的门客就对吕不韦说：“长安君还年少，恐怕担当不了大将的责任。”吕不韦微微笑着说：“这就不是你所能明白的了。”

蒙骜和张唐率前锋部队从函谷关出发，经过上党，攻击庆都，在都山安营扎寨。长安君成蟜将大军兵分两路，一路在屯留驻扎，伺机声援蒙骜，一路由副将率领，攻取蒲鹝，三路军队互成犄角之势。

赵国任命相国庞煖为大将，扈辄为副将，率军十万拒敌，让庞煖有便宜行事的权力。庞煖做出分析说：“庆都的北面，只有尧山是最高点，站在尧山上面就可以望见都山，应当将它占领下来。”就让扈辄引军二万先行出发。等到扈辄来到尧山，才发现已经有秦兵驻扎在那里了，总数有一万多人。扈辄利用人多的优势，冲上山去将秦兵杀得四散而去，然后在山头安营扎寨。蒙骜派遣张唐引军二万，前来争山，庞煖的大军这时也已经赶到，两边于山下列成阵势，大战一场。扈辄在山头用红旗为号，张唐往东，旗便往东指，张唐往西，旗便往西指。赵军就根据红旗的指向，大队人马包围过去。庞煖下令：“有人擒得张唐者，封以百里之地。”赵军士气高涨，做殊死搏斗，像潮水一般扑上前去。张唐奋尽平生之勇，却不能杀出重围。激战正酣时，蒙骜带领大军来到，将张唐救了出来，一同回到都山大寨。经过此战，秦军损失很大，蒙骜已经无法独自和庞煖对阵了，于是就让张唐去屯留，向长安君成蟜说明情况，催取后队军兵。

长安君成蟜年方十七岁，不熟悉军务，经常向樊於期请教。樊於期对吕不韦专擅弄权非常不满，屏退左右，向成蟜进言：“当今天下的大王是吕不韦的孽种，并不是先王的骨血，只有公子您才是正统。文信侯吕不韦今日把兵权交付给你，肯定不怀好意。他是怕一旦这些事泄露出去，公子会向大王发难，明着看是对您的恩宠，实际上是要把您支出王宫，想要排挤您。文信侯经常出入后宫，与太后做出苟且之事，他们一家三口相亲相爱，忌惮的只有公子您而已。若蒙骜兵败无功，他们就会把这件事怪罪到您头上。轻则削除爵位，逐出王族；重则刑律加身，立刻诛杀。嬴氏的江山国度，就要变成吕氏的了，全国人都知道，公子不可不早做打算。”成蟜说：“今天要不是足下说出来，我还真的不知道这些事呢，依你之见，我现在该怎么办？”樊於期说：“现今蒙骜失利，困在赵国，一时半会儿赶不回来，公子却手握重兵。如果此时举起义旗，向天下人宣布吕不韦淫乱的罪名和他们的阴谋诡计，臣民都会愿意尊奉正义之师做社稷之主的！”成蟜生气地拔出剑来，严肃地说：“大丈夫就算一死，又岂能屈膝尊奉低贱商人的儿子？请将军辅佐我！”樊於期就骗使者说：“大军即日移营，请蒙将军耐心等待。”使者去后，樊於期就起草檄文，然后四下传布。

秦大将军王翦

蒙骜与庞煖相持不下，过了很久却始终没有等来成蟜的援军，正在疑惑，忽然接到檄文，蒙骜大惊，和副将商议：“我们和长安君一同出师攻击赵国，还没立功，长安君却造反了，我等能脱得了干系吗？如果这时不起兵讨伐，恐怕以后再也没有机会洗脱罪名了。”蒙骜是员老将，在军中威望极高，将士都表示愿意听从调遣，跟他一起去讨伐逆贼。于是传令班师，军马分为三队，蒙骜亲自断后，慢慢退兵。

庞煖探知秦军的行动之后，马上命令扈辄率领三万精兵，从小路前行，埋伏在太行山的深山野林之中。他料想老将蒙骜一定会亲自断后，于是等秦军走出大半的时候，突然袭击。蒙骜深受重伤，仍然奋力作战，杀了几十人，最终被乱箭射死。而庞煖被蒙骜射中肋骨，得胜回赵之后，没过多久也死了。赵军虽然取胜，但蒙骜的殿后，也使秦兵最大限度上减少了损失。

张唐、王翦率领大军继续前行，来到屯留。成蟜害怕了，樊於期说："现在是骑虎难下，况且三城之兵，不下十五万，奋力一战，胜负在谁还不一定。"就在城下排兵布阵，王翦也列出阵来，两军交战，樊於期勇不可当，所向披靡，秦兵损伤很多。王翦于是派成蟜的旧识杨端和前去劝降。杨端和趁樊於期在城外作战、成蟜登城观战之机劫持成蟜，打开城门攻占屯留，樊於期被迫逃往燕国，叛乱很快就被平息。秦王政命王翦将成蟜诛杀，"戮其尸"，部下全部连坐处死，屯留的百姓也被流放到临洮。

关于屯留平叛"戮其尸"的情节，被人当作嬴政"乐以刑杀为威"的证据，但其实，那个时候嬴政还没有加冠亲政，更有可能是吕不韦的建议，他把成蟜骗出，本意是想用征讨赵国失利的罪名将他逐出权力中心，没想到他直接反叛，倒给了吕不韦借口。叛乱很快就被平息，也说明情势都在吕不韦和嬴政的掌握之中。

蕲年宫平乱除"假父"

据《说苑 · 正谏》记载，有一次嫪毐与侍中左右贵臣喝酒赌博，结果酒醉后因言语之争斗起来，嫪毐竟然嗔怒，叱骂道："我乃是秦王的'假父'，你们这群小子哪来的胆子跟我对抗？"言者无意，听者有心，在场的人听到这么大逆不道的话，全都吓跑了。

有人偷偷跑去告诉了秦王政。

秦王政九年，秦始皇已经二十二岁，按照秦国礼制，在雍都蕲年宫举行加冠礼，开始亲自执政。吕不韦因为嫉妒嫪毐深受太后赏识且威胁到自己的地位，便派人向秦王告发嫪毐是假太监，与太后私通，生有二子，并与太后密谋："等到大王死后，就让这两个孩子即位。"秦王闻报大怒，立即派人调查，结果真的是这样。

秦王又怎会容忍母亲与嫪毐、吕不韦之间的丑闻呢？秦王政有心铲除嫪毐的势力，但碍于太后，投鼠忌器，只好等待时机。

嫪毐被封为长信侯以后，又得河西太原郡为毐国。他恣意享受着宫室车马衣服苑囿，过着优裕的王侯生活。当得知嬴政已经知道自己所做的事情之后，内心七上八下。见事态危急，性命难保，嫪毐便趁着秦王加冕，不在皇宫的大好时机，偷盗出秦王的御玺和太后的印信发兵作乱。他调集县卒、官卫士卒官骑准备攻击蕲年宫。

血气方刚的少年新君秦王政收到密报之后，当机立断，派相国昌平君和昌文君率兵镇压。两军在咸阳大战起来，秦王下令："凡有战功的均拜爵厚赏，宦官参战的也拜爵一级。"叛军数百人被杀死，嫪毐的军队大败，与死党仓皇逃亡。

秦王向全国发出告示："生擒嫪毐者赐钱百万，杀死嫪毐者赐钱五十万。"嫪毐及其死党无路可逃，被一网打尽。秦王政车裂嫪毐，灭其三族，嫪毐的死党卫尉竭、内史肆、佐弋竭、中大夫令齐等二十人枭首，追随嫪毐的门客舍人罪轻者为供役宗庙的取薪者——鬼薪；罪重者四千余人夺爵迁蜀，服役三年。太后和嫪毐的两个儿子，被用棉被包住之后摔死。

其实嫪毐很想调动军队反叛，如果手握军队，篡权简直易如反掌，可为什么他权力那么大，却没有这么做呢？在秦国的非战争期间，如果想调动五十人以上的军队，就必须要有一种印信——虎符。虎符被分为两半，左边的一半由领兵的将军拿着，另一半就由秦王掌管。只有在二者合二为一的时候军队才可以调遣。嫪毐不是将领，更不是秦王，作为一个假太监，他根本没有调兵的权力。反叛之前，嫪毐曾偷了秦王和太后的印章来调动军队，但那东西得不到军队的认可，根本不管用。

秦王政这次平叛，连杀带流放人数上万。通过血溅宫廷，铁腕夺权，嬴政巩固了自己的王位。表面上看来这是由"宫闱秽事"引起的，实质上是以秦王政为首的一派政治势力与嫪毐、吕不韦为首集团势力争夺统治权力的斗争。秦王政初露锋芒，便取得了这次胜利，清除了统治阶级内的异己，巩固了内政，为以后在政治舞台上叱咤风云、统一六国打下了基础。

赵姬毕竟是嬴政的亲生母亲，念及往日的恩情，嬴政并没有弑亲，而是将太后逐出咸阳，迁往城外的贡阳宫，断绝母子关系，永不再见，下令说："敢以太后事谏者，戮而杀之，断其四肢，积之阙下！"结果，有二十七个进谏大臣被残酷地处死，并把他们的尸首挂在宫墙示众。

这时，有一个齐国来的客卿名叫茅焦，竟然也不怕死，来劝谏秦王，秦王让使者问他："你难道没有看见城楼下堆积的死者吗？"

茅焦说："臣听说天上有二十八个星宿，现在才死了二十七个人，我来就是为了要凑这个数字的。"使者把这些话转达了，茅焦的同乡和同事害怕受到牵连，全都收拾衣服逃跑了。秦王手按剑柄，非常生气，大骂道："这个人是故意来气我的，就应该拿鼎镬把他煮了，他哪里配死在城墙下！"

茅焦慢慢地走进大殿，再次跪拜，然后说："生死存亡，都是国君最关心的事，陛下您想听吗？"

秦王问："什么意思？"

茅焦回道："陛下做出了狂妄悖逆的事情，难道还不知道吗？陛下车裂假父（指嫪毐），有忌妒之心；摔死两个年幼的弟弟，有不慈之名；把母亲幽禁在贡阳宫，有不孝之行；杀死敢于进谏的人，行事方法更像是夏桀、商纣，天下人听说了这些以后，百姓离心瓦解，再也不会向着秦国了，臣替陛下担心啊！"说完，脱去上衣，趴在地上，等着被处死。

秦王政恍然大悟，走下大殿，亲自扶起茅焦，恭敬地说：“先生请穿上衣服吧，我愿意听从先生的劝诫。”嬴政封茅焦为上卿，然后自己驾着车前往雍地，太后大喜，称赞茅焦为“抗枉令直”“安秦之社稷，使妾母子复得相会者，尽茅君之力也”。将赵姬接回了咸阳，母子和好如初。秦王政十九年（前 228），这位风流太后去世，秦王政把她和自己的父亲秦庄襄王合葬于芷阳（今陕西省临潼县芷阳乡）。

秦王政逼死“仲父”

秦王政在秘密追查嫪毐“官闱秽事”的时候，案情已牵连相国吕不韦，传说他和太后赵姬长期维持着秘密的情人关系，更有人怀疑吕不韦就是秦王政的亲生父亲。嫪毐是在吕不韦的密谋之下入宫侍奉太后的，他的权势日增，事实上得到了相国吕不韦的庇护，所以吕不韦有无法推卸的罪责。当秦王政得知事情的全部真相之后，对吕不韦十分恼怒。

与嫪毐不同，吕不韦不仅是一位出色的大商人，在秦国执政多年的政绩表明，他也是一位了不起的政治家。在秦王政面前，吕不韦知道收敛，知道检点自己的言行。因此，吕不韦在秦王政的心目中，一直是尊敬的“仲父”。但秦王政年龄渐长，需要专政，而朝政却把持在吕不韦的手中，二人之间存在着无法调和的矛盾。

吕不韦与嫪毐一案有牵连的大量事实，对秦王政的刺激太大了，昔日的“仲父”竟是他生母的情夫。这对于个性很强的嬴政来说，是无法容忍的。特别是嫪毐集团的叛乱，更加大了秦王处理吕不韦的决心，嫪毐只是一个长信侯，尚且会反叛，吕不韦权倾朝野，如果也举兵逼宫，鹿死谁手还未可知。

而吕不韦主持编著的《吕氏春秋》，也成了加速其倒台的推进剂。嬴政心存不满，新编的史书，为何不冠以秦国录籍之称，却要署上吕氏的名字？这分明是吕不韦不满足于辅政大臣的位子，是对王权的挑战和示威。

秦王政在平息嫪毐叛乱后，何尝不想连他也一起除掉。史书记载：秦王政考虑到吕不韦侍奉先王功劳巨大，又有众多的宾客为他游说，不忍杀他。实质上是因为吕不韦集团在秦国执政十二年，在当时具有非常庞大的势力，门客辩士为他游说便可以证明这一点。秦王政不是不想除掉吕不韦，而是时机还不成熟，绝不是因为对吕不韦心怀感恩，不忍心对他下手。

秦王政十年十月，当秦王政的统治地位稍加巩固的时候，便下令免除吕不韦的相国职务，令他回到河南洛阳的封地，正式剥夺了他在秦国把持了长达十二年之久的军政大权。

吕不韦在秦庄襄王元年（前 249）率兵灭东周，可能正是与此有关，吕不韦得到河南洛阳十万户的租税，“食河南洛阳十万户”，或者说“封君河南，食十万户”。在吕不韦回到河南封地后的一年多时间里，列国诸侯的门客仍然频繁来到洛阳，纷纷向他献殷勤。而咸阳城更似乎变成了吕城，从早到晚，上自王公大臣，下至贩夫走卒，人们谈论的都是吕不韦。还有许多人日夜不停地为吕不韦说情，企图使吕不韦回到咸阳重新执掌国政。为吕不韦说情的门客穿梭于洛阳与咸阳之间，人数之多，令人吃惊，即所谓“文信侯就国河南，岁余，诸侯宾客使者相望于道，请文信侯”。

秦王政对这种现象颇为警觉，感受到吕不韦势力的存在构成了对王权的严重威胁，还惧怕他可能在洛阳召集势力，拥兵反叛。吕不韦的势力，让嬴政如芒刺在背，不得安宁，“恐其为变”，便正式赐书，命蒙武连夜送给吕不韦，作为对门客的正面回应。他在赐书中直接质问吕不韦：“君何功于秦，封君河南，食十万户？君何亲于秦，号称仲父？”与此同时，秦王下令将吕不韦及其家属迁徙蜀地。

吕不韦面对秦王的指责十分心寒，他曾经为了这个家族谋权夺位，费尽心机，又竭心尽力为秦国开疆拓土，但是在大王的心中，自己和王族的特殊关系，为国家做出的伟大功绩，都已经被否定，甚至被当作反叛的可能。

吕不韦在灯下看完书信，一声叹息，问蒙武：“大王命臣迁蜀，以何为期？”

蒙武回道：“大王命你尽速启程，希望君侯善以自处。”

面对秦王政赐书中的质问和举家迁蜀的命令，吕不韦终于从抱有一丝幻想中省悟：自嫪毐败亡以来，秦王采取的是步步紧逼的策略，自己的实力已经被逐渐削减，无可挽回，等待自己的可能只有极刑。吕不韦拿定了主意，不愿意再承受秦王对自己的折磨与羞辱，与其被诛杀，不如自尽而死，便饮下鸩酒而死。

在战国末期的历史风云中，吕不韦本来只是卫国的一位大商人。在经商的过程中，他屡次抓住机会，在邯郸见到秦国人质异人，于是决定从事政治上的投机。从他所策划的华阳立嗣、邯郸献女、出任相国、号称仲父、受封河南乃至献嫪毐于太后，步步都在计划之中。然而他所不能处理的，是相位与王权之间的冲突，更没有料到嫪毐的败亡，直接成为自己被罢官的导火线。至于吕不韦在秦国执政期间的政绩，是秦人有目共睹的，而他所主持编纂的《吕氏春秋》是他为未来秦帝国所设计的政治蓝图，至今仍不失为一部有学术价值的著作，但当时随同他的自尽而未能被秦王采用。

吕不韦自杀而死后，他门下的门客把他悄悄葬在洛阳北邙山。参加送葬的人有数千人，场面很大。秦王政得知以后非常气愤，认为这是借送葬向自己示威，便下令对参加送葬的人进行惩罚，许多人遭到流放和驱逐，同时申明：“从此以后，敢像嫪毐、吕不韦一样专擅弄权的，全部抄家灭族。”

秦王政与吕不韦之间的斗争是一场为争夺国家权力的政治斗争，秦王政除掉了吕不韦，同时也摒弃了吕不韦治国的政治蓝图。他要按照自己的意志，缔造一个空前强大的中央集权制大帝国。

CHAPTER

第三章 选贤任能为己所用 3

秦始皇是中国古代历史上最具有传奇色彩的皇帝之一，他的雄才大略备受后世推崇。而在他所有的治国方略中，用人之道又最为重要，至今仍然值得借鉴。他善行霸术，尊敬贤才，而这正是秦始皇超凡脱俗之处，正因为有了这样的明君圣主，吸纳着无数忠臣良将、文人雅士，才共同创下一统天下的盛举。

秦始皇的王权霸术

秦始皇从二十二岁开始亲政，到三十九岁灭六国，只用了短短十七年的时间，就结束了春秋战国五百年的战乱局面，实现了中华民族的大一统，始称皇帝，创下亘古未有的伟业，这与他善于使用“王权霸术”密不可分。

远古帝王善于根据当时的实际情况，实施具体可行的解决方法，随着时代的变化，治理国家的方法也在不断变化，如果时代在变而法不变，任务变了却依然盲目追随古人，就会使方法与实际情况脱节，无论怎样坚持也只是徒劳无功罢了。

桓子说：“三皇用道治理天下，五霸用德化育天下；三皇治人以仁义，五霸治人用权智。”

三皇五帝距今太远，遥不可及，那个时候的帝王究竟是怎样治理国家、教育人民的，经传上也没有记载，唯有“王道”和“霸道”盛传于世，后世只好用它们来衡量古今之治。

王道是儒家提出的一种以仁义治天下的政治主张。《周书·洪范》：“无偏无党，王道荡荡。”《史记·殷本纪》：“伊尹名阿衡。阿衡欲奸汤而无由，乃为有莘氏媵臣，负鼎俎，以滋味说汤，致于王道。”孟子最先提出王道的概念，主张用仁义和礼仪来教化万民，让人民知道礼义廉耻，然后趋善避恶，就可以达到使四方归于大化，天下安乐的盛世。儒家认为圣人成了君王，其统治即是王道，因此也可说成“圣王之道”。君用道劝民以功，民崇以功，做实际事，王低一步入霸，高一步入帝，故有帝王霸三象。

至于霸道，讲究的是君尊臣卑，权力集中于君主一人。语出《荀子·王制》：“故明其不并之行，信其友敌之道，天下无王霸主，则常胜矣。是知霸道者也。”

赏罚必信，用严刑峻法威吓人民，让人不敢犯罪，使正义得到伸张，社会才会井然有序。霸道之术讲究智慧和力量。对内要用法令管理，对外要用武力相争，只求实际效率，根据才能大小决定对人员的任用。为了达到目的，不惜使用阴谋诡计，争强斗势。获取利益，不是用空泛的仁德，而是要积极争取，容易解决的事情，就尽量用言语去解决，难以办到的，就诉诸武力。霸走高一步为王，走低一步成匪，故霸有王霸匪三象。

秦始皇的权谋之术，主要是应用了法家的思想。

在先秦的法家代表人物中，慎到、申不害和商鞅分别重视“势”“术”“法”，但都是在提倡法治的基础上提出的不同观点。“势”主要指权势，慎到认为，君主如果要实行法治，就必须重视权势，这样才能令行禁止。“术”指的是权术、心术，申不害的学术思想，明显受到道家的影响，他主张君主独揽一切，决断一切，但是在制定决策之前，要虚心听取臣下的意见。商鞅提出“圣人苟可以强国，不法其故；苟可以利民，不循其礼”。

亲政之后，秦王政就消灭了势力庞大的嫪毐集团和吕不韦集团，独掌大权，同时继承商鞅变法制定下来的制度，用严刑峻法统治人民。对外，则用精兵猛将攻城略地，同时又善于吸纳优秀的意见，派出游说之士和间谍人员，通过多种方式瓦解六国。

战国末年，私有制逐渐兴起，宗法制没落，封建主义处于萌芽阶段，社会的发展要求国家的统一、政权的集中。新的生产关系的产生，就必然要求新的社会制度，但究竟应该是怎样的一种制度，究竟应该秉承什么样的用人理念，嬴政苦苦思索，却也并不知道。

终于，他等来了韩非。

韩非是中国古代最著名的思想家之一，是毫无争议的法家代表人物、集大成者。历史和国学学术界普遍把他视为先秦法家之集大成者。他不是秦始皇的股肱之臣，甚至不能算是秦始皇的臣。虽然他没有受到秦王的重用，但是他为世人留下了不朽的《韩非子》。这部著作为秦始皇统治臣民提供了系统的政治方略和手段，也为秦始皇确定了正确的统一战争的战略安排。

一、韩非极力推崇中央集权、君主独断、法为政本、以吏为师，可谓旗帜鲜明。他集先秦法家法、势、术三派之大成，并去其弊端。他肯定“法者，王之本”，又认为法、势、术，“皆帝王之具”。

二、韩非另外主张“名实相符”，认为君主应根据臣民的言论与实际是否相符来决定功过赏罚。

三、对于民众，他吸收了其老师荀子的“性本恶”理论，提倡用刑法“禁奸于为萌”。因此他认为施刑法恰恰是爱民的表现，但反对过度苛刻的刑法，认为那将会使人民无以为生。

韩非的这些主张，反映了新兴封建地主阶级的利益和要求，将秦始皇的治术和秦朝统治思想的基本特点囊括其中。因此，韩非对秦始皇的贡献不在李斯、尉缭之下，在一定意义上，他甚至可以算作秦始皇的“霸道”之师。

实际上，秦朝的统治思想虽以国学法家学说为基调，却比《韩非子》的内容丰富得多。但秦始皇“霸道”的思想太过于露骨，以至于尉缭见了他就想逃，说他“刻薄寡恩”“得志亦轻食人”。尤其是统一六国之后，渐渐变得按主观意志办事，好大喜功，不顾客观实际，劳民伤财，渐渐偏离了法家讲究的实际理念。他的继位者秦二世胡亥更加残暴，有过之而无不及。后人谈起秦王朝二世而亡，也多把原因归结为秦王统一之后的严苛政治，民众不得已而反之。之后的帝王吸取历史的教训，“王霸”并用，一方面集权于中央，用刑法约束人民，用暴力攻击敌人；但另一方面，又用道家的“无为而治”和儒家的“仁义之治”来麻痹人民，稳固政权。

重用客卿的优良传统

重用客卿，以布衣为将相，在秦国有着悠久的传统。从秦穆公到秦始皇的四百多年中，秦国从一个僻处西部的小国崛起为战国七雄之一，进而吞并六国统一天下，这是“天时、地利、人和”的共同作用。就“人和”而言，秦国之所以能够后来居上，和秦国国君重用客卿的传统是密不可分的。

秦国的人才战略与众不同。其他的诸侯国大多局限于使用本国人才，而对外来人才的重视程度远远不够，即使重用外来人才，也只是个别君主。而秦国从秦穆公开始，几乎历代君主都想方设法吸引外来人才，努力为各国客卿营造发挥才能的环境。史书称秦始皇是“天性刚愎自用”，专横残暴，他在事业上所取得的成功，很大程度上得力于手下的一大批布衣将相。他思贤若渴，又善于纳谏，重视来自别国的客卿。

从秦穆公称霸西戎到秦王政统一天下，辅佐历代秦王，为秦国富强贡献最多的英雄豪杰，大多出身于其他诸侯国，而且多数出身低微。秦穆公在位期间，广纳贤士，大胆任用非本国的人才，开秦国任用客卿制度的先河。在他的感召下，号称“五羖大夫”的百里奚、相马专家伯乐及九方皋纷纷投其门下。他在用人方面，始终采取“得其精而忘其粗，在其内而忘其外”的方法，取得了巨大的成功。他不愿意重用本国的贵族，担心贵族势大，国君反倒受到他们的牵制。他宁可重用外来的客卿，外地来的人不管权力多么大，也只限于他一个人，不可能像豪门大族那样割据地盘，建立自己的势力，威胁国君。

由余是周携王的后人，后来逃亡进入西戎，由余受戎王之命出使秦国，秦穆公了解到他的贤能之后，便设计离间戎王与由余，迫使由余归顺秦国。秦穆公对由余以礼相待，用由余的谋略，攻伐戎王，得到十二座城池、土地千里，称霸西戎。

当年晋献公灭虞，俘虏了虞公及其大夫井伯、百里奚。后来百里奚偷偷逃走了，逃到了楚国的边界线上，被楚人抓了起来，留下来看牛。后来秦穆公打听到百里奚的下落，就想用厚礼把他换回来。公孙支说："这可不行，楚人让百里奚看牛，是因为不知他是个贤能之士。如果您用这么贵重的礼物去换他回来，楚王就会知道，那楚王还肯放他走吗？"秦穆公就派遣一位使者去见楚王，对他说："我们有个奴隶叫百里奚，他犯了法，躲到了贵国，请让我们把他赎回去办罪。"说着献上五张黑色的上等羊皮。楚成王想都没想，就命令把百里奚装上囚车，让秦国使者带回去。等秦穆公亲自见到百里奚的时候，却嫌他年纪太大了。百里奚说："如果让我追逐天上的飞鸟，或者去捕捉猛兽，那我确实太老了；但如果和大王您一起商讨国家大事，我还不算老呢。"秦穆公一听，肃然起敬，觉得百里奚确实是个不可多得的人才，就封他为上卿，治理国事。谁知百里奚连连摆手说："大王，臣有个朋友叫蹇叔，他的才能远远胜过我，请大王封他为上卿吧。"

蹇叔曾"困于齐，而乞食铚人"。秦穆公一听还有比百里奚更能干的人，连忙派使者带着重金，到蹇叔隐居的地方请他出山。蹇叔为了让自己的好友百里奚能安心地留在秦国佐政，便随着使者来到了秦国。

秦穆公在位期间，还搜寻了很多的人才，比如邳豹、公孙支、孟明视、西乞术、白乙丙、内史廖以及随会等人，都是来自秦国之外，并为秦穆公的霸业作出了贡献。

秦国地处偏僻的雍州，不参加中原各国诸侯的会盟，被诸侯疏远，像对待夷狄一样。秦孝公即位后以恢复秦穆公时期的霸业为己任，广施恩德，救济孤寡，招募战士，明确论功行赏的法令，并在国内颁布了著名的求贤令，命国人大臣献富国强兵之策。秦孝公重用的商鞅，原是卫国人，曾在魏相公叔痤手下任中庶子。他入秦后实行变法，"移风易俗，民以殷盛，国以富强"，为日后秦国兼并天下奠定了基础。

此后，秦国的历代国王继承了重用来自国外贤才的传统，形成了以客卿为将相的制度，并在秦国的中央政权中确立了布衣将相的格局。

这一期间，受到重用的代表人物是张仪。张仪是魏国人，曾经和苏秦一起师从鬼谷子，学习纵横之术。张仪饱读诗书，满腹韬略，连苏秦都自叹不如。张仪学业期满，回到魏国，因为家境贫寒，求事于魏惠王而不得，远去楚国，投奔在楚相国昭阳门下。后来“和氏璧”丢失，张仪因为贫苦，被诬偷盗。张仪原本没拿，就是不承认，结果被严刑逼供。半年后，张仪的伤口愈合，他没有回到魏国，而是进入秦国，被秦惠文王拜为客卿，直接参与谋划讨伐诸侯的大事。张仪曾两次为秦相，前后共十一年，在整个秦惠文王时期，他不仅使秦国在外交上连连取得胜利，而且帮助秦国开拓了疆土，因此可以说他为秦国的强大和以后统一天下立下了汗马功劳。

鬼谷子（前400—前320），姓王，名诩，又名王禅、王利，号玄微子。春秋战国时期道家、纵横家的鼻祖。

客卿通曾出任秦国的将军。公元前303年，齐、魏、韩联兵攻楚，楚派太子横入秦做人质向秦请求救兵，秦派遣客卿通率兵救楚，三国引兵离去。

司马错，秦惠文王时期将领，司马迁的八世祖。曾跟张仪有过争论，主张先伐蜀再伐韩。公元前316年从石牛道上纵横千里，灭掉蜀国。司马错伐蜀是秦统一中国之前一次重大的军事举措，在秦史上是不可或缺的。商鞅变法为秦统一中国奠定了社会、经济、政治基础，司马错伐蜀则打下了战略基础，二者在某种意义上具有同等之功。《史记·白起列传》于秦昭王十五年谈到“明年，起与客卿错攻垣城，拔之”。《史记》称司马错是“客卿”，可见他也不是秦国人，只是后来成了秦惠文王时期的一名统兵名将。

秦国的客卿中，还有两位比较出名的，分别是范雎和蔡泽。他们由客卿升至丞相，又称病请辞，这从侧面反映出布衣将相制度的一个特点，即它的“流动性”。正是这种走马灯式的流动性，使商鞅以来的法治路线得到认真实行，使秦国保持了正确的战略和策略，最终完成统一天下的大业。重用客卿的精神，是秦穆公以来历代秦王留下的一笔宝贵财富。

李斯的《谏逐客书》

据《史记·李斯列传》记载，韩国派水工郑国游说秦王政，倡言凿渠溉田，企图耗费秦国人力而不能攻韩，以实施“疲秦计划”。郑国阴谋被发觉后，秦王室的宗室大臣群情激奋，在宫廷内外吵得沸沸扬扬，强烈地提出要求：“那些外来的人士，他们之所以在秦国当客卿，大多是为其本国的君主游说，在秦国充当间谍而已，请将这些宾客全部驱除秦国，以免类似事件再度发生。”

商鞅变法的法令中规定无军功者不得享有爵位和特权，因而秦国的宗室大臣世袭的利益遭受到巨大的损害，更别提专断国家大权了。秦国历代君主重用客卿，把大权交给来自国外的客卿们执掌。秦国宗室大臣为此积怨多年，抓住这个机会大做文章，要把客卿全部赶走。

此时的秦王政刚刚亲政不久，刚刚平定了成蟜和嫪毐的叛乱，又除掉了吕不韦，大权在握。但想到吕不韦来自卫国，却在秦国专权十二年，让他不寒而栗。郑国的阴谋也令秦王感到震惊、愤怒，在这种情况下，年轻的秦王政接受了宗室大臣的强烈请求，向居于秦国的客卿、宾客下达逐客令。

按照“一切逐客”的法令，李斯当然也被议定在被逐之列。李斯闻讯后惶恐不安，他为自己的前程担忧，同时也为秦国的大业担忧，当即，写下了流传千古的《谏逐客书》，上呈秦王政：

臣闻吏议逐客，窃以为过矣。昔穆公求士，西取由余于戎，东得百里奚于宛，迎蹇叔于宋，求丕豹、公孙支于晋。此五子者，不产于秦，而穆公用之，并国二十，遂霸西戎。孝公用商鞅之法，移风易俗，民以殷盛，国以富强，百姓乐用，诸侯亲服，获楚、魏之师，举地千里，至今治强。惠王用张仪之计，拔三川之地，西并巴、蜀，北收上郡，南取汉中，包九夷，制鄢、郢，东据成皋之险，割膏腴之壤，遂散六国之从，使之西面事秦，功施到今。昭王得范雎，废穰侯，逐华阳，强公室，杜私门，蚕食诸侯，使秦成帝业。此四君者，皆以客之功。由此观之，客何负于秦哉！向使四君却客而不内，疏士而不用，是使国无富利之实，而秦无强大之名也。

今陛下致昆山之玉，有随和之宝，垂明月之珠，服太阿之剑，乘纤离之马，建翠凤之旗，树灵鼍之鼓。此数宝者，秦不生一焉，而陛下说之，何也？必秦国之所生然后可，则是夜光之璧，不饰朝廷；犀象之器，不为玩好；郑、卫之女不充后宫，而骏良駃騠不实外厩，江南金锡不为用，西蜀丹青不为采。所以饰后宫，充下陈，娱心意，说耳目者，必出于秦然后可，则是宛珠之簪，傅玑之珥，阿缟之衣，锦绣之饰不进于前，而随俗雅化，佳冶窈窕，赵女不立于侧也。夫击瓮叩缶，弹筝搏髀，而歌呼呜呜快耳者，真秦之声也；《郑》《卫》《桑间》《韶》《虞》《武》《象》者，异国之乐也。今弃击瓮叩缶而就《郑》《卫》，退弹筝而取《昭》《虞》，若是者何也？快意当前，适观而已矣。今取人则不然。不问可否，不论曲直，非秦者去，为客者逐。然则是所重者在乎色乐珠玉，而所轻者在乎人民也。此非所以跨海内、制诸侯之术也。

臣闻地广者粟多，国大者人众，兵强则士勇。是以太山不让土壤，故能成其大；河海不择细流，故能就其深；王者不却众庶，故能明其德。是以地无四方，民无异国，四时充美，鬼神降福，此五帝三王之所以无敌也。今乃弃黔首以资敌国，却宾客以业诸侯，使天下之士退而不敢西向，裹足不入秦，此所谓“借寇兵而赍盗粮”者也。夫物不产于秦，可宝者多；士不产于秦，而愿忠者众。今逐客以资敌国，损民以益雠，内自虚而外树怨于诸侯，求国无危，不可得也。

文章从秦穆公开始说起，叙述了秦国历来以客致强的历史，说明秦国如果没有客卿的辅助则未必强大。然后列举各种女乐珠玉虽非秦地所产却被喜爱的事实，引证说明秦王不应该重物而轻人。在论证秦国驱逐客卿的错误和危害时，他没有在逐客这个具体问题上做过多的纠缠，也没有提及自己的个人利益，而是站在“跨海内，制诸侯”完成统一大业的高度，来分析阐明逐客的利害得失，这反映了李斯的卓越见识。接着李斯又从“地广者粟多”，转到“弃黔首以资敌国”的错误，总结为秦国驱逐客卿，别国就会得到人才，最终对秦国有害，进一步证明逐客关系到秦国的安危。这样波澜起伏，正是“飞文敏以济辞”（刘勰语），终于打动了秦王。

秦王政一口气读完了这篇长达千字的《谏逐客书》，之后沉默半晌无言，久久不能平息。结尾的“今逐客以资敌国，损民以益雠，内自虚而外树怨于诸侯，求国无危，不可得也”，每个字都像是千钧之力，压在秦王政的心里，使他终于在喧嚣声中醒悟过来。作为一位卓越的政治家，秦王政当机立断，废除逐客令，恢复李斯的官职，继续采用客卿的计谋。秦王政所面临的一场政治危机，终于因李斯《谏逐客书》的被采纳而成为过去，从而拨正了秦国的历史航船。

宋人洪迈评论道：七国猛虎相争的时候，都喜欢招募天下的人才。但六国所任用的国相，都是他们本宗族或本国人，比如齐国的田忌、田婴、田文，韩国的公仲、公叔，赵国的奉阳、平原君，魏王甚至任用太子当国相。唯独秦国与众不同，为了国家的雄图霸业，任用的第一个国相，乃是魏人商鞅。其他的还有很多，像楼缓是赵人，张仪、魏冉、范雎都是魏人，蔡泽是燕人，吕不韦是卫人，李斯是楚人，都把国家大事委派给他们，并且从不怀疑他们的忠诚。秦国之所以能够最终兼并天下，靠的是众人的力量。（《容斋随笔·卷二》）

功比周、召的李斯

在秦王政所任用的诸多客卿中，除了父亲秦庄襄王留给他专权的相国吕不韦之外，为秦王效力时间最长、功劳最高、声名也最显赫的，就莫过于李斯了。

李斯（约前 284—前 208），李氏，名斯，字通古。据司马迁在《史记·李斯列传》里的记载，李斯是楚国上蔡（今河南省上蔡县西南）人，自称“上蔡布衣”，出身低微。年少时，他曾在郡中做过掌管文书的小吏。《史记》中记载，他年轻时胆子很小，一听到人或者狗的动静，就会立即逃走。后来他在官府的粮仓中观察老鼠，发现它们养得又大又肥，趴在谷堆上安心地吃着粮食，一点儿也不怕人。他感慨良多：“人的一生十分短暂，就像老鼠一样，能否出人头地，完全是由所处的环境决定的，人与人之间的聪明才智都是差不多的，之所以有的人过得好，有的人过得不好，完全看自己能否把握住机会，能否自己选择环境。”李斯大发感慨并借以明志，说明他有不同于凡人的志向。

为改变自己的命运，李斯来到齐国，拜著名学者荀况为师，向荀况学习治理国家的学问，也就是所谓的“帝王之术”。荀况，就是荀子，他的思想很接近法家的主张。李斯学完之后，同学之中，有后来成为著名法家代表人物、名扬天下的韩非，他自叹不如韩非。学有所成之后，李斯展望前程，考虑到六国都是积弱难返，六国的君主昏庸无能，便决定西游入秦。临行前，李斯向他的恩师荀况告辞：“弟子听说机会到来时，千万不可松懈错过。如今各国都在争取人才，游说之士掌握实权。现在秦王想吞并各国，实现大一统的伟业，这正是出身低贱的游说之士奔走四方、施展抱负的好时机。地位卑贱却不思进取，不想求取功名富贵，就如同没有思想的动物一般，只等看到现成的肉才想去吃，白白长了一副人的面孔，勉强直立行走。最大的耻辱莫过于卑贱，最大的悲哀莫过于贫穷。长期处于卑贱

荀子（约前313—前238），名况，字卿，战国末期赵国人。著名思想家、文学家、政治家。

的地位和贫困的环境之中，却还要非难社会、厌恶功名利禄，标榜自己与世无争，这不该是士子的抱负。所以弟子决定到西方去游说秦王了。”荀况了解他这位弟子的志向，也不怀疑弟子的才能。就这样，李斯踏上了西行游说秦王的道路。

李斯来到秦国，正赶上庄襄王驾崩，文信侯吕不韦掌握着秦国的军政大权。李斯就请求充当吕不韦的舍人，并得到吕不韦的赏识。吕不韦任命李斯为郎官，让他成为秦王政的陪侍，李斯便有机会经常接近秦王政。在博得秦王政的好感后，便在秦王政高兴的时候向秦王政进言道：“平庸的人往往只会等待，坐失良机；而成就功名大业的人，就在于他能利用机会而有所作为。当年秦穆公称霸西戎，却终不能兼并山东六国，为什么呢？这是由于当时的诸侯国数量还比较多，实力都还很强，周王室又没有完全衰败，所以才会有五霸迭兴、尊王攘夷的事情。从孝公变法以来，周王室没落，诸侯相互兼并，关东的小国几乎全部被六国消灭，而秦国乘胜奴役诸侯，至今已经六世了。现如今诸侯服从秦国就如同郡县服从朝廷一样。以秦国的强大、大王的贤明，足以扫平诸侯，就像扫除灶上的灰尘一样，统一天下，成就帝业，这是万世难逢的一个绝好时机。如果不能够把握时机，迅速出击，让诸侯国得到喘息的机会，再度强盛起来，相互结盟合纵，联合攻秦，到那时即使有黄帝那样的才能，也不能兼并山东六国了。”

李斯在秦王面前的一通高论，是他自入秦以来日思夜想构思的一篇文章。他是当代大学者荀况的弟子，因而用语气势不凡。李斯对形势的精辟分析和对时局发展的预料，使秦王政精神振奋，信心百倍。

于是，秦王政任命李斯为长史，听从他的计谋，暗中派谋士带着黄金游说四方。各诸侯国里的谋士，有愿意接受贿赂暗中为秦国效劳的，便用重金结交；如不肯接受贿赂，便暗中派刺客将其杀死。与此同时，又通过贿赂离间六国的君臣关系，等到敌国君臣失和、内政不稳，便派大军进行征讨。李斯这一计谋的奏效，使秦王政越发器重他，拜李斯为客卿。

正当秦王政下决心统一六国的时候，郑国修渠的目的暴露了，东方各国也纷纷派间谍来到秦国做宾客，群臣对外来的客卿议论很大，请大王下令驱逐一切来客。李斯给秦王写了《谏逐客书》。秦王政明辨是非，果断采纳了李斯的建议，立即取消了逐客令，李斯仍然受到重用，被封为廷尉。

李斯的一生，绝大部分时间都在实践法家思想。他重新受到秦王政的重用后，以卓越的政治才能和远见，辅佐秦王政完成了统一六国的大业，升任丞相，顺应了历史发展的趋势。他在巩固秦朝政权、维护国家统一、促进经济和文化的发展等方面做出了卓越的贡献。他建议废除分封制，坚持实行郡县制，又提出了统一文字，之后又在统一法律、货币、度量衡和车同轨等方面做出了巨大贡献。这些措施，都是以法家加强中央集权和君主专制为指导进行的。李斯是法家思想的代表人物之一，其政治思想来源甚广，同时他也继承了一部分儒家观点，使他对法家思想既有继承也有歪曲。他的法家思想极具功利性和实用主义色彩，这也是他饱受争议的原因之一。

李斯不仅政治才能了得，在文学上的造诣也令人景仰。他的文章论证严密，气势贯通，洋洋洒洒，如江河奔流，李斯散文现传四篇，即《谏逐客书》《论督责书》《言赵高书》《狱中上书》。除上述散文外，李斯的作品还有碑铭，他发明了小篆，鲁迅曾经大力称赞李斯，称他是书法鼻祖。秦始皇先后曾五次巡行天下郡县，其中自始皇二十八年（前219）至三十七年（前210）四次巡行中，都命李斯刻石记功，计有《邹峄山刻石》《泰山刻石》《碣邪台刻石》《之罘刻石》《东观刻石》《碣石刻石》《会稽刻石》七通。

太史公说，李斯以一个寻常小民的身份，游历诸侯国，后入关为秦国效力，抓住机会，辅佐秦始皇，终于完成统一大业。李斯位居三公之职，可以称得上是很受尊重和重用了。他知道儒家“六经”的要旨，却不致力于清明政治，弥补皇帝的不足，反而凭仗他显贵的地位，阿谀奉承，推行酷刑峻法，附合赵高的邪说，废掉嫡子扶苏而立庶子胡亥。等到各地已经群起反叛，李斯这才想直言劝谏，已经太晚了。人们都认为李斯忠心耿耿，才会受五刑而死，但我仔细考察了事情的真相，就和世俗的看法有所不同。否则的话，李斯的功绩真的可以和周公（姬旦）、召公（姬奭）相提并论了。“不然，斯之功且与周、召列矣”。

发兵攻韩夺取韩非

秦王政十四年（前233），秦王政思贤如渴，下重礼招纳天下贤士来辅佐他。一天，他见到两篇文章——《孤愤》和《五蠹》，秦王政如饥似渴地读完，拍案叫绝，站起身来，感慨地说道："唉！寡人要是能见到这个人，和他一起出游、交谈，那真是死而无憾了。"

这时，长史李斯进殿禀报要事，见大王如此感慨，便向前询问。秦王政请李斯阅读桌案上的竹简，并问他作者是谁。"禀报大王，此书乃韩国韩非所著，臣早年曾和他一起拜荀卿先生为师。"

听了李斯的回答，秦王政陷入了沉思。

韩非（约前280—前233），战国末期著名思想家，法家思想集大成者，尊称韩非子。韩王（战国末期韩国君主）之子、荀子的学生。客居秦国，备受秦王嬴政赏识。

韩非（约前280—前233），汉族，战国末期著名思想家，法家代表人物，韩王（战国末期韩国君主）之子、荀子的学生。韩非是战国末年法家理论的集大成者，他的代表著作是《韩非子》。他爱好刑名法术学问。他学说的理论基础来源于黄帝和老子。韩非有口吃的缺陷，不善于讲话，却擅长于著书立说。他和李斯都是荀卿的学生，李斯自认为学识比不上韩非。

韩非学而有成后回到韩国，"见韩之削弱，数以书谏韩王"。然而韩王并没有采纳韩非的意见，使韩非空怀报国之心。韩非痛恨统治者治理国家不致力于修明法制，不能凭借君王掌握的权势来驾驭臣子，不能富国强兵任人唯贤，反而把那些夸夸其谈、对国家有害的游说之士当成上宾，让他们身居高位，让讲求功利实效的有才之人无从施展才华。他认为儒家用经典文献推行道德，会扰乱国家的法度，而游侠只会使用武力，违犯国家的禁令。国家太平时，君主就宠信那些徒有虚名的人，形势危急时，只知道使用披甲执盾的武士。现在国家供养的人并不是国家迫切需要的，真正有才华的却得不到国家的重用。他考察了古往今来的得失变化，悲叹廉洁正直的人不被奸臣所容，所以写了《孤愤》《五蠹》《内外储》《说林》《说难》等十余万字的著作。

《说难》写道：大凡游说的困难，不是我的才智不足以说服君主，也不是我的口才不足以明确地表达出我的思想，也不是我不敢毫无顾虑地把意见全部表达出来。大凡游说的困难，在于如何了解游说对象的心理，然后用不同的说法去适应他。游说的对象在博取高名，而游说的人却用重利去劝说他，他就会认为你品德低下而受到卑贱的待遇，一定会被遗弃和疏远了。游说的对象志在贪图重利，而游说的人却用博取高名去劝说他，他就会认为你没有头脑而脱离实际，一定不会录用你。游说的对象实际上意在重利而公开装作博取高名，而游说的人用博取高名去劝说他，他就会表面上录用你而实际上疏远你；假如游说的人用重利去劝说他，他就会暗中采纳你的意见，而公开抛弃你本人，这些都是游说的人必须知道的。

在《孤愤》中，韩非尖锐而明确指出，国家与君主的最大危害，来自那些损害国家、中饱私囊的重臣。能够明察阴谋和矫正恶行的，则是“智术能法之士”。韩非指出，在贵重之臣与智能之士的势不两立、你死我活的斗争中，贵重之臣由于能够讨好君主，往往处于有利的地位，智术能法之士却往往惨遭杀害。

在《五蠹》中，韩非提出“以法为教”“以吏为师”“以斩首为勇”富国强兵的治国方案，以为如此便可积蓄起统一天下的资本，等到时机来临，便可以借此建立起一个崭新的“超五帝，侔三王”的大帝国。

韩非在著作中指出了加强君主权力的必要性，又规划出富国强兵的具体方案，并且提出建立超越三皇五帝的大帝国这一宏伟目标。韩非所说的这些，正是秦王政日思夜想的，句句都说在他的心坎上，使秦王如见知己，迫切地想要见到韩非。

这时，李斯向秦王提出建议：诸侯国之中，韩国最弱小，“先取韩以恐他国”，攻取韩国损失最小，却可以极大地震慑到诸侯国，大王可以派强兵进攻韩国，然后让韩王派遣韩非来议和，到时候便可以趁机扣下韩非。

秦王政在急切的心情之下，决定听从李斯的建议，攻打韩国。韩王安见秦国大兵压境，惊慌得手足无措。危难中，韩王想起了韩非。尽管以往从未采纳过他的意见，这次却只能派他出使秦国，劝秦王首先伐赵。

韩非哪里知道，秦王政此次发兵的目的，不是要在此时灭亡韩国，而是要借此得到韩非。因此，当韩非出使秦国时，秦国便撤兵而归。

韩非到达咸阳，受到秦王政的盛情接待，秦王待他如上卿。韩非的使命是劝说秦国伐赵，停止进攻韩国，秦王一口答应了下来，接着挽留韩非留在咸阳。

韩非虽然留了下来，可终究没有受到秦王的重用。虽然他才华横溢，在秦王面前却比较谨慎。这不仅因为他有口吃的缺陷，主要是他深知人主的“逆鳞”，一旦触动到就要遭受杀身之祸。长此以往，可能秦王觉得韩非并没有像想象中那样为自己出谋划策，不免有些失望，就没有重用他。

韩非性格内向，沉默寡言，不喜欢和人交流，哪怕是自己的师弟李斯，也不怎么和他交流。而且秦王政用超出规格的礼遇来接待韩非，使他遭到了其他客卿的忌妒。

工于心计的李斯，对韩非的得宠很是忌妒，他知道自己的才能不如韩非，怕他抢了自己的荣宠。过了一段时间之后，他发现秦王对韩非的态度不再那么热情了。李斯觉得时机已经到来，便同姚贾一道在秦王面前诬陷韩非：“韩非是韩国的公子，大王想要兼并天下，但韩非最终还是为韩国着想，而不会为秦国谋划。现在大王不重用他，却又将他留在秦国，使他得以了解秦国的虚实。这不是给自己留下祸患吗？不如找个借口杀了他。”

秦王听信了李斯的话，将韩非下狱问罪。

韩非入狱后，李斯派人送毒药给韩非，让他服毒而死。韩非冤屈，不肯自尽，想要向秦王陈述清白，表明心迹。然而在李斯的控制下，韩非并没有这样的机会。

秦王对将韩非下狱问罪的决定深感不妥，便派人到狱中宣布赦免韩非。然而使者终究慢了一步，韩非已自尽而死。

秦王痛失人才，悔恨不已，同时也对李斯、姚贾深为不满。可是韩非已经死了，就没有理由再为了他去惩罚活着的人。

司马迁对韩非的悲惨结局感慨不已，他说："予独悲韩子为《说难》而不能自脱耳！""韩非知说之难，为《说难》书甚具，终死于秦，不能自脱。"韩非深知用语言来说服君主是多么难的一件事，也知道说服君主的危险，可是他最后还是因此而死，没有能够自救。

极尽谦卑尊奉尉缭

尉缭在战国时期有两人，其中一人为魏惠王时期的隐士，另外一人是秦王政时期的国尉魏缭。因同在战国，容易混淆。尉缭在史书中所提及的一般指侍奉秦国的魏缭。

魏缭，原称"缭"，"尉"是其在秦国所任官职的名称，魏国大梁人，系布衣出身。秦王政十年缭来到秦国，此时秦王政已亲秉朝纲，废除了逐客令，国内形势稳定，当时，嫪毐集团的叛乱已被平定，相国吕不韦已被解除职务，秦王政大权在握，正准备全力以赴开展对东方六国的最后一击。

在此种形势下，缭为施展自己的抱负，谋求仕途，便向秦王政进言说："当前的情况是，以秦国之力，消灭六国中的任何一个都不是难事，但是六国要是联合起来共同对秦，情况就难料了。当年晋国的智伯、吴王夫差、齐湣王，便是在这种形势下灭亡的。为了避免这种情况，希望大王不要吝惜财物，用重金来贿赂六国的权臣，以扰乱‘合纵’，大王要花费的不过是三十万金，却可以尽得各诸侯国的土地与人民。”

早在秦昭王后期，范雎便提出“远交近攻”的军事路线和外交路线。缭所提出的离间计策，作为“远交近攻”路线的进一步补充，秦王政十分欣赏，把缭当作客卿。

秦王政以谦卑待缭，优礼有加，所穿的衣服、所吃的食物都和缭一样，但这些使缭感到很不自在。尉缭懂得面相占卜，经过一段时间的接触和交往，认定嬴政的面相刚烈，认为秦王刻薄寡恩，有虎狼之心。自己本是布衣出身，然而自上次进言之后，他见我时却总是以身下我，颠倒君臣之礼。求人帮助，非常诚恳，一旦得志，便会翻脸吃人，我等师徒一定要小心，不能长久留在这里。尉缭认为这样的嬴政欠缺仁德之心，非常危险，多次尝试逃离嬴政为他安排的住处。

然而，没等缭离开咸阳，便被秦王发现了，秦王立即派人四处寻找，终于把缭找了回来。秦王问道：“先生为何不告而辞，弃寡人而去？”

缭只好推脱说：“臣不过是闲游而已。”

秦王心想：我和他同衣同食，非常尊敬，可并没有授他正式的官爵，莫非他是因此而想离去吗？便当场任命缭为国尉，也就是秦国最高的军事长官。

秦王政虽然不了解缭出走的真正原因，缭对秦王的用意，却是一清二楚的。既然知道难以离开，且被任命为国尉，缭便只好放弃离开的念头，效力秦王。从此，人们便连同官职一道称他为“尉缭”。

尉缭对秦国的贡献，除了他向秦王所献的离间计策之外，还在于他所著的《尉缭子》一书。《尉缭子》在古代就被列入军事学名著，受到历代兵家推崇，与《孙子兵法》《吴子兵法》《司马法》等在宋代并称为“武经七书”。《尉缭子》继承并发展了《孙子兵法》《吴子兵法》等兵书的军事思想，且具有战国后期的时代特点。在战争观上，它反对用唯心主义的天命观指导战争，提出“天官时日，不若人事”的进步观点；认为战争有正义与不义之分，反对不义之战，支持正义战争。它主张“王者伐暴乱”的战争要以“仁义”为本；认为“兵者凶器也，争者逆德也”，既要慎战，又不能废战。

《尉缭子》一书五卷二十四篇，分别是《天官》《兵谈》《制谈》《战威》《战攻》《守议》《十二陵》《武议》《将理》《原官》《治本》《战权》《重刑令》《伍制令》《分塞令》《束伍令》《经卒令》《勒卒令》《将令》《踵军令》《兵教上》《兵教下》《兵令上》《兵令下》。从全书的内容看，前十二篇论述政治观和战争观，后十二篇论述军令和军制。

后十二篇提出了军事法规。秦国是战国七雄中法制建设成就最高的国家，注重军事法规的建设。尉缭以朴素的辩证观点，提出了治军的十二条正反面经验，比如：树立威信在于不轻易变更号令，给人恩惠在于奖赏及时，当机善断在于能顺应各种事态的变化，战胜敌人在于掌握敌我双方的士气等。

在军事法规建设中，秦国的成就远远超过其他六国。尉缭总结秦国军事法规建设所提出的有关军事理论，对于秦国的军事实践也起了重大的指导作用。该书所谈到的有关军事法规的理论有：

在军队编制与什伍连坐方面，规定有伍长、什长、卒长、伯长、兵尉、裨将、大将七阶军官，在《伍制令》中提出了“军中之制，五人为伍，伍相保也；十人为什，什相保也”，主张“亡伍不得伍，身死家残”，以此来加强军纪，增强战斗力。

在军事训练方面提出了逐级训练的思想，确保每一级的将领都有足够的军事素养和军事才能，使大军成为指挥如一、训练有素的部队，并且规定从什长到裨将，只要有人犯法，上级也要跟着一起被治罪，负连带责任。

在军营管理方面，尉缭论述了军营营区的划分、警戒、禁令以及营区各级军官权限，其目的在于维持营区秩序和防止奸细潜入，是一部完整的军营管理法规。

《尉缭子》作为战国时产生的兵书，它所谈的战略战术等问题，虽然不如孙、吴兵法深刻，但在一系列问题上也有创见。首先，《尉缭子》提出治国的根本在于耕织，打仗的前提是要能够喂得饱士兵，让他们有衣蔽体，不被冻死，也就是要确保士兵的基本生存需求。其次，《尉缭子》也提出了一些战术思想，如主张集中优势兵力攻击敌人的薄弱之处，主张出战要有必胜把握，“战不必胜，不可言战；攻不必拔，不可以言攻”，等等。最后，《尉缭子》的另一重要贡献是提出了一套军中赏罚条令。《尉缭子》作为古代兵书，不但在军事理论上有所发展，而且保留了战国时期许多重要的军事条令，这是其他兵书所少见的。

倨傲的间谍顿弱

我国古代战争中，不但有军队之间的正面对抗，也有纵横家的四处游说，更有一种暗地瓦解敌人的特殊人才——间谍。“间谍”，最早具有这个义项的字眼是“谍”，《说文解字》解释：“谍，军中反间也。”也就是说，间谍是在敌营中实行反间术的人。“谍”的历史非常悠久，据《左传》记载，夏朝时就已经出现了“谍”：“使女艾谍浇。”夏王朝被后羿和寒浞取代，浇是寒浞儿子的名字，后来复国的少康向浇的身边派出一个叫女艾的间谍。这是我国有记载以来的第一个间谍。随着历史的发展，间谍的功用越来越被人重视，《孙子兵法》就记载了关于使用间谍的谋略。

秦人曾多次使用间谍活动，离间敌国，从而取得战争的胜利，比如长平之战中，离间赵王和廉颇，使纸上谈兵的赵括成为主帅。在秦王嬴政统一六国的过程中，顿弱发挥了重要的间谍作用。

顿弱，身世不详。《战国策·秦策四》中有关于他的一则故事——“秦王欲见顿弱”。秦王政闻知顿弱的大名，想要召见他，向他询问计策。顿弱请使者向秦王政转达说：“臣有一个坏习惯，就是对君王不行参拜之礼。假如大王能特许免我参拜之礼，可见大王，否则，臣拒不见王。”

使者一字不漏地向秦王转达了回话，秦王政答应了他的条件。

咸阳宫，中国秦代宫殿，位于今陕西咸阳市东。

于是顿弱便来到咸阳宫中，对秦王说：“天下有有其实而无其名者，有无其实而有其名者，有无其名又无其实者，王知之乎？”顿弱开头大谈“名”与“实”，把秦王政弄得莫名其妙，只好回答说：“弗知。”

顿弱便开始解释起来：“有实而无名者，是商人，商人不用辛辛苦苦地耕田，却拥有积粟之实；无实而有名者，是农夫，冒着春寒开耕，顶着烈日耘田，却连口粮都难以供给；至于无名无实者，那便是国王，身为万乘之尊，却无孝亲之名；坐拥千里，却无孝亲之实。”

秦王政此时刚刚平息嫪毐叛乱，一怒之下，将母亲从咸阳驱赶到雍都，并发誓今生永不相见。秦王政见顿弱拐弯抹角地骂自己，当场就发怒了。顿弱却好像什么也没看见一样，继续自顾自地说下去。顿弱说：“大王神威，却不能制伏崤山以东的那六个弱国，而把全部的怒火都撒在母亲的身上，把她囚禁在远处，不肯原谅她，臣认为大王您做得不对。”

顿弱指出，当前的大事应当是兼并天下，而不是对生母的怨怒。一语点醒梦中人，秦王的怒火顿时消失，向顿弱问道：“先生有计策能让寡人兼灭六国吗？”

“六国之中，韩国扼住天下的咽喉，魏国又处在天下的胸腹之地。大王如能出资万金，臣愿游说韩、魏，使韩、魏的大臣能听命于秦，则天下可图矣。”

“寡人国贫，恐怕拿不出那么多钱供先生使用。”秦王有些为难地回答。

“天下从来就未尝安然无事，如今更是战乱纷纷，诸侯不是缔结合纵，就是采取连横。连横有利于秦，合纵有益于楚。秦一旦成为帝王，即富有天下，区区万金又有何足道！如果楚国成就了霸业，大王虽有万金又有何用！”

秦王政听完，对顿弱的言论完全信服。于是，秦王政派遣顿弱东游韩、魏，使韩、魏两国的文臣武将都替秦国办事；北游燕、赵，赵国名将李牧因离间计而被杀；后来第五次合纵的时候，齐国没有加入联军，而是入朝于秦，这些都是顿弱的谋略。

《秦王欲见顿弱》是出自战国时期的《战国策·秦策四》的一篇历史散文，表现出战国时代君臣关系不像秦汉以后那样等级森严，大臣说话不必太过于谨小慎微。据载，顿弱在秦国并无“客卿”头衔，但秦王政以客卿之礼待之，虚心纳谏。事实表明，秦王政是客卿政策的忠实执行者。

《鬼谷子·谋篇》中写道：“正不如奇，奇流而不止者也。故说人主者必与之言奇。”游说君主，一定要出奇谋，因为对于君主来说，正常的说话方式和计谋实在是太多、太平凡了，也就没有吸引力，所以向君王提建议的时候，必须要采取与众不同的方式。顿弱先是云山雾绕地说了一通，接着就给秦王来个当头棒喝，反而使秦王采纳了自己的建议。

不问出身用姚贾

魏国人姚贾，出身“世监门子”，其父是看管城门的监门卒，在当时的社会根本没有一点儿地位可言。他的经历更是让人不屑一顾，姚贾本人曾在魏都大梁当过小偷，在赵国当官又被驱逐。可是他后来到了秦国之后，竟然得到秦始皇的礼遇和赏识，用他为客卿。当他奉命出使四国之时，始皇竟然“资车百乘，金千斤，衣以其衣冠，舞以其剑”。这种待遇，在秦一代，并不多见。

据《战国策·秦策五》的记载，韩非入秦的时候，秦国的兼并战争已经进入到了最后关头，韩、魏两国已经濒临灭亡，齐国的国相后胜收了秦国很多贿赂，甚至连防御性的战斗准备都不做了，唯有楚、燕、赵、魏国联合起来对付秦国。秦王政闻讯后大为震惊，召集群臣宾客，询问对策。秦王说：“现今燕、赵、魏、楚四国谋划联合攻伐，如何是好？”

群臣宾客默然无语，姚贾向前说道：“姚贾愿自告奋勇为大王出使四方，使四国放弃出兵的计划。”

秦政王便给他车百乘、黄金千斤，甚至将自己的衣、冠、宝剑都赐给姚贾，让他出使四方。经过姚贾用重金和巧舌在四国间周旋，三年以后，果然大有成绩，四国都不肯出兵，而愿与秦国交好，四国最后的抗秦联盟也就这样土崩瓦解了。姚贾回到咸阳，秦王政为此十分高兴，封姚贾千户，尊他为上卿。

韩非却看不起姚贾，对他的成绩不以为然，便向秦王政进言：“姚贾携带大量的奇珍异宝贿赂四国君王，南面出使楚、魏，北面出使燕、赵，三年过去了，四国并没有同秦国建立起真正的友好关系，而珍宝已用尽，这是姚贾凭借大王的威望和国家的财富，为自己私下结交于诸侯。”接着又揭他的老底，说他是“世监门子，梁之大盗，赵之逐臣，今日大王与出身如此低微、品行如此低下的人一同谋划国家社稷的方针大计，韩非以为这难以勉励群臣宾客”。

秦王政此时正沉浸在喜悦之中，听后十分惊讶，便立即召见姚贾，向他问道：“我听说你用寡人给予的资财私自结交于诸侯，有这回事吗？”

“有。”姚贾答。

“既然有，那你怎么还有脸回来见我？”秦王面带怒气地问。

“大王，曾参孝敬父母，天下人都想有这样的儿子；伍子胥忠君爱国，天下君主也都想有这样的臣子；贞女手工精巧，天下人都想有这样的妻子。姚贾忠于大王，大王却并不知道。姚贾如果不归资财于四国诸侯，那如何完成出使的使命？姚贾如果不忠于大王，那四国的国王又怎能会相信臣下，并与秦国和好？当年桀听信谗言而诛杀良将关龙逢，纣听信谗言而杀害忠臣比干，以至于身死国灭。今日大王如果听信谗言，身边就不会再有忠臣了。”

秦王的质问，姚贾对答如流，使秦王的怒气消释了大半。秦王又接着问道：

"那你到底是不是监门之子、梁之大盗、赵之逐臣？"

姚贾回答："当年的姜太公，在齐时曾被他的老伴以不务农为由，将他赶出家门，后来到朝歌卖肉，但是没人买，肉都腐臭生蛆了，子良用他为臣，后又被子良赶走；在棘津垂钓，连鱼都不上钩；不得已去出卖苦力，却无人雇用，然而文王一见到太公，就用他为军师，终于打败商朝，称王天下。齐国的管仲，原不过是乡间的一名小商贩，后来隐居于南阳，穷困潦倒；他曾辅佐公子纠，事败被俘，成为一个囚徒，然而齐桓公用他为国相，终于成为霸主。百里奚曾在虞国沦为乞丐，又在楚国养马，传说秦穆公用五张羊皮把他赎了回来，穆公以百里奚为相，用其计谋终于称霸于诸侯。咎犯曾在中山国为盗，晋文公率士兵在城濮与楚国交战，却以他为统帅，终于在城濮大获全胜。

"以上四人，皆因为出身低微而遭到莫大羞辱，受到天下人的诽谤。然而，圣明的君主之所以重用他们，是因为知道他们可以为自己建立功业。假使人人都像成汤时的隐士卞随、务光以及申屠狄那样，听说成汤要把天下让给自己或者是纣王，就一个个投河自尽了，那君主还能用到这些人吗？因此，明主用人，不看他是否有污点，不管他是否有过错，而是要仔细考察他对自己是否有用。所以，凡是有能力安定社稷、保卫国家的人，虽然会遭到诽谤，但不会去听信；而对那些徒有虚名却没立过半点功劳的人，不予赏赐。如此，群臣便不敢以虚名企望君主给予功名利禄了。"

他劝秦王不要听信谗言，秦王政认为姚贾讲得很对，于是反过来把韩非投入大狱，并再次派他出使四国。秦王政在韩非入狱之后后悔了，便下令赦免韩非，然而为时已晚。

《战国策》所载姚贾的一段自我辩白，实际上是总结了历代君主在用人问题上的经验，并提出了在执行用人路线时，只需视其能否为国立功，为己所用；而不能求全责备，听信流言。这种任人唯贤的用人路线，被秦王政坚定地执行了下去。

甘罗十二岁为使臣

甘罗（约前 247 —？），战国末期下蔡（今颍上县甘罗乡）人。他的爷爷是有名的甘茂。甘茂曾经跟着下蔡的史举先生，向他学习诸子百家的学说，后来通过张仪、樗里疾的引荐投到秦惠王的帐下。惠王很喜欢他就派他带兵去帮助魏章夺取汉中地区。秦惠王死后武王即位，当时张仪、魏章已离开秦国跑到东边的魏国，武王就派甘茂去平定蜀地。返回秦国后武王任命甘茂为左丞相，任命樗里疾为右丞相。

武王三年，武王想要问鼎中原，但遭到了樗里疾的反对，他说："韩国的宜阳城池坚固，又有精兵猛将把守，路途遥远艰险，如果半路上魏、韩二国出兵救宜阳，那秦军就会陷入险境。"秦武王很不高兴，就问甘茂。甘茂来秦之后一直没有建立大功，不好反对，就同意了武王的想法，说："想要进军宜阳，就一定要先打破韩、魏之间的联盟。"然后甘茂用重利引诱与魏王建立了秦魏共伐韩国的联盟。从此甘茂就开始跟樗里疾产生矛盾了，后来在劝秦王归还韩武的时候被秦王怀疑，向寿、公孙衍等人趁机进谗言诋毁，甘茂被迫于攻打魏国的时候逃到齐国，担任齐国上卿。公元前305年为齐出使楚国。秦王这个时候后悔了，想让楚国送还甘茂，但是楚国人也没那么傻，知道甘茂的才能，拒绝了秦王的请求。甘

甘罗十二岁为丞相

茂最后死在魏国。

甘茂死后，当时十二岁的甘罗来到秦国，在文信侯吕不韦的手下当客卿。秦王政派刚成君蔡泽到燕国，燕国国君喜派太子丹到秦国做人质。秦国准备派张唐去辅助燕国，打算两国合力攻赵来扩张河间一带的领地。张唐对吕不韦说：“我曾经为昭王进攻过赵国，因此赵国人十分恨我，曾说‘能够逮住张唐的人，就赏给他方圆百里的土地’，可是现在必定要经过赵国，我不能去，赵国人不会放过我的。”文信侯听了脸色非常难看，可是他也没有办法。

甘罗见吕不韦十分恼怒的样子，就上前问道：“君侯您为什么闷闷不乐，可以告诉我吗？”吕不韦正生着闷气，就不说话。甘罗大声说：“门客是替人排忧解难的，现在君侯有了麻烦却不说出来，别人即使是想要帮忙，也没有机会啊！”文信侯说：“皇上派刚成君蔡泽到燕国为相，已经三年了，燕王对他很满意。派太子丹到秦国做人质，表示友好，我派张唐到燕国去辅佐，他却借故推辞不去。”

甘罗说：“请允许我说服他去燕国。”文信侯说：“我亲自请他去，他都不愿意，你又有什么本事能让他改变主意？”甘罗说：“年龄小不代表没有才能，项橐七岁就做了孔子的老师。如今，我已经满十二岁了，您还是让我试一试吧。”于是文信侯就同意了。

白起（？—前 257），又称公孙起，战国时期秦国郿县（今陕西省眉县）人，中国古代著名的将领、军事家。

甘罗去拜见张唐说：“您的功劳与武安君白起相比，谁的功劳大？”张唐说：“武安君战功累累，名震天下，我可比不上他。”甘罗又说：“那当时秦国的丞相范雎与现在的文信侯相比，谁的权力大？”

张唐说："范雎比不上文信侯。"甘罗问："您确定吗？"张唐说："确定。"甘罗笑了笑，接着说："范雎打算攻打赵国，武安君却故意跟他作对，结果武安君刚走出咸阳七里地就死了。如今文信侯亲自请您去燕国，而您执意不肯，我不知您要死在什么地方了。"张唐大惊失色，于是答应下来，让人整理行装，准备上路。等到行期确定下来，甘罗对文信侯说："张唐即将赶赴燕国，请侯爷借给我五辆马车，让我先到赵国打个招呼。"

吕不韦啧啧称奇，就对秦王说："甘茂有个孙子叫甘罗，年纪很轻，现在就在秦国做宾客，他说服张唐去燕国。现在甘罗愿意先出使赵国，让赵国不会为难张唐，请答应派他去。"

秦王也觉得很新奇，就召见了甘罗，在谈话中看到他的过人之处，就派他去赵国。

等他来到赵国边境的时候，赵襄王早已经等候在那里了。甘罗问道："大王听说燕太子丹到秦国做人质了吗？"赵王回答说："是。"甘罗又问："大王您知道张唐要到燕国担任相国吗？"赵王回答："听说了。"甘罗接着说："燕太子丹到秦国来，说明燕国不欺骗秦国。张唐去燕国，说明秦国不欺骗燕国。燕、秦两国互不相欺，没有别的缘故，就是要攻打赵国来扩大自己的领地。一旦开战，秦、燕两国兵锋强劲，大王您有把握抵挡吗？如果赵国不能抵挡，可能就会有亡国的危险了，与其失去整个国家，大王倒不如先送给我五座城邑来扩大秦国在河间的领地，我就向秦王请求送回燕太子，秦、赵联手攻打弱小的燕国，大王您觉得如何呢？"

赵王想都没想，立即划出五座城邑给秦国。结果秦国真的送回了燕太子，两国合力攻燕，得到上谷三十座城邑，秦国占有其中的十一座。

秦王于是封甘罗做了上卿，又把原来甘茂的田地房宅赐给了甘罗。

太史公说："甘罗年纪很轻，然而凭借着一条妙计便足以名垂后世。虽然他不是忠厚笃实的君子，但也是名副其实的谋士，特别是秦国强盛起来的时候，天下人就更加喜欢使用这一类的计谋和诡诈之术了！"

CHAPTER

第四章 灭六国统一天下

4

秦王政在平定内乱独掌大权之后，开始了灭六国的行动，充分展现了他的雄才大略，以风卷残云之势扫清宇内，实现了“大一统”的丰功伟业。李白有诗赞曰：“秦王扫六合，虎视何雄哉！挥剑决浮云，诸侯尽西来。”然而历史有它自己的发展规律，秦统一天下绝不是天赐，六国的逐一灭亡也绝非偶然。对于秦灭六国，赞誉者有之，痛惜者亦有之。

兼并六国的准备

秦王政九年加冠亲政，随后平定嫪毐叛乱，逼死相国吕不韦，在秦国政坛上巩固了自己至高无上的地位，完成了灭六国战略方针的制定。从秦王政十七年（前 230）起，秦国全面发起了历时十年之久的灭六国的兼并战争。

早在秦王政登基之前，秦国的历代君王就给他留下了丰厚的遗产。秦最初的国都在雍，在当时属于边缘地区，一直是一个比较弱的国家，也许正因为地处偏僻之地，所以它一直没有引起其他国家的注意。在早期，中原地区的国家将秦视为夷狄，没人承认秦的地位，直到秦穆公开始参与中原争霸的时候才慢慢好转。秦穆公重用客卿，称霸西戎，控制了整个广阔的西部地区。秦孝公时代，商鞅变法以来使得国富兵强，惠王、昭王开疆辟土，使得秦国兼有成都平原和关中两个富甲天下的地区，经济实力和军事实力都远超其他六国。六国虽然还在继续反抗，但各个国家君主之间离心离德，既无法独自抗秦，也无法结成牢不可破的联盟，所以秦国兼并天下，已是大势所趋。秦王政于是挥师向东，逐步灭六国。

仅仅具备这些物质条件还不够，这些只是为大一统提供了一种可能，具体结果还是要看主人公是怎样去做的。事实上，在之后的战争中，秦军将士依然遭到了顽强抵抗，一次次浴血奋战，同样付出了很大的代价。为了统一六国，秦王政必须在全面发起这场战争之前，制定出正确的战略决策。

以农养战、重视农业本是商鞅变法以来秦国一直奉行的基本国策，正是这一策略让秦国变得国富兵强，为秦王政兼并六国奠定了物质基础。如果说秦昭王时期在奉行这一政策上的突出业绩是都江堰水利工程的建成，那么郑国渠的修建，就是秦王政坚持农业为本的最高体现，他的高瞻远瞩与远见卓识为秦国带来了巨大的利益。事实表明，郑国渠的修成，为秦国在兼并战争中提供了坚实的国力，并且作出了巨大的贡献。

秦王政为消灭六国，对敌采取政治瓦解和军事打击相结合的手段。秦昭王时代，范雎提出“远交近攻”，秦国作为兼并六国的政治、军事和外交路线。秦王政不但继承了下来，同时又有所发展。顿弱、尉缭以及李斯向秦王政所提出的用重金收买六国权贵离间六国君臣的计策，是对范雎“远交近攻”政策的发展和补充，为秦灭六国的军事斗争扫除了许多重大的障碍。“远交近攻”这项政策，使国与国之间孤立起来，而使用间谍计，则使敌国从君臣内部首先瓦解。

在秦昭王后期已初步形成的布衣将相制度，在秦王政时期已经得到了完全的确立。主要标志是李斯《谏逐客书》的实行和秦王政手下所云集的一大批文臣武将。秦王政对于这批文臣武将的重用以及文臣武将才能的有效发挥，从选取人才上为兼并战争的胜利提供了保证。

极大地扩充军队的数量。秦国在富强的同时，一直致力于军队的发展，除了任用能征善战的武将之外，还积极扩充军队的数量。王翦攻楚时，提出要派六十万军队，才可一举消灭楚国，秦王答应了他。再加上无数的后勤补给人员，秦国几乎把能参与战争的人全部发动起来了。一统天下之后，秦国也没有停下来，而是继续扩编军队，中央政府掌握的军队一度达到一百六十万人之多。超强的军事力量及后勤补给能力，为征伐六国提供了硬性需求。

早在秦王政平定嫪毐叛乱之后，顿弱就在向秦王政的进言中指出韩国“扼天下之咽喉”，欲向东兼并天下，韩国是必经之地。韩在六国之中是最弱的国家，秦国有能力迅速灭掉韩国。

然而秦王政并没有直接发兵灭韩。这并不是韩非游说的结果，而是秦王政从当年惠王摈弃张仪灭韩的建议、采纳司马错攻取巴蜀一事中受到启发，从而暂时停止了对韩国的军事行动。

商鞅变法之后，国力充实，秦惠王便想进一步扩充实力，图谋发展。张仪主张先灭韩国，接着攻取中原心脏之地，威诸侯，成王业。司马错则认为秦国人口稀少，国家贫弱，时机还不成熟，就算取得了韩国，也没有什么实际利益，反倒会导致各国的警惕，倒不如取巴蜀富饶之地，不但可以富国强兵，又能博得“禁暴止乱”的好名声。司马错的主张，立足于总体形势，用最小的代价，取得最大的收获，不轻易触犯众怒。秦惠王权衡利弊，采纳了司马错的意见。司马错与张仪的争论，主旨是强调向何方发展，要充分考虑国家的实力与国际的政治形势。

秦王政清醒地看到，六国之中只有赵国最强大。如不给赵军以重创，那么就算是攻占了韩国，也不能保住胜利果实。在赵、魏、楚国保有相当的军事实力的情况下，过早地灭亡韩国，会使各国紧张起来，可能促成他们联合对抗秦国，这是秦国不愿意看到的。

秦王政十三年（前234），桓齮攻取赵国的平阳、武城，杀赵将扈辄，斩十万。

秦王政十四年，桓齮又率兵攻打赵国。赵王拜李牧为大将军，大破秦军于宜安（今河北省藁城县西南），桓齮兵败潜逃。秦王政暴怒，悬赏千金万邑买桓齮的首级。可见此次大胜对秦打击沉重，而赵得到喘息之机。因功大，李牧被封为武安君。

秦王政十五年（前232），秦军分两路大举攻赵，再次被李牧所败。秦军遭到自昭王以来从未有过的惨败。李牧虽两次皆胜，但兵力损失相当严重，赵国死了数十万士卒，仅仅保留国都邯郸。秦军虽然接连失败，但也达到了重创赵军的战略目的。

公元前231年，韩国被迫把南阳献给秦，魏也将丽邑献给秦国，秦派内史腾做南阳假守。至此，秦国灭六国的时机已经完全成熟。

积弱难返韩先亡

秦灭六国的第一个目标仍然是韩国。

韩国处在秦军东进的要冲之地，扼“天下之咽喉”，而韩在六国中实力又最弱，毫无疑问地成为秦国东进的第一个战略目标。

韩国起源于三家分晋，春秋末年，晋国大夫赵襄子、韩宣子和魏献子于公元前433年暗杀智伯，然后将晋的领地瓜分，成为三个诸侯国。后世历史学家便将韩、魏、赵合称为三晋。韩氏立国之后多有征战，公元前375年，韩哀侯灭了春秋小霸之一郑国后迁都于郑（今河南新郑），定名为新郑，成为韩国最大的战绩。战国以来，赵、魏两国都实行了社会改革，国力渐渐强盛。然而韩国一直没有进行重大改革，虽灭掉郑国，却在对外战争中接连丢城失地。

韩昭侯（？—前333），亦称韩釐侯、韩昭釐侯、韩昭僖侯，姬姓，韩氏，名武，韩懿侯（一作韩共侯、韩庄侯）之子，战国时期韩国君主，前362—前333年在位。

韩国国势最强的时候要数韩昭侯时代，他用法家的申不害为相，政治清明，人民生活富足。“十五年，终申子之身，国治兵强，无侵韩者。”（《史记·申不害列传》）韩国军队的武器装备在七国之中首屈一指，《战国策》中对韩国军力的概括是“精兵二十万，厮眉十万”，这说明韩国的冶铁技术非常发达。当时有“天下之强弓劲弩皆从韩出”的说法，韩国的弩能射六百步，大约五百米远，“远者括蔽洞胸，近者镝弇心”，能够命中远处的敌人，靠得近的会被直接射中心脏，说明了韩军士兵优秀的射击技术。除此以外，韩国的剑也非常锋利，“陆断牛马，水截鹄雁”，正面遇敌可以砍断盾牌和胸甲。

韩昭侯的时代过去之后，韩国的力量衰落下去，成为七国之中实力最弱的国家。当时的人都说，如果天下都归附到秦国的话，韩国是地位最低的，反之，天下各国联合抗秦，韩国也是实力最弱的。

韩国处于中原地区，地理位置十分不好，北临魏赵，东有齐，南有楚，西有秦，四面受敌，完全没有发展的空间，国土也是七国之中最小的一个。据《史记·苏秦列传》记载：韩国“北有巩（今河南省巩县西南）、成皋（今河南荥阳西北）之固，西有宜阳、商阪（今陕西省商县东南），东有宛（今河南省南阳市）、穰（今河南省邓县）、洧水，南有陉山（今河南省漯河市东南）”，形势险要，易守难攻，这也成了韩国能够一直保存下来、没有迅速灭亡的一个原因。就自然条件而言，韩国国土大多处在险恶的山野地区，能够生长的农作物不是主食小麦，而是菽（豆子之类的作物），人民能吃的也只不过是菽藿羹。国库存粮太少，要是哪一年歉收的话，人民就只能吃糟糠了，要是第二年继续欠收的话，不等别人打来，估计韩人也都要全部饿死了。

特殊的地理位置和弱小的实力，使得韩国备受各国欺凌。早年已经为魏齐之间的争霸资本，公元前 341 年魏国发兵攻韩，韩向齐国求救。齐威王以田忌为大将，孙膑为军师，率军直趋魏都大梁，迫使魏军回救，以解韩国之困。秦楚争霸时，秦又要挟韩魏共同伐楚，韩国成了秦国和齐国之间战争的缓冲地，苟延残存。公元前 265 年，秦国大举进攻上党，上党不愿归附秦国，改降于赵，结果引发了长平之战。

韩国地理上的战略位置和弱小的实力，秦人都看在眼里。早在秦惠王时期，张仪便提出了首先灭韩的主张，可是司马错提出了不同的意见，主张首先攻取巴蜀，如此可收到“广地”“富国”“强兵”的效果，结论是“三资者备而王随之矣”。最后惠王采纳司马错的主张，命司马错于公元前316年带兵攻取巴蜀，韩国得以幸免。

秦王政即位后，秦国的实力更加强大，而韩国则每况愈下，比当年更弱。

在这种实力对比下，秦灭韩国是轻而易举的事。生死存亡之际，韩桓慧王想出“疲秦之计”，派遣郑国西行游说秦国，让秦在关中地区修建工程浩大的水利工程，企图以此疲弊秦国。郑国入秦后不辱使命，果然说服了秦王，耗时十年，在关中修渠。可是郑国当时已经对秦王政说得很清楚，修渠虽然会耗费秦国的国力，但对秦国来说是万世之功，而韩国不过得以再苟活几年罢了。郑国渠修建成功三年之后，秦国为了得到韩非，再次发兵攻韩，韩非出使秦国后，秦王罢兵。

为了避免灭韩后可能促成的合纵联盟，秦王政采取了“舍韩攻赵”的战略，以削弱赵国实力作为短期的主要目标。秦王政按分兵攻赵、攻魏、攻楚的战略，多次进攻赵国，尽管两次大败于赵国名将李牧手下，但也使赵国遭到重创。当秦王政得知赵国“亡卒数十万，邯郸仅存”时，认为既定的战略目的已经达到。秦王政十六年（前231），韩国被迫把残存的一部分南阳土地献给秦国，秦派内史腾任南阳假守，此时秦国实现大一统的时机已经完全成熟，韩国首先灭亡的厄运终于降临了。

秦王政十七年（前230），秦王政下令南阳假守内史腾率秦军进逼韩国。内史腾调集精锐之师，以南阳为前进基地，一举攻入韩都新郑，俘虏了韩王韩安。大军所到之处，几乎没有遇到任何抵抗。韩国宣告灭亡，秦国把攻占的韩国土地建置为颍川郡。秦王政利用绝对优势，突然袭击，将韩国一举攻灭，占领了地处“天下之枢”的战略要地，在统一中国的战争中，迈出了成功的第一步。

消耗战击败赵国

秦王政在攻灭韩国之后，又积极准备攻伐赵国。

赵人的先祖是华夏族的一支，国君嬴姓是少昊氏之后，赵氏是赵城叔带之后。相传先祖造父曾经为周穆王驾驶战车，因为战功被封于赵城，后来的人就用赵当作姓。三家分晋时，赵于韩、赵、魏三家之中势力最强，《史记·赵世家》说“赵北有代，南并智氏，强于韩、魏”。战国初年，领土大致为今山西北部和中部，河北西部和南部。赵国的都城一开始在晋阳，后来又迁到中牟（今河南省鹤壁市西），公元前 386 年迁都到邯郸。

赵烈侯与相国公仲连执政时期，从士阶层中选拔人才担任重要官职，在赵国实行改革，可是成效远比不上魏文侯的改革。

公元前 326 年，赵武灵王赵雍年少即位。当时赵国的形势远远称不上乐观，秦、魏、齐、韩、燕都是军事上的强国，中山、三胡有强悍骑兵，赵国的心脏地带及四周皆有强敌。赵国的境内多为山谷之地，经常遭到中山国及胡人的侵略。武灵王总结这一历史教训，从赵国的实际出发，在赵国实行“胡服骑射”，获得了成功，赵因此而成为当时军事上的强国，将心腹之患中山国一举消灭。

赵惠文王也是一位有作为的国君，在他执政期间，杰出的文臣武将比比皆是，最著名的有乐毅、蔺相如等文臣，廉颇、赵奢等武将。有这些人在政治、经济、军事上的辅佐，赵国在当时成为实力雄厚的强国。在对外作战中，赵国也曾接连取得胜利，开拓了大片的疆土。

公元前 262 年长平之战爆发，秦国命白起率大军进攻赵国长平（今山西高平西北），廉颇率赵军固守，相持三年有余。后来，赵孝成王中了反间计，任命“纸上谈兵”的赵括代替廉颇为将，赵括轻敌出击，主力被白起分割包围，最终失败。此战赵军主力四十余万人全部投降，结果被白起一夜之间坑杀。长平惨败使赵国元气大伤。

秦王政要兼并天下，赵国仍然是秦国唯一的强敌，是六国中唯一有能力单独与秦国在军事上抗衡的军事强国。秦王政亲政后，把削弱赵国军事实力作为歼灭六国的前期战略目标。秦王政十一年，秦国乘赵与燕大战之际，分兵两路进攻赵国。名将王翦率一军攻占阏与（今山西和顺）、橑阳（今山西左权），将军桓齮、杨端和率一军攻占邺（今河北省临漳县西南）、安阳（今河北安阳西南）等九座城邑。秦王政十三年，桓齮又率军进攻平阳（今河北省磁县东南）、武城（今磁县西南），杀死赵将扈辄，斩首十万，大败赵军，占领城池。待到赵将庞蠼回师救援时，赵国境内的漳水流域以及河间各城已被秦军占领。此时，赵国处于危机之中。危急时刻，赵王将在北方抗击匈奴的李牧率军调回，任命他为大将军，扭转了战局。

秦王政十四年，秦将桓齮深入赵国内地，对邯郸造成包围的之势，结果在肥（今河北藁城西南）被李牧大败，桓齮畏罪逃奔燕国。李牧因大败秦军有功，被封为武安君。秦王政十五年，秦军兵分两路，再次进攻赵国，一路进至邺，一路进至太原，然后向赵国的番吾（今河北省平山县东）进攻。李牧出兵，再次击败秦军。

李牧两次大败秦军，赵国暂时度过危机，但赵国的兵力损失也相当严重。次年，韩、魏被迫向秦国献出部分土地，赵国又发生了大地震以及严重的旱灾，国内谣言四起。

赵国内政的腐败也已经达到非常严重的地步了。赵王迁的生母本是邯郸的妓女，曾经出嫁过，那家宗族的人为了她起了巨大的争议，最后不欢而散。最后她的丈夫死了，自己一个人居住，悼襄王见她貌美，把她娶了回去，并立为赵悼后。当时李牧曾向悼襄王劝谏，不要纳她为后，悼襄王不听。悼后生了一个儿子迁，怂恿悼襄王废掉嫡长子公子嘉，把公子迁立为嫡嗣。悼襄王死后，公子迁就成了赵王，悼后这时又和春平侯私通。迁当上赵王以后，朝政操纵在宠臣郭开手中。郭开见利忘义，嫉贤妒能，排斥贤才。例如老将廉颇到魏国后，不被重用，想要再回赵国，赵王也想起用廉颇，便派使者前往魏国探视廉颇身体如何。见到使者以后，廉颇"饭斗米，肉十斤，被甲上马"，表明自己身体很好，仍然可以披甲上阵。郭开却贿赂使者，向赵王谎报说："廉颇太老了，虽然饭量很好，但是肠胃不好，一顿饭的工夫，去了三趟厕所。"赵王便没有召回廉颇。后来廉颇来到楚国，在楚都寿春郁郁寡欢，最终死去。

秦王政命王翦按兵不动，和赵军形成对峙，同时命顿弱前往赵国，用重金贿赂了郭开及赵悼后，让他们向赵王诬告说李牧、司马尚按兵不动，图谋反叛。赵王迁听信谗言，便派赵葱、颜聚替代李牧。在生死存亡之时，李牧以"将在外而君命有所不受"为理由，拒不从命。赵王暗地派人逮捕并处死李牧，同时杀掉司马尚。李牧治军有方，爱护部属，深受赵军士兵的尊敬，李牧一死，军

廉颇，生卒年不详，嬴姓，廉氏，名颇，战国末期赵国的名将。

心涣散，部队解体，赵国再也无力抵挡秦军了。

秦王政十九年，王翦大破赵军，俘虏赵王迁，公子嘉逃往代地，自立为王。同年10月，秦军攻入邯郸，赵国破亡。

赵国是战国时期实力仅次于秦国的国家，有一大批名震天下的军事将领，如廉颇、赵奢、李牧、庞煖等，尤以廉颇、李牧最为著名，其才能不在白起、王翦之下；军队也有数十万精锐之师。但赵国的君主多是平庸之人，宠信奸佞，长平之战时临阵易将，导致四十五万精锐尽失，兵临城下竟自毁长城，杀害李牧，即使实力再强，也难逃灭亡的命运。

赵国的灭亡，标志着秦国灭六国的第二个战略目标已经实现。

慷慨悲歌刺秦王

赵国灭亡之后，秦国统一天下的最大障碍已经被扫清，之后的进程势如破竹。秦军很快北上逼近燕国，兵临易水（今河北省易县南），燕国岌岌可危。

燕国的太子丹是燕王喜的儿子，曾经作为人质在秦国生活过。秦王对他说：“如果乌鸦的头变成白色的，马头上长出角来，就准许你回国。”后来甘罗出使赵国，秦、赵达成协议，放回太子丹，共同攻燕。太子丹身负家仇国恨，回国之后给他的师傅鞠武写了一封信，言明对秦王“痛入骨髓”。

过了一些时候，秦将樊於期逃到了燕国，太子以礼相待，安排他住下。鞠武反对留下樊於期，认为这会招来秦王的怒火，请太子丹将他送到匈奴，这样既可以保住他的性命，又不会让秦国有理由攻打燕国。太子丹说："樊将军是英雄末路，信任我这个人，才来投奔燕国，我不能因为害怕遭致秦国的打击就出卖朋友。"他还说，燕国弱小，无法对抗秦国，决定豢养刺客，刺杀秦王，"则一剑之刃，可当百万之师"。

鞠武于是对他说："公子可以去找田光，他学识渊博，智勇双全，素称燕国勇士，被誉为智深而勇沉的'节侠'。"

田光听了太子丹的请求之后，沉思良久，来见太子丹。太子丹亲自上前迎接，倒退着走为田光引路，然后跪在地上替田光擦拭座位。屋内没有其他人，等田光坐稳后，太子丹离开自己的座位向田光请教说："燕国与秦国誓不两立，丹欲刺秦，求先生相助。"

田光对他说："良骥骏马一日可奔驰千里，可等它衰老之后，就连最下等的劣马也跑不过了。太子听说了我强盛时的情景，却不知道田光已经老了，我不能贸然为您谋划国事。"太子丹听言，怅然若失，又问他："以先生看，我的门客里可有人能够完成这项大业？"

田光笑着说："公子您没有可以担当大任的门客，夏扶，是血勇之人，一旦发怒，就会面红耳赤；宋意，是脉勇之人，发怒的时候面色铁青；武阳，是骨勇之人，生气的时候脸色煞白。这三个人，虽然武艺高强，但是喜怒形于色，不是合格的刺客。"

太子丹就问他，有没有合适的人。田光推荐了荆轲。

荆卿喜爱读书练剑，起初凭借着剑术游说卫元君，可是没有引起卫元君的重视。后来荆轲到了燕国，喜欢和高渐离交往，高渐离擅长击筑。闹市里还有一个宰狗的人，他们三人关系很好，天天在集市上喝酒，喝醉之后，高渐离豪性大发，起身弹琴击筑，荆轲就着音乐高声唱歌，他们时而大笑，笑完之后就相对着大哭一场，好像整个闹市空空荡荡，此时天地间只有他们三人活在彼此心里。

荆轲看似是个胸无大志的酒徒，其实他为人深沉稳重，喜欢读书。他游历各国的时候，与当地贤士豪杰相识。

荆轲像。荆轲（？—前227年），姜姓，庆氏（古时“荆”音似“庆”）。战国末期卫国朝歌（今河南省鹤壁市淇县）人，战国时期的著名刺客。

太子说：“我希望和荆卿相见，先生可以为我引见吗？”

田光说：“遵命。”于是立即告辞。太子送到门口，诚恳地告诫道：“我刚才和先生所谈论的，是国之大事，请先生一定不要泄露出去！”田光俯身相拜，笑着说：“是。”

田光弯腰驼背地来见荆轲，对他说：“燕国人都知道我和你关系很好，现在太子听说了我以往的虚名，想让我助他成就大事，却不知道我已经年迈，无法担当大任了。但我荣幸地听他说‘燕国、秦国誓不两立，希望先生相助’，我把你当作自己的亲人，已经推荐给太子了，希望你前往宫中拜访太子。”荆轲答应了下来。

田光叹了一口气说：“我听说，年长老成的人行事，就要做到不让别人怀疑自己。如今太子却告诫不要泄露这件事，这是太子怀疑我，我算不上是节侠。”他要用自杀来激励荆轲，说：“希望你立即去见太子，就说我已经死了，表明我不会泄露机密。”因此就刎颈自杀。

荆轲于是去见太子，告诉他田光已死，转达了田光的话。太子听罢为田光两次跪拜，痛哭流涕，过了一会儿说：“我之所以告诫田先生，只是想让大事得以成功，并非不信任他。如今田先生却以死明志，难道是我想要的结局吗？”

等到荆轲坐稳，太子离开座位以头叩地，坚决请求不要推脱，荆轲答应了。当时太子就尊奉荆轲为上卿。可是荆轲过了很久都没有动身的意思。这时，秦将王翦已经灭亡了赵国，直到燕国边界。太子丹害怕了，请求荆轲尽快行动。荆轲说：“太子就是不说，我也要请求行动了。现在我需要一些能让秦王相信我的东西，要是能得到樊将军的人头和燕国督亢的地图，献给秦王，秦王一定高兴接见我，这样我才能够有机会。”太子丹却忍不下心来。

荆轲明白太子不忍心，就私下会见樊於期说明了来意。樊於期日夜都想向秦王报仇，于是自刎。荆轲就把樊於期的首级装到匣子里密封起来。

太子丹花费百金，买下了赵国人徐夫人的匕首，让工匠用毒药浸泡，只要划破一点儿皮肤，立即就可以将人杀死，又派勇士秦舞阳做他的助手。

太子及知道这件事的门客，都披麻戴孝为荆轲送行。在易水河边，高渐离击筑，荆轲唱着苍凉凄婉的歌，送行的人都流泪哭泣，一边向前走一边唱道："风萧萧兮易水寒，壮士一去兮不复还！"于是荆轲就上车走了，始终连头也不回。

秦王政听到这个消息，非常高兴，安排了极为隆重的九宾仪式，在咸阳宫召见燕国的使者。荆轲捧着樊於期的首级，秦舞阳捧着地图，按照正、副使的次序前进。走到殿前台阶下的时候秦舞阳的脸色突然变了，不停地发抖，大臣都感到奇怪。荆轲笑了笑，上前谢罪说："北方蛮夷之地的粗人，没有见过天子的威严，所以才会害怕。希望大王不要怪罪，让他能够完成使命。"

秦王政坐在大殿之上，没有怪罪秦舞阳失礼的表现，对荆轲说："递上舞阳拿的地图。"荆轲取过地图献上，秦王政十分得意，缓缓展开地图，图卷展到尽头的时候，突然露出来一把匕首。荆轲趁机左手抓住秦王的衣袖，右手拿匕首径直刺了过去。秦王政大惊，抽身跳起，把衣袖都给挣断了，慌忙之中秦王政想要拔剑，但是剑身太长，剑又套得很紧，竟然拔不出来。荆轲拿着匕首追赶秦王政，秦王政绕柱奔跑。大臣全都吓得呆在原地，突然发生意外，大家竟然不知所措。而秦国的法律规定，殿上的人不允许携带任何兵器，拿着武器的侍卫也只能守卫在殿外，没有皇帝的命令，不准进殿。正当危急时刻，秦王政来不及传令，因此荆轲追赶秦王的时候，下面的大臣没有武器，只能赤手空拳和荆轲搏击。这时，侍从医官夏无且用他所捧的药袋投击荆轲。正当秦王仓皇奔逃，不知如何是好的时候，大臣喊道："王负剑！"秦王把剑背在身后，才拔出了宝剑，一剑砍断荆轲的左腿。荆轲倒在地上，就举起匕首甩了出去，却没击中秦王，扎在铜柱上。秦王接连攻击荆轲，荆轲被砍了八剑。荆轲知道已经没有成功的可能了，就倚在柱子上大笑，

骆宾王（约619—），字观光，汉族，婺州义乌（今浙江义乌）人，唐代诗人，与王勃、杨炯、卢照邻合称“初唐四杰”。

张开两腿像簸箕一样坐在地上骂道：“之所以大事不成，是因为我想活捉你，让你订契约，归还土地以回报太子。”这时侍卫冲上前来杀死荆轲，而秦王好半天才回过神来。过后评论功过，赐给夏无且黄金二百镒，说：“无且爱我，才用药袋投击荆轲啊。”

骆宾王曾在易水边写道：“此地别燕丹，壮士发冲冠。昔时人已没，今日水犹寒。”荆轲刺秦王，只是秦王统一六国的洪流中一支悲壮的小插曲，依靠一把匕首无法改变天下一统的命运，但是荆轲慷慨赴义的精神，一直影响着后人。

击筑知己高渐离

荆轲刺秦王，最终以失败告终，秦王政恼羞成怒，命王翦率大军攻燕，十月，李信攻克燕国都城蓟（今北京市），燕王喜与太子丹逃亡辽东郡。此时，赵国的公子嘉在代郡称王，但在逃亡时只带了宗族内的几百人而已。燕、赵两国名存实亡，俘虏代王嘉和燕王喜是秦王政接下来的目标。

公元前226年，秦军在李信的率领下攻入燕都，燕王喜与太子丹带领精锐部队匆匆逃往辽东郡（今辽宁省辽阳市），李信率秦军紧追不舍，形势危急之时，燕王喜收到一封书信，原来是代王嘉见燕国破灭，想要保存友军的力量，日后一起抗秦。只见书信上写道：

“秦所以尤追燕急者，以太子丹故也。今王诚杀丹献之秦王，秦王必解，而社稷幸得血食。”

当时太子丹正藏匿在辽东的衍水，燕王喜收到代王嘉的书信后，果真派人斩太子丹，并把他的头装在盒子里，想要献给秦王，然而秦军仍然没有停止进攻。后来秦军撤回，并非是燕王喜斩杀太子丹起了作用，而是秦王政急调李信的军队参加灭楚的一场规模空前的决战。

秦王政二十五年（前 222），楚国灭亡之后，王贲率大军攻取燕国的辽东郡，俘虏燕王喜，燕国灭亡。

同年，王贲回师途中，又进攻代郡，俘虏代王嘉，赵国灭亡。

灭燕后，秦王政命人搜寻燕太子丹的门客，许多人被杀，也有许多人隐姓埋名，四散逃离。高渐离隐姓埋名，来到宋子县一个富贵人家里给人当帮佣，并改名换姓。

有一天，高渐离干活累了，就坐在门口休息，这时听到有人在屋内击筑，他便坐在那里，侧耳倾听。听完之后高渐离忍不住对主人说：“刚才这个人击筑，有的地方还不错，有的地方却很不中听。”主人听他评论音乐，嘲弄他说：“你一个穷帮工，也懂音乐？”

高渐离想起了荆轲，以往在燕国的街市上，他们纵酒高歌，从不在意旁人的眼光，他们互为知己。而如今，荆轲为了大业，已经死去，死得那么从容，高渐离啊高渐离，你这样躲躲藏藏，不见天日，总不是个办法！于是，他回到住的地方，取出筑和以前穿过的衣服，焚香沐浴，恢复了本来的面貌，然后拿着筑，又来到了上房，开始演奏起来。

人们大吃一惊，才知道他竟是有名的高渐离。主人慌忙离开座位，以平等的礼节重新接待了高渐离，并且请他为大家讲述荆轲的英勇事迹。回忆往事，高渐离情绪激动起来，他开始对人们讲述易水送别的情景。讲到悲壮之时，高渐离击筑而歌，唱的就是“风萧萧兮易水寒，壮士一去兮不复还”，音色悲凉，慷慨从容，在场的人们都听得流下泪来。

从此以后，宋子这地方的人家就轮流请高渐离去做客，听他击筑唱歌，让他讲荆轲的事迹。秦王政也喜欢音乐，得知了这件事以后，就想让他进宫演奏，可这时的秦王政，对荆轲的事还心有余悸，于是就派人把高渐离的双眼弄瞎，让他无法行刺，然后再带进宫来。

高渐离老老实实地为秦王击筑，演奏音乐，表现得非常温顺，没有一丝不满，但在内心从未忘记荆轲，那是他的知己。高渐离演奏得越来越好，秦王也逐渐放松了警惕，开始慢慢靠近他，还和他说话。为了随时能听到高渐离的筑声，秦王政让他随侍身边。稍稍离秦王政近一点儿的时候，高渐离开始往筑中填充碎铅，日复一日地坚持着。

一天，有旨传高渐离赴内庭击筑。击筑时，高渐离力气很轻，故意把声音弹奏得很小，秦王感觉奇怪，就朝他走来，坐在他身旁倾听。高渐离不动声色，秦王靠得足够近了，但他还是继续演奏下去，他唱到荆轲练剑读书的情景，唱到他们在闹市中喝酒大笑的情景。听得自己泪流满面，听得秦王政也感慨万千，唱到高处，高渐离忽然举筑砸向秦始皇。盲眼的高渐离并没有能扑杀秦始皇，筑摔得粉碎，碎铅散落一地。他隐忍数年，就是为了今日这毫无把握的一击。

引荐荆轲的田光曾经说："血勇之人，怒而面赤；脉勇之人，怒而面青；骨勇之人，怒而面白。荆轲，神勇之人，怒而色不变。"不知道身处黑暗之中的高渐离，是哪一种勇敢之人。当他举筑的一瞬间，人们看见的是哪种颜色。

秦王政诛杀了高渐离，终生不敢再靠近六国之人。

高渐离虽然没有实现除暴夙愿而被秦王政杀死，却表现出勇于抗暴除恶、杀身成仁以报知己的英雄气概。司马迁的《史记·刺客列传》中记载了古代有名的刺客，有曹沫、专诸、豫让、聂政和荆轲，他们每个人都是为了报答权贵人士的知遇之恩才去行刺的，只有高渐离，是为了报答知己，才执着地继续行刺秦始皇。只有他的行刺是和"知遇之恩"毫无关系的行动，不为权势者所用，只为答谢知己。

水淹大梁灭魏国

秦灭六国的第四个战略目标是魏国。

魏国的始祖是毕公高（周文王第十五子），轩辕黄帝的嫡裔。武王伐纣之后，毕高被封在毕，后代于是就以毕为氏。公元前 661 年，晋献公把魏地封给毕万，让他当上大夫，世世代代为晋国的上卿，直到春秋末年，三家分晋。魏国当时的疆土很分散，主要地区是“河东”地区和“河内”地区，两个地区之间的通道是上党。魏国四周邻国有秦、赵、韩、郑、卫、齐。国都初在安邑（今山西省夏县西北禹王城），魏惠王时同韩国交换领土，并迁都大梁，使魏国在中原的土地连成一片。

魏国的第一位国君是魏文侯，在位五十年。魏文侯在战国七雄中首先实行变法，任用李悝、吴起、乐羊、西门豹等人，富国强兵，抑制赵国，改革政治，发展经济，连败秦、齐、楚诸国，北灭中山国（今河北西部平山、灵寿一带）。西取秦西河（今黄河与洛水间）之地，开拓大片疆土，使魏国一跃为中原的霸主。魏文侯任用吴起为大将，采取武卒制，精选士兵进行训练，建立了一支强大的军队，对魏国初期的强盛起到了重要作用。更为重要的是，魏文侯任用李悝主持魏国的变法工作和法制建设，获得了富国

韩赵魏三家分晋

强兵的显著成效，影响了后来的诸侯国，他们以魏国为蓝本纷纷效仿。魏文侯还积极笼络士人阶层，尊贤重士，拜子夏为师，把儒的地位提到了从来未有的高度。魏文侯在政治、经济、文化、军事上的策略，开创了战国时期的变法运动，使魏国成为战国初年最为强盛的国家。

魏惠王即位后迁都大梁，积极兴修水利提高农业生产，开创了选拔“武卒”的制度，礼贤下士，再度实行改革，魏国国力进一步增强。魏国不断东征西讨，夺取了大片土地，公元前343年，魏惠王率领诸侯朝见周天子，正式标志着魏国成为新一代的霸主。然而魏惠王在位后期，魏国在同齐国的桂陵、马陵两次大战中均遭受惨败，魏国的军事实力大损，再也无法恢复元气了。

马陵之战后魏国一蹶不振，齐国则加强了对魏国的进攻，魏惠王只好尊齐威王为王，齐威王也承认魏惠王的王号，魏国与齐国的关系缓和。但此时秦国在西边却连续向魏国发起猛烈进攻。魏国此时已经不再像从前那样实力强劲了，独自抗秦已经成为历史，于是公孙衍发动了“五国相王”，希望联合韩、赵、燕与中山国，组成五国联盟，共同抵御大国的进攻。然而就在当年（前323），楚国就向魏国发起进攻，“五国相王”仍然不敌楚国，在襄陵被楚将昭阳打败，丢失了八座城邑。“五国相王”可以算得上是早期的“合纵”运动，魏惠王遭受大败，对“合纵”不再感兴趣，转而听信了张仪的游说，和秦国联合，拜张仪为国相。魏惠王此举是想利用秦国的力量对抗齐、楚的压力，张仪却是要魏国投靠秦国。后来两国的意见没有达成一致，再次开战。

之后公孙衍代替张仪成为魏国的相国，公元前318年，公孙衍发起合纵，韩、赵、魏、燕、楚五国联合，对抗秦国，推举楚怀王为纵长。后来齐国也参加进来，但是由于联军组织不严密，最终被秦军击败。次年，秦国派遣樗里疾在修鱼（今河南省原阳县西），把韩、赵、魏三国军队打败，斩杀八万人，这次“合纵”以失败告终。

魏惠王“使太子自为相”以及信陵君魏无忌的专权，表明贤能之士在魏国已不再得到重用，因而在同秦国的斗争中接连失利。

秦昭王即位以后，魏国更是屡战屡败，丢城失地。到了秦王政即位，秦军已经攻取了魏国许多战略要地及城池，形势对魏国十分不利。

秦王政十五年，秦、赵交战，李牧虽然率领赵军赢得了胜利，但赵军的实力也受到极大削弱，在这种情况下，魏国慑于敌军的威胁，于次年被迫将部分土地献给秦国。

秦国在这个时机攻击魏国，是有其原因的。一、韩国处于天下之咽喉的位置，正好挡住秦军东进的道路，秦军要扫平六国，首先必须灭韩；二、赵国在六国之中实力最强，是秦国的主要障碍，秦军下了血本才使其军事实力受到重创，必须趁其元气受损、尚未恢复时，一举攻灭；三、灭赵以后，秦军抵达燕国边境，之后发生的荆轲刺秦，更使得秦王政下定决心要将燕赵一起铲除；四、魏国在军事上已无力同秦军抗衡，而灭亡魏国知州，秦军在对楚作战时就不会再有后顾之忧。此时攻击魏国，已是水到渠成。

公元前225年，秦王政派王翦之子王贲为统兵大将，将魏都大梁城包围。此时秦军接连攻克韩、赵、燕三国，兵锋正劲，而被围困在大梁城中的魏国军民，则处于孤立无援的境地。魏军依托城防工事，拼死防守，秦军强攻无效。王贲考虑到大梁城临近黄河与鸿沟，没有继续攻打大梁，而是引来洪水，将大梁城包围成一座孤岛。三个月后，大梁城墙出现塌陷现象。魏王假只好坐着小舟，出城请降。

魏国灭亡。

超级大决战打败楚国

楚是秦兼并六国所面临的又一强敌，秦国接下来的目标是楚国。

楚国，又称作荆或荆楚，楚国祖先族姓芈，熊氏。春秋时期，楚庄王亲政后，励精图治，任用孙叔敖大胆革新，让楚国的实力迅速强大起来。楚作为中国南方的大国，物产丰富，兵员众多，曾与晋国长期争霸，不断兼并土地，是一个领土辽阔、实力雄厚的强国。战国初年，楚国的疆域在“七雄”之中仍居于首位。然而自从吴起变法失败后，宗室贵族一直把持着楚国的军政大权，致使楚国政治日益腐败。在与秦国的对抗中接连失利，丧失大片土地。

秦在攻取巴蜀后加速建设，从而使巴蜀成了秦国攻楚的前哨基地，秦将白起发起了一系列军事行动，使得楚国的实力受到了严重的损失。

但是楚国此时仍然是东方的一个大国，具有相当强的军事实力。有个成语叫作“朝秦暮楚”，说的就是秦楚两个大国相互对立，经常作战，有的诸侯小国为了自身的利益与安全，时而倾向秦，时而倾向楚。即所谓“凡天下强国，非秦而楚，非楚而秦”，连横成功秦就会称帝，合纵成功楚就能一统天下。想要攻克楚国，依然有相当大的难度，所以在秦国尚未扫平中原地区的其他国家之前，不会贸然发动灭楚的战争，以免韩、赵、魏联合起来，使秦处于腹背受敌的境地。秦灭魏国之后，中原地区已尽入秦国之手，攻楚时的后顾之忧已不复存在，秦王政便立即下达了对楚国发起全面进攻的命令，一次空前大决战即将展开。

秦王政很重视这场战争，为此他将秦国的著名将领全部召集起来，商讨作战方案。秦王政得意地说道：“消灭楚国，需要多少人马？”

李信抢先回答：“最多不过二十万人！”李信年纪轻轻，但就在不久前曾以数千铁骑在辽东追击燕太子丹，立了奇功，此时更想要把握住这次机会，立下赫赫战功。秦王也很赞赏他，又向王翦询问看法。

“必有六十万，否则不可轻言灭楚。”王翦回答。

六十万人，几乎达到秦国可以动员的全部军力，而楚国早已没落，此时又正在内讧，所以秦王政认为不需要这么多的兵力。王翦见建议没有得到采纳，还遭到奚落，心里很不是滋味，便请求告老还乡，秦王政批准了他的请求。秦王政二十一年（前 226），秦将王贲率军进攻楚国北部，开道击魏，揭开了攻灭楚国的序幕。这年，秦王政又派李信和蒙武率二十万大军，乘楚国内讧之际，分兵两路进攻楚国。李信进攻楚国的平舆（今河南平舆北），蒙武进攻楚国的寝。

进军之初，秦军进展顺利，两军在城父会师，合兵一处。楚王派将军项燕率军抵抗。

项燕是楚国的名将，下相（今江苏宿迁东南）人，勇而有谋，西楚霸王项羽的祖父。他见秦军气势正盛，便避免同秦军正面交锋，转而进攻南郡，调动秦军。李信率军出征，却没想到项燕乘秦军兵骄不备，跟踪反击，“三日二夜不顿舍，大破李信军”。项燕所率的楚军占领秦军的两座壁垒，斩杀秦国的七名都尉，秦军大败。

李信的大败使秦王政大为震怒，同时也让秦王政认识到楚虽已衰弱，但毕竟地广人众，仍具有一定实力，并非轻易可灭。为了统一大业，秦王政亲自到王翦的家乡请他出山。

王翦见秦王政屈尊前来，心里早已明白，秦王政又一再赔礼，诚恳地请自己复出。王翦再次提出：“要想让老将出马，非六十万人马不可。”秦王答应了王翦。

王翦与秦王政同车回到咸阳，出征那天，秦王政送王翦至咸阳城外的霸上。辞别时，王翦再次向嬴政提出请求：“请大王多多赏赐田地和财宝，老将想在还能打仗的时候为子孙多求点儿资产。”秦王听后，哈哈大笑，也答应了他。

王翦率大军东进，在出关之时，先后五次派出使者，请秦王落实赐给封赏的事情。有的人很不理解，便问他：“将军如此要求封赏，不是有些太过分了吗？”

王翦回答说：“王生性多疑，如今秦国全国士兵尽交到我手中，我不向秦王要求赏赐，难道坐视秦王对我产生疑心吗？”

公元前224年，王翦率大军抵达前线，取代李信获得指挥全部秦军的大权。王翦采取了坚壁自守、避免决战、养精蓄锐、伺机出击的作战方针。

楚王听说以后，下令调动楚国的全部军队，交给项燕统率，抵拒秦军。楚军多次向秦军挑战，秦军始终不肯出战。

王翦与项燕都是盛极一时的名将，在此大战期间，自然都不肯轻易犯错。秦军远道而来，立足未稳，而不久前又兵败于楚，挫伤了士气，所以不肯轻易出击，王翦是要养精蓄锐，然后伺机而动；项燕的挑战，并非是求胜心切。他深知秦军战斗力强，数量又远超楚军，王翦又是名将，极会用兵，打持久战对楚军并不是件好事，应该趁秦军立足未稳尽快结束战斗。

在王翦与项燕的智斗中，王翦以他的坚壁不出而把握了主动权，并渐渐形成优势。

楚军求战不得，时间一久，斗志松懈，项燕只好率军东撤。王翦见项燕移师，抓住时机，下令秦军以排山倒海之势全线出击，穷追不舍，大破楚军主力于蕲（今安徽省宿州东南）。项燕被王翦大军围困，不得突出，无奈自杀。秦军乘胜追击，在不到半年的时间里，攻取了楚国大部分领土。

公元前 223 年，王翦率军攻入楚都寿春，俘虏楚王负刍，楚亡，秦设楚郡。

吞灭齐国完成大一统

秦国已经吞灭了五国，现在只剩齐国了。

齐国之所以苟延残喘到最后，是由其地理位置和秦国“远交近攻”的策略所决定的。在秦国攻伐其他国家时，齐王建保持“中立”政策，等到韩、赵、燕、魏、楚相继灭亡，齐国也走到了末路。

齐国一度是诸侯国中最强盛的国家。武王伐纣，周得天下，封姜子牙于齐地营丘，于是有了齐国。姜太公到了封地之后，发展经济，使齐成为大国。到齐桓公执政，拜管仲为相，在国内实行改革，民富国强。在“尊王攘夷”的旗号下，齐桓公“九合诸侯，一匡天下”，为春秋“五霸”之首。春秋末年，齐衰落，卿大夫相互兼并。周安王十一年（前 391），齐康公被放逐到临海的海岛上，田和自立为国君，成立田氏齐国。

战国时期，齐仍然是东方的大国，疆域的北面和东面濒临渤、黄二海，南与越、鲁等国交界，西北和燕国相连，西与赵、卫二国为临，国都在临淄。

公元前348年，齐威王以邹忌为相，在齐国实行社会改革，重视发展农业生产，在桂陵、马陵两次大败魏军，达到了富国强兵的目的，其他诸侯在震惊之下，把齐国的土地全部归还。齐宣王即位后，齐国的国势达到鼎盛时期。

然而之后的齐滑王对外穷兵黩武，对内诛杀贤能，使得国家动荡不安，齐国国力下降，内外交困。公元前284年，燕昭王拜乐毅为将，联合赵、韩、魏、秦五国之兵大举伐齐，连续攻克齐国七十二座城池，并攻入齐都临淄，齐滑王被淖齿所杀。在六个月的战斗中，齐国只剩下莒、即墨两座城池。

公元前279年，燕昭王死，燕惠王以骑劫代替乐毅，齐人乘机在莒城发起反攻，一举收复失地，将燕军驱逐境外，然而齐国元气大伤，从此一蹶不振。

公元前265年，齐襄王死，君王后所生之子建即位，也就是齐王建。在秦国兼并六国战争中，他坐视不理，奉行绝对中立的态度。齐国的这一政策，正中秦国的下怀。

在六国之中，齐国在最东面，远离秦国的领土，再加上齐王建的中立政策，使它收到了“四十年不受兵”的效果，然而当秦国消灭其他几国之后，齐国的末日也就来临了。

秦王政六年（前241），中原各国为打破不利局面，以图生存，尽最大努力再一次组成赵、魏、韩、燕、楚五国联军，由赵将庞援指挥攻秦。而齐国却依附秦国，拒不出兵。后来吕不韦突袭楚军大营，各国纷纷撤兵，庞援对齐国依附秦国的做法非常不满，率军攻取齐国饶安（今河北盐山东南）后才回赵国。

到齐王建十六年（前249），后胜窃得了相国的位子，实际上掌握了齐国大权，齐国就更坚定了坐以待毙的路线。后胜被秦国重金收买，并派大批宾客到秦国去。秦又用重金对这些门客贿赂，行反间计。这些门客回到齐国后，与后胜一唱一合，竟然向齐王建提出去咸阳朝见秦王，向秦王表明中立的诚意，那样一来，即使没有一兵一卒，也可以永葆江山了。齐王建在后胜一伙的蛊惑之下，竟然真的不远千里去朝见秦王。

公元前237年，齐王建抵达咸阳。此时吕不韦已被解除相国职务，秦王政刚刚开始亲政便得到齐王建的朝见，感到十分高兴，他知道，齐王的朝见，实际上是承认了齐国对秦国的臣属地位，在秦进攻其他国家时，就不用担心齐国会去救援了。秦王政在咸阳宫为齐王建举行了盛大的宴会。齐王建尽管是入秦朝见，但毕竟是一国之君，因而按两国国君见面的礼仪安排宴会。秦王政在极度兴奋的心情下，接待了这位来自东方的齐王，并在齐王建回国时赠送给了他很多贵重的礼物。

七年以后，秦军俘虏韩王安，灭亡韩国，开始了相继灭亡天下诸侯的一系列战争。齐国也坚持中立政策，面对各国的求援，绝不行动。五国逐一被灭，终于轮到了齐国。

早在公元前 225 年秦军灭魏之后，秦军便奉命驻扎在齐的西部边境历下（今山东省济南市西），其战略意图已不言而喻。然而秦国灭亡楚国的战争此时正处于相持阶段。秦王政为调集王翦向他提出的六十万甲兵，一时抽不出手来，因而齐王建又得以苟活几日。

公元前 221 年，秦将王贲从辽东郡灭亡燕国归来之时，奉秦王政之命南下进攻齐国。秦军进入齐境后，没有遇到任何抵抗便进入齐都临淄。其他五国都已灭亡，秦兵也终于进入了临淄，齐国哪里还有人敢抵抗呢？齐王建不得已只好投降。而他降秦以后，被迁居于共（今河南省辉县北），与充当秦军俘虏的其他五国诸侯有点儿不同。

齐国的百姓怨恨齐王建不做准备，不与诸侯合纵攻秦，听信奸臣的谗言，以至于国家而亡。他们编了一首歌谣：“松耶？柏耶？住建共者客耶。”由于齐王建被迁居的共地在松树与柏树之间，所以百姓在歌谣中唱道：“是松树哇？还是柏树哇？齐王建居住共地的原因，大概是由于那些大臣门客吧？”辛辣地讽刺了齐王建不能选贤用能，导致误国误民的后果。

齐国的灭亡，标志秦王政一统天下的大业全部完成。

“六国宫室”集于咸阳

秦国每打败一个诸侯国，便派画师把该国的王宫描画下来，照原样重新建造在咸阳北面的斜坡地带，南临渭水，从雍门以东直到泾、渭二水，殿屋间天桥回廊相连。还把从诸侯手中得到的美人、乐器充实到宫室，总数达到数万人，整日鸣歌奏乐。秦王政对待六国诸侯的态度也各不相同，有少部分人因为顽强抵抗或是触怒秦王被杀掉。《列女传》曰："秦杀假。"魏王假可能是因为顽强固守，城破之时就被当场杀掉了。所灭六国中，秦王政对魏国最严厉，除了魏王外，还追杀魏国的所有宗室子弟。

赵国灭亡后，赵王迁被秦始皇流放到今湖北省房县。后来赵代王嘉也被俘虏，秦王让赵嘉的儿子赵公辅前往西戎，世代居住在天水（今属甘肃），形成一个望族，西戎尊他为赵王。

韩国被灭时，由于韩国没有大规模抵抗，所以对待韩王安比较温和。秦国将被俘虏的韩王安迁离韩国，移居陈郡，离韩国首都新郑不远，目的是为了向韩国遗民表示怀柔。

秦王政把齐王建安置在边远的共地，居住在荒僻的松树、柏树之间，不供给齐王建食物，齐王建最终被活活饿死。

大部分的六国贵族都被调集到咸阳，有的则被关进大牢，成为囚犯，为秦国的国家建设效力。

和秦始皇后来残暴的名声相比，秦国对待六国诸侯算不上苛刻。依照一般的思维来说，秦王政可能会将他们斩杀殆尽，但是秦末农民战争中，六国诸侯的子弟都出现了，说明大一统的时候，六国的宗室都得以保存下来，没有受到毁灭性的打击。其实这是秦国出于政治目的而采取的手段，虽然没有采取大规模杀戮的方式，却限制了他们的自由，防止他们东山再起。六国诸侯丢失了国土和王位，被当作俘虏和囚犯，尊严丧尽，诗句“咸阳侯——没彩”就是讥讽他们的。

六国宫室的建造，是否是对诸侯的讽刺和炫耀呢？还是秦王政在显示自己的权威？对于这些，人们都不得而知。

二十世纪六七十年代，考古工作者多次在西安市渭城区发现出土有六国风格的建筑材料。如窑店镇的宫室遗址出土印有“楚”字的瓦当，怡魏村有“齐”字的瓦当，柏家嘴有“燕”字的瓦当，很有可能就是这一宫殿的遗存。从地形上看，这一带也和史书的描述完全吻合。六国宫室和阿房宫一样，毁于项羽熊熊燃烧的愤怒中，司马迁写《史记》时，这些宫室已经荡然无存，但是他有可能去过当地，实地考察过建筑遗址，才描述得如此确切。

文字瓦当是考古断代的重要依据，有的学者作出了以瓦当上的国号来推测国家的判断。陈直在《秦汉瓦当概述》一文中辩证说“卫字瓦当为未央宫卫尉官署所用之瓦”，否定了上述观点，但大多数人依然认为“楚”字和“卫”字的瓦当是六国宫室的建筑遗物。实际上秦国建造六国宫室，不仅仅是仿，而是融合了秦的建筑技巧，使之既保留原有风格，又能和咸阳宫的建筑风格协调一致，是对当时各国建筑风格和技巧的整合，代表了当时建筑学的新水平。

咸阳北阪六国宫室的建造，对后世产生了深远的影响。北阪是指咸阳一道山塬，咸阳北阪上集中了主要的西汉皇帝陵墓，因为汉高祖长陵、汉惠帝安陵、汉景帝阳陵、汉武帝茂陵和汉昭帝平陵都在这一地区，所以也称五陵原，位于今天陕西省咸阳市北部，西起兴平市，东到高陵县，北接泾阳县，南达渭河北岸，东西长约四十千米，南北最宽处约十三点五千米，总面积约五百平方千米。五陵原地势较高，土壤肥沃，地势开阔，自然风光绝佳，被历代统治者视为风水宝地，成为皇家陵墓区。

西汉时期，富家豪族和外戚都居住在五陵原附近，所以后世诗文常常用“五陵年少”来称呼那些京城中的富家子弟。李白曾有一首《少年行》，说的就是五陵少年的生活：

五陵年少金市东，银鞍白马度春风。

落花踏尽游何处，笑入胡姬酒肆中。

韦庄的《少年行》里也写道：

五陵豪客多，买酒黄金贱。

醉下酒家楼，美人双翠幰。

挥剑邯郸市，走马梁王苑。

乐事殊未央，年华已云晚。

“五陵少年”爱喝酒，其中不乏性格豪爽之人，整日买醉。李白说，长安阔少在金饰市场的东部游玩，骑着白马踏着银色的马鞍得意扬扬。马蹄踏遍长安的落花不曾停歇，他究竟是去哪儿呢？他笑着进入了异族歌姬的酒坊中。李白和韦庄刻画的是豪爽倜傥的少年形象。据汉代历史学家班固《汉书·地理志》里的说法，他们独特的生活态度，正是六国之人迁徙到这里才形成的。

六国宫室虽然已经损毁，但这一建筑群融合了各地的特色文化，是中国古代文化交流的一个开端。

“大一统”的历史原因

秦灭六国，实现了全国统一，秦王政也完成了“大一统”的伟业。

中国历代王朝曾有多位帝王实现了“大一统”，包括秦朝、西汉、东汉、西晋、隋朝、唐朝、元朝、明朝和清朝。《三国演义》开篇便说“天下大势，分久必合，合久必分”，中国之所以会形成大一统的格局，是有自身原因的。

第一，中国很早就形成了对“中”的偏爱，政权一开始都集中在中原地区。中国的中原地区位于欧亚大陆的东部，这里东有大海，西有青藏高原和荒漠，北有西伯利亚高寒区，南有南海和热带高温区，因此中原地区自然成为亚洲东部的地理中心。

中原地区处在北纬三十度到四十度之间，这里能够看到最明显的天象之一就是北斗星的绕极旋转（北极星为天中，黄帝族的图腾星就是北斗星，并以“斗为帝车”），这种天象给古代中国人的启示就是要在大地上建立一种四方环绕中央的社会结构。相传武王伐纣胜利后的第一件事，就是重新确定天下之中所在地，最后选定黄河与洛水交汇处的洛阳为中土。这个选择可能有实测的依据，因为洛阳与东海之滨和青藏高原边缘的距离大体相等，洛阳与燕山山脉和长江的距离也大体相等。

中国古代特别注重中土、中原、中州，中原与四夷（东夷、南蛮、西戎、北狄），以及由此而扩展延伸的四海、九州、神州、天下。中国人很早就拥有大一统的哲学理念和政治抱负，例如孔子倡导的合而不同、天下一家以及后来衍生出来的“修身、齐家、治国、平天下”。

东周开始之后，周王室渐渐衰微，只保存了天下之主的名义，却没有实际的控制能力，各国诸侯开始竞争。春秋战国从公元前770年开始，直到公元前221年结束，其间战火纷飞，社会动荡不安，人民渴望结束战乱，为统一全国提供了民意基础。

第二，春秋战国时期冶炼技术提高，铁器开始出现，生产力提高了，民族、地域之间的联系不断加强。西周时期，道路和渠道纵横交错，把土地分隔成方块，形状像“井”字，因此称作“井田”。井田属周王所有，分配给庶民使用。领主不得买卖和转让井田，还要交一定的贡赋。而随着生产力的提高，各诸侯积极开发私田，私田的兴起，架空了井田，诸侯国的实力加强。生产力的提高，要求出现新的生产关系，而这一切的首要前提就是实现统一。

七国之中，秦国最强，拥有实现“大一统”的实力。秦国本来只是一个边陲小国，甚至得不到诸侯的承认，但后来一跃成为战国霸主，雄视天下，许多中原大国反而衰落下去。韩、魏等国看似处于优越的中原地区，实际上却被各国包围，要面临来自各方的压力，实力慢慢被削弱。而秦国处于汉中平原，东边是潼关，函谷关，南面是峭山，易守难攻。秦国后来发起的几场大战，也都是在别国境内展开的。一开始诸侯国没有在意，等意识到秦国的威胁想要联手讨伐秦国的时候，已经无法攻下秦国了。在这样的地理优势下，秦国得以不断发展经济，储蓄实力。

第三，秦国一直秉持着变法图强的意识。秦孝公任用卫国商鞅进行变法，秦国从此变得富强，变法的观念深入人心。由于变法的实行，人们的生活得到了极大的提高，所以得到了广大人民的极大支持。奖励农耕和军功，使得秦国拥有统一六国的基本资本。

第四，秦国多明君，从秦穆公开始，秦国君主一直重视人才，并不惜重金从别国引进。他们善于倾听客卿的意见，制定正确的战略方针。对秦国的发展强大起到重大作用的人物有以下几个：秦国历史上著名的人物如秦穆公时期的百里奚，楚之南阳宛人，以及由余等贤能之士；秦孝公时期的公孙鞅；秦惠文王时期的张仪；武王时期的甘茂、樗里疾；昭襄王时期的范雎，包括秦王政早期的吕不韦和李斯，武将中的王翦父子、蒙氏家族等。

贾谊在《过秦论》里说："及至始皇，奋六世之余烈，振长策而御宇内，吞二周而亡诸侯，履至尊而制六合，执敲扑而鞭笞天下，威振四海。"秦王政的成功不是他一个人的功劳，而是六位秦王努力多年积攒下来的优势，使秦王政有了统一的条件。

与此相对的，是六国君主的腐朽不堪，"合纵"离心离德，最终瓦解。韩王将韩非拱手让出，赵王自毁长城，替换廉颇、杀害李牧，甚至还有齐王建这种天真地想要保持"中立"的君主。腐朽到这种程度，六国君主又怎能抵挡得住雄才大略的秦王政呢？

经过十年的统一战争，秦王终于在公元前 221 年实现了大一统。综上所述，秦灭六国是多方面原因造成的。同时也是历史发展的必然趋势。秦国的战略不是冒险行为，"大一统"顺应了时代的潮流。完成统一之后，战争得以暂时停止，人民可以将重心放在恢复多年战乱造成的千疮百孔的农业生产和经济上。

CHAPTER

第五章 倚仗历法集中皇权

5

嬴政用雷霆之势灭六国，完成了史无前例的“大一统”，给他带来了极度膨胀的自信心和自豪感，他决心创造一个前所未有的全新称号，让自己的功名大业得以传之万世，以至无穷。为了加强统治，稳固江山，他自称“水德”之君，采取措施预防六国的反叛。他废除了奴隶制社会一直使用的礼乐制度，独尊法家，开创了法治国家的先河。

“始皇帝”开创帝制时代

秦人的祖先伯益，在唐尧、虞舜时期，曾经建立功勋，被封给土地，受赐姓嬴。到夏朝、商朝时衰落了。公元前 770 年，周平王东迁，秦襄公因护送有功，获得立国的资格，那时的秦国还只是一个地处西部、十分落后的小诸侯国。然而过了五百五十年后，秦国终于吞并了所有的诸侯国。公元前 221 年，秦王政建立起中国历史上第一个统一的专制帝国。

秦王政在灭六国的战争中，收缴六国兵器，迁徙六国富豪、贵族于咸阳。当天下一统之时，天下的秩序已初步安定。秦王政认为，大一统是前无古人的事业，即将建立的大帝国，当然也应由他一手来缔造。于是，秦王政把立国建置提到了议事日程上。此时的秦王政志得意满、睥睨天下，统一之后他发布的第一道命令，就是“议帝号令”，使心中的梦想变成辉煌的现实。大一统的实现，给全国带来了一个全新的局面，同时也带给秦王政以巨大的成就感和满足感。据《史记·秦始皇本纪》记载：“始皇自以为功过五帝，地广三王，而羞与之侔。”

参加这次御前会议的大臣有丞相王绾、御史大夫冯劫、丞相李斯等人。这些人辅佐秦王政多年，早已领会了他的意图，极力迎合秦王政，讨他欢心。

他们议论说：“大王平定天下，实现一统，自上古以来未曾有过，就连三皇五帝，也比不上大王的功业。古有天皇、地皇、泰皇，泰皇最尊贵。臣等请求王为泰皇，命为制，令为诏，天子自称曰朕。”三皇，指燧人（燧皇）、伏羲（羲皇）、神农（农皇）；五帝，指黄帝、颛顼、帝喾、尧、舜。三皇五帝，指的并不是真正的帝王，而是原始社会为人类做出卓越贡献的部落首领或部落联盟首领，后人追尊他们为“皇”或“帝”。道教则把他们奉为神灵，以各种美丽的神话传说来宣扬他们的伟大功绩。

显然，参与议帝号的大臣没有完全领会到秦王政的心意。秦王政已经明确提出，让他们商议“帝”号，也就是说他要称“帝”是已经确定了的事，现在只是要他们商议应该称什么样的“帝”。当年，秦始皇的曾祖父秦昭襄王想要称帝，但是当时只有周天子才能称王，他自称“秦昭襄王”就已经是严重的僭越了。他心里非常想称帝，但不知道时机是否成熟，心里没底。最后为了避免四面树敌，秦王和齐王约定一起称帝，并约定共同攻打赵国。秦昭襄王称“西帝”，齐湣王为“东帝”。但在诸侯的强烈反对下，齐王只称帝两天就退缩了，转而攻打宋国，留下秦昭王一人被人唾骂。秦昭王见情势不对，只好灰溜溜地结束了这场闹剧。这种遗憾在当时是秦昭王不得不承受的，而现在，六国已灭，他要做天下之主，还有谁能阻止呢？可是，大臣却没能领会到秦王政的意思，“泰皇”这一称号虽然尊贵，但世间已经有了三个“皇”，秦王政要做古今唯一，要传之万世，就一定要有一个亘古未有的名号。

“皇”是煌的本字，下部分为灯座，上部分为灯光，灯火辉煌的意思，引申为“天”和“神”的意思。古代的三皇是伏羲、神农和黄帝，他们终究脱离不了肉身凡人的局限。“帝”却不然，“德合天地曰帝”德行修养与天地比齐的时候才能称为“帝”，“帝”是宇宙的创造者和主宰者，秦王政认为，他的功业前所未有，德与天高，理应称帝。

秦王政有了决定，他说：“寡人功盖三皇，德高五帝，就叫‘皇帝’。”他认为他的功业是前所未有的，所以要用

伏羲是古代传说里中华民族的人文始祖，是中国古籍中记载的最早的王，是中国医药鼻祖之一。

一个全新的称号来标榜自己的功绩。他说："寡人作为天下的第一位皇帝，帝号就叫'始皇帝'，大秦子孙以二世、三世，代代相传，至于万世。"只是他的"万世基业"的梦想最终没有实现，他的王朝在二世就垮台了。但是在中国之后两千多年的历史里，"皇帝"的称号却保留了下来，代代相传，被各朝代的最高统治者沿用下去。

皇帝之命称"制"，令称"诏"，天子自称"朕"，这是采纳了王绾、冯劫、李斯等人的建议。从此，"制""诏""朕"便成为皇帝的专用名词。"制曰可"是秦王政对王绾等人建议的一个补充，意思是群臣有所上奏，皇帝如果同意了就批个"可"字。同时，秦始皇追封他的父亲庄襄王为"太上皇"。

秦始皇是对中国历史作出过巨大贡献、产生过巨大影响的封建皇帝。首先，他顺应历史发展潮流，灭六国统一了中国，结束了春秋战国以来封建诸侯割据的分裂局面，为我国统一多民族国家的建立与发展奠定了基础，符合历史发展的要求。

其次，大一统国家的形成，提供了一个较为安定的社会环境，为社会经济的恢复与发展、为各族人民的安定生活和相互交往提供了有利条件，符合各族人民的共同愿望。

在秦始皇统一中国以前，虽然也存在过夏、商、周等名义上统一的国家，但是无论从民族形态、政治结构还是社会经济形式来看，都不是真正意义上统一的专制主义中央集权的大帝国。中华帝国的形成，是从千古一帝的秦始皇开始的。而且从秦始皇开始，中国长达两千年的封建帝制也确立了下来，一直被沿用到清代。

采用"五德终始"理论

秦始皇当上皇帝之后，成为秦王朝的最高统治者。为了使帝国更加名正言顺，他采用了当时流行的“五德终始”理论。

“五德终始”理论是中国战国时期阴阳家邹衍所主张的历史观念。

“五德”是指五行木、火、土、金、水所代表的五种德行。“终始”指“五德”周而复始的循环运转。邹衍说：“五德从所不胜，虞土、夏木、殷金、周火。”木克土、金克木、火克金、水克火、土克水。当时的人们常常以这个学说来解释朝代和历史的变迁。后来，皇朝的最高统治者常常自称“奉天承运皇帝”，当中所谓“承运”就是意味着五德终始说的“德”运。

周德是火德，按五行相克的说法，水能克火，所以取代火德的应当是水德。这种说法，在《吕氏春秋·应同篇》里就已经提到了：“代火者必将水。”因此秦始皇要宣布取代周朝，只能说自己获得了水德。由于水为黑色，所以秦朝崇尚黑色。

除了宣扬“五德终始”论之外，秦始皇还需要在征兆上做足文章，以彰显自己登位是上天的旨意。按照《吕氏春秋》的说法，在帝王兴起之前，上天必定会显示出征兆来。例如获有土德的黄帝崛起之前，有大螾大蝼作为征兆，获得火德的文王有金乌衔着丹书聚集在周社作为征兆。秦始皇宣布自己得到了水德，他也想找到一个征兆，让人们能够更容易接受秦国的统治，但秦国统一时并没有什么异乎寻常的事件发生，一时间难住了秦始皇。不过这些一点儿也难不住他的臣僚。《史记·封禅书》里记载：“秦始皇既并天下而帝，或曰，‘黄帝得土德，黄龙地螾见。夏得木德，青龙止于郊，草木畅茂。殷得金德，银自山溢。周得火德，有赤乌之符。今秦变周，水德之时’。昔秦文公出猎，获黑龙，此其水德之瑞。”秦始皇的大臣拿出了五百年前的事，说当时秦文公出猎的时候捕获了一只黑龙，就是秦获得水德的征祥。照着这种说法，秦代周而立是早就确定了的，秦始皇不过是把早已注定的事情实现了。这种解释实在太过牵强，如果五百年前的事也能当作征兆的话，那为什么不在五百年前就统一全国呢？

只能说，“五德终始”是一种很好用的愚弄人民的理论，寓意深刻，使用起来又很方便。它既可以解释过去的王朝兴替，又为现在的统治者提供了理论依据。只要他宣布自己获得了可以取代前朝的新德，他的政权便有了天意的保障，看起来就更合理了。

秦始皇之所以迫不及待地使用“五德终始”理论为自己粉饰，是因为它有肯定皇权的作用。它宣称，只有得到“德运”，才能成为天子。反过来说，成为天子的人一定是有某种德运的，这样天子的资格就成为天意了。

在征服六国的过程中所引起的仇恨，并没有随着六国的灭亡而消失，秦始皇迫切需要这样的理论来为自己正名，平息人民的怒火和反抗意识。在六国的遗民中，楚人的怨愤最为强烈。楚国地大物博，民风强悍，王翦带了六十万大军才攻下楚国，说明当时楚国仍然有相当的实力与秦国争天下，再加上楚怀王入秦，客死异乡不得归国，楚人都很恨秦国。据《史记·项羽本纪》载，早在楚怀王客死于秦时，楚南公就说过：“楚虽三户，亡秦必楚。”这句话后来成了名言，被反复提起，它不但代表了楚人的坚定信念，又不可思议地与历史演进的过程相吻合：在大泽乡振臂一呼，天下响应的陈胜是楚人，他建立的政权称为“张楚”；率江东子弟渡江，成为抗秦主力的项羽也是楚人，他建立的政权称为“西楚”；总领群雄，收拾河山，建立一个空前统一大汉王朝的刘邦也是楚人。

秦始皇在利用“五德终始”理论的时候，却忽略了它的另一面。五德终始理论固然有肯定和加强皇权的作用，但也明确否定了永享江山的可能，因为德运是会转移的，而且是上天的旨意，人力无法挽留。这样一来，秦始皇“二世三世至于万世，传之无穷”的希望就成为不可能了。

秦始皇迷信五德学说，结合法家思想，采用严刑峻法，再加上无休止的沉重的徭役，最终导致了秦王朝的迅速败亡，实际上否定了秦始皇万世王朝的梦想。按照五行学说，木、火、金、水、土五行是与春、夏、秋、冬、仲夏五季相配合的，水对应的季节是冬季。在冬季，太阴之气起主导作用，太阴之气是使万物凋零的肃杀之气，主杀的太阴之气就顺势对应到人间的严刑酷法。因为秦是水德，所以法律制定得非常严苛。韩非提倡以法治国，但秦国在实际中的作为，已经偏离了韩非的主张。韩非主张的“法”是规则的意思。强调不可违法，违法必罚。秦始皇的“法”却突出了严苛、残酷的一面，其制定又是靠着皇帝的意志，规则已经扭曲了。

自从秦始皇首次使用“五德终始”来愚弄人民，后世接近两千年的封建帝王也毫无保留地沿用下去。在北宋中期儒学复兴时代思潮的影响下，由欧阳修发起的正统之辩使五德转移政治学说遭到了前所未有的冲击。他在《正统论》里做了仔细的分析，从理论上推翻了五德学说。

天下只有公平与正义才能消除人们的疑虑，让人不怀有私心。内心没有偏私，疑虑得以消除，那么是非之争才能平息，正统自然清楚明白。那些封建帝王用来麻醉人民的学说，可以置之不理。

销天下之兵铸造金人

秦始皇灭了六国，在中国大地上建立起一个空前的大帝国，为了实现自己当初宣布子孙称二世、三世以至万世，代代承袭的宏伟愿望，他坐稳皇帝后始终在忧虑和思考着如何确保长治久安，使江山传之万世的问题。他需要有一个安定的社会秩序，特别是防止六国残余势力死灰复燃。为了达到这一目的，秦始皇下令将天下的兵器全部收缴，集中到咸阳，铸成十二座铜人。《史记·秦始皇本纪》记载，秦始皇二十六年（前 221），“收天下兵，聚之咸阳，销以为钟鐻金人十二，重各千石，置廷宫中”。贾谊的《过秦论》也有“销锋铸鐻，以为金人十二”的故事。

秦王政是凭借着手持兵器的秦军将士统一六国的，在兼并战争中，六国庞大的军队都逐一瓦解了，却留下大量兵器，必须要收缴这些武器，防止它们散落民间，酿成后患，因而下令将六国兵器全部收缴，有私藏者严惩不贷。兵器总量实在太多，运至咸阳齐聚一处，已经堆积如山。

六国已经全部覆灭，不再需要这么多的兵器，更不允许有人用它们来危害自己的江山社稷。可是到底该如何处理呢？秦始皇陷入了苦恼之中，谋士也提不出什么好的意见来。

传说有一次秦始皇在阿房宫里观看舞灯笼和各种杂要，正在看得高兴的时候，忽然一队杀气腾腾、手拿刀剑的武士上场表演，这触动了秦始皇的心病。这时候，恰巧李斯进来禀奏消息，说是临洮有一个农民自称见到十二个巨人，而且当地还流传着一首童谣：渠去一，显于金，百邪辟，百瑞生。秦始皇听后，龙颜大悦。于是他顺应天意，下令将兵器全部融化，重新浇铸成十二个铜人。

秦始皇正式登基之后，下达了熔铸铜人的命令，工作随即开始。熔铸十二铜人，在当时是一件大事，文献中也不乏其他记载。《五行志》的说法是：秦始皇以临洮出现十二个身高五丈、穿夷狄服装的巨人为祥瑞，所以做金人十二来祭拜天神。这种说法，带有传奇色彩，司马迁作《史记》时未予采取。史料中有关铜人的称谓很多，大概有以下几种：钟鐻、金人、钟、金狄人、翁仲、铜人等。称铜人为钟，是说铜人是空心的，敲击可以发出声音。

至于铜人的重量，史料中记载："重各千石。"石是秦时的重量单位，一石为一百二十斤。秦时的一斤等于二百五十六点二六克，千石大概有三十吨。关于铜人高度史料记载有三丈和五丈两种说法，分别是"高三丈"和"有大人长五丈……铸而象之"。这就是说铜人的高度有两种可能：一种可能是三丈，大约为八点一二米；另一种可能是五丈，大约为十三点七米。

阿房宫复原图

从史料上来看，铜人的相貌应该是狄人相貌，服饰也是狄服。夷狄是古人对中原以外地区的称谓，在今天甘肃的临洮附近。秦长城西起临洮，临洮在长城内，也就是说原来的夷狄人已经成了国人。将铜人造像成夷狄人，倒也很合理。《长安志》上说"坐高三丈"，也就是说，铜人是坐姿，而且五丈的人坐下来差不多也就三丈了，前面关于铜人高度两种说法的矛盾也就能解释得通了。

铜人的胸前和背后都有铭文，上面写着：“皇帝二十六年，初兼天下，改诸侯为郡县，一法律，同度量。”铭文是由李斯撰文，蒙恬书写。李斯是丞相，蒙恬是大将军，可见档次之高。古人喜欢在铸造金属器皿的时候，加上铭文，铸造如此大的铜人，铭文更是必不可少。从史料中零星铭文的内容推断十二个铜人应该均有铭文。

至于所铸铜人的数量，由于秦王朝是“度以六为名”，而所铸的铜人要立于宫门前通道的两侧，所以当然是要铸成十二个铜人了，两侧分别放六个。

在冶炼技术还不甚发达的古代，要铸造这样规模巨大的十二座铜人可不是一件容易的事，简直可以称得上是奇迹。当时的秦人究竟要怎样才能办到这件事呢？北京大钟寺有一口明代永乐时期的铜钟，高五点九米，重约五万千克，内外铸满佛经，被誉为“钟王”。学者研究认为它是采用地坑法铸造的。地坑法就是在地下挖个大坑，做成模具，然后将熔化的液态金属倒入坑中，等到金属冷却，再挖开地坑拖出来。铸造小的物品时，这种方法很好用，但是如果铸器太大，就算铸好了也无法从坑里取出来，更何况是批量浇铸。面对这个问题，伟大的劳动人民想出了解决的方法：在地上建起一座高台，在台中心做坯，之后再拆掉高台，就可以轻松取出铸器。

十二座铜人现在已见不到实物，关于它们的下落，说法不一。有人认为，当初西楚霸王项羽在攻克秦都咸阳后，曾经火烧阿房宫。在火烧阿房宫时，把这十二座金人也一起烧熔了。

然而司马迁在《史记·秦始皇本纪》中却说铜人在西汉时期移到了长安，立于长乐宫门。这种说法就推翻了第一种说法。《关中记》云：“董卓坏铜人，馀二枚，徙清门里。魏明帝欲将诣洛，载到霸城，重不可致。后石季龙徙之邺，苻坚又徙入长安而销之。”东汉末年，董卓锤破十个铜人，用来铸小钱，余下的两个铜人徙至清门里；魏明帝时想把余下的两个铜人徙至洛阳，载到霸城时因过重无法运载前行，后来石季龙将它们徙至邺地，苻坚则继续徙至长安后销毁，如此等等。此外，《长安志》《三国志》也说是董卓毁了铜人。

史书中记载，铜人铸成之后，分列两旁，立在阿房宫前。它们浑身雕有精细的花纹，金光闪闪，威风八面，日夜守护秦王宫殿。每一个见到的人都会被深深震撼，它们威慑天下，宣示太平，表达了永不用兵的美好愿望，但很可惜，始皇帝登基之后，没有将这一初衷延续下去，太平也没有真正到来。

迁天下豪富于咸阳

为了清除可能的反叛，防止六国之人再次兴起，除了烧熔天下之兵，铸成十二座铜人以外，秦始皇还采取了一个措施，那就是将六国的富豪全部迁移到咸阳，《史记·秦始皇本纪》记载："徙天下豪富于咸阳，十二万户。"所谓豪富，指的豪强巨富，超级富有之人，十分有钱的人。当时的豪富主要包括六国的贵族和各地的富商大贾。

长平之战，是周赧王五十三年至周赧王五十五年（一说是周赧王五十五年农历四月至九月，又一说是周赧王五十四年年初至五十五年九月），秦国名将白起率军在赵国的长平（今山西省高平市西北）一带同赵国军队发生的战争。赵军最终战败，秦军进占长平，并且坑杀赵国降兵四十万。

春秋战国时期，各国的贵族是世袭的官爵，享有特权，同时也非常富有。历史上的秦国军队经常以杀戮彰显功绩，比如秦昭王四十七年（前

260）的长平之战，赵军被俘四十余万，被白起全部坑杀。秦王政十三年，桓齮攻赵，杀赵将扈辄，斩十万。可是从此时开始，直到六国全部灭亡，也找不到秦军大肆屠城或屠戮六国宗室的记录了。而且当时的领兵大将是王翦，不像白起背着“人屠”的臭名声。可以推测，在秦始皇全面发起歼灭六国的战争中，六国的贵族并没有遭到严重或致命性的打击，得以保全性命。六国灭亡后，秦始皇对六国旧贵族仍然不放心，把他们视为扰乱天下安宁的祸乱之源。

春秋战国时期商人资本积累的主要来源是远程贩运、囤积居奇、亦工亦商。其利润流向分为生息性流向与消费性流向。商人虽然没有贵族那么强大的家族，却也经常活跃在政坛上，当时最著名的商人有：白圭、子贡、吕不韦、管仲、弦高、范蠡。他们几人富可敌国，甚至曾经把持国家大权。尤其是吕不韦，秦始皇亲手将他铲除，自然不会对他有多少好感。

这些贵族和商人在秦灭六国的过程中，并没有与秦军发生激烈的武装对抗，也不敢公开与秦政权为敌，秦始皇找不出理由对他们进行法办，最终，秦始皇从吴起变法中“令贵人往实广虚之地”的做法中受到启发，断然下令，将六国旧贵族强行迁至咸阳。

大贵族和大商人的危害，早在公元前 386 年吴起就对楚悼王说明了。

当时的楚国土地广阔，人口众多，能够调集百万大军，在战国七雄中是一支举足轻重的力量。但政治上的腐败，制约了经济的发展，国力一直萎靡不振。楚悼王即位后，连年遭到魏、赵、韩等国的进攻，不断丧城失地。在极其窘迫的形势下，楚悼王不得不用重礼贿赂秦国，在秦国的帮助下才和魏、赵、韩讲和。面对这种内外交困的形势，楚悼王很想有一番作为，但苦于缺乏变法图强的真正人才和支持者。

就在这时，吴起来到了楚国，吴起通晓兵家、法家、儒家三家思想，在内政、军事上都有极高的成就。仕鲁时曾击退齐国的入侵；仕魏时屡次破秦，尽得秦国河西之地，成就魏文侯的霸业。他为楚悼王分析楚国的弊端时说，楚国贫弱的原因是“大臣太重，封君太众”，也就是说大臣的权势太大，制约着国君的权力，国家的政令到了地方上就无法施行；另外，受封食禄的贵族太多，影响着国家的财政税收。要扭转这种局面，只有尽快变法。楚悼王对他言听计从，于是在楚国实行了吴起变法。

吴起变法打击了楚国大贵族既得的政治、经济利益，遭到大贵族的强烈反对。“令贵人往实广虚之地，皆甚苦之，楚之贵族皆欲害吴起。”吴起把那些权势巨大的大贵族全部迁移到远离国都的荒野之地，使他们苦不堪言，所以都想杀了吴起。

秦始皇迁徙豪富的目的主要是从政治上考虑的。豪富、贵族一旦迁移到远方，他们在原地的势力和影响也随之消失，而他们在当地的产业事实上也被剥夺。原先的六国贵族被迁徙到秦国的国都或国都附近的话，也方便了秦王朝对他们的监视。如此一来，他们就没有办法再积聚力量，阴谋反叛了。正是基于这种考虑，强令富豪迁徙咸阳，秦始皇认为是消除六国贵族在原地所具有的政治、经济实力的最佳办法，秦始皇以法令的形式颁发执行。

据《史记》一书记载，秦始皇强令迁徙富豪，是分期分批进行的：

秦王政二十六年，迁徙天下富豪于咸阳，共十二万户；秦始皇三十五年（前212年），迁徙三万户于丽邑，五万家于云阳。

据《史记·货殖列传》的记载，除上述大规模迁徙豪富之外，也存在其他被单独迁徙的富豪。例如：秦破魏，魏国富豪孔氏被迁往南阳；秦破赵，赵国富豪卓氏被迁往蜀地。

从经济上来看，秦始皇也能够收到“聚天下之富于咸阳”的效果。秦始皇在建国以后，扩建了首都咸阳城，而这些富人和贵族将会把全国各地无可计数的财富带到咸阳，将咸阳变成全国的经济中心。

强迁六国豪富与收缴六国兵器一样，在秦灭六国的战争进程中已经开始，只是到了政局稳定下来以后，才大规模付诸实施。两者都是秦灭六国战争的延续，其目的在于打击六国的反抗势力，稳固帝国的基础，体现了秦始皇在政治上的深谋远虑。

废除谥法，颁行讳制

为了加强君主专制，使皇权独尊，秦始皇宣布废除谥法，同时颁行讳制。

谥法是中国古代的一项制度，起源于周朝。郑樵说："古无谥，谥起于周，周人卒哭而讳，将葬而谥。"谥就是根据死者生前的作为而赋予他一个评价性的名号。比如宋朝的包拯，生前廉洁奉公、铁面无私，且孝敬母亲，死后谥号"孝肃"；岳飞是爱国英雄，率军抗击金兵，位列南宋中兴四将之首，死后谥号"武穆"。谥号的用字非常严格，通常都是寓含善意评价、带有评判性质的称号。

起初只有贵族才能使用谥号，西周时，贵族子弟出生后由父母命名，男子到了二十岁左右算是成年，行冠礼时由嘉宾为他取字，等到死后根据其生前的功过行为，经过众人商议之后确定谥号。谥本是贵族间使用的习俗，后来逐渐演变成为臣下集体评论君主一生功过的制度，有盖棺定论的味道。谥号经集体议定并当众宣布，一经宣布，便难以更改。有功德者可以得到颂扬的美谥，而行迹恶劣者则会永远背负着恶名。

这种制度在春秋战国时期仍通行于各国，孟子说："对百姓太过于残暴，就会给自己的统治带来危险，甚至导致国家灭亡。就算不是很残暴，也会给自身带来危险，削弱国家，这样的君主，人们就给他们取谥号叫作'幽'和'厉'，即使后辈子孙再怎么优秀，也永远不能改变他们所背负的骂名。"可以看到，谥法具有原始民主制的精神，人们可以评价君主，而这种精神与君主专制制度是不相容的，秦始皇认为他是古往今来地位最尊贵的人，所以不允许别人来评判他。

秦始皇追尊他的父亲秦庄襄王为太上皇，接着下令废除谥法。他说："朕听说太古时期，只有号却没有谥，到了中古的时候才有了谥。照这样说来，子孙就能随意议论父辈，臣下也就能私自评价君主了，这种做法是不应该的，朕不允许，从今以后，废除谥法。”秦始皇树敌太多，可能是为了避免死后被人唾骂，所以才废除谥法。而且废除了谥法，也就从制度上保证了臣下不能够再随意评价君主的行为了，皇帝的尊威达到了一个新的高度。

与废除谥法相对应的，是颁行讳制。讳制，就是避讳的意思，是中国封建社会特有的现象。君王或尊亲为了显示威严，规定人们说话中避免直呼其名或在行文中直写其名，而以别的字代替。秦始皇即位之后，确定了一套专用词汇以显示皇帝的尊贵。

在讳制颁行之前，“朕”就是“我的”，没有任何感情色彩，每个人都可以用，“朕”在先秦时代并不等于后世的“余”“吾”“我”之类的第一人称代词。正像顾颉刚、刘起纡两位先生在《〈尚书·汤誓〉校释译论》指出的那样：“朕——甲骨金文中都只作单数第一人称领格（所有格），也就是‘我的’。”如《尚书·舜典》：“汝作朕虞。”意思是“你做我的掌管山泽的官员”。《大盂鼎》（金文）：“勿废朕令。”意思是“不要抛弃我的训令”。《离骚》：“朕皇考曰伯庸。”意思是“我的父亲叫伯庸”。至讳制颁行时，“朕”成了皇帝自称的专用字，别人都不能用了。

“玺”也一样，“玺”是印章最早的名称。秦以前，无论官印、私印都称“玺”。秦始皇制定了一系列等级制度，在少府中设置了专门掌管印章制度的“符节令丞”，规定只有皇帝的印章才能称为“玺”，用玉制成，臣民只称“印”，而且不能用玉制作。汉代基本沿袭秦制，但制度已略放宽，也有诸侯王、王太后称为“玺”的。

其他需要避讳的还有皇帝的名字。例如秦始皇名“政”，正月就不能再称作正月了，得改名为端月。他父亲秦庄襄王名字叫子楚，楚国就得改称为荆国。秦代的制度规定，行文时不许提及皇帝的名字，写“皇帝”“始皇帝”的时候需要另起一行，以示尊敬。此外，秦始皇还制定了一套服饰制度，规定了皇帝的专用服装、配饰、名称等，甚至言行举止都与常人不同。这些烦琐的仪式，正是君主专制的必然结果。

后来避讳制度流入民间，在唐、宋和清朝达到鼎盛时期，渐渐成为一种根深蒂固的习俗，避讳的对象也渐渐增多。起初避讳帝王，逐步发展到避讳长官、圣贤，甚至是家里的长辈。与别人交往时应避对方的长辈之讳，否则极为失礼。到这时，避讳制度已经不再是一种单纯的对人表示尊敬的方式了，而严重影响到人与人之间的交往。

有一则故事说，一个人在与别人聚会时，谈到正开心的时候，他却突然大哭起来，把在场的人都弄得莫名其妙，一问才知道在场的某个人话语中用了他父亲名字的字眼，他不得不以恸哭来表示他因此受到的伤害。

废除谥法，颁行避讳制度，只是秦始皇维护封建统治的一种工具。在他死后，谥号重新启用，发挥了积极的一面，避讳制度则渐渐走向极端，压抑着人们的思想。直至今日，避讳制度作为封建等级观念的代表，仍然具有一定的影响力，它所代表的“人名合一”的迷信思想也仍有一定的市场，这与现代文明是格格不入的。

以吏为师，以法为教

秦王朝文化政策的一个重要特征，是强调“以吏为师”，让官吏当老师，承担文化思想方面的教育，取代民间的私人教学。这一政策的目的是推行法治。

秦朝的指导思想是法家学说，早在商鞅变法时，法令制度就已经相当成熟，对法令的推广也非常重视。“吏民知法令者，皆问法官。故天下之吏民，无不知法者。”语出《商君书·定分》，意思是官吏和民众要想知道法令，都要去问法官。这样的话，全国的官吏和民众就没有不知道法令的了。

秦孝公问商鞅说：“制定的法令，如何能让全国的官吏和百姓都明确了解并奉行呢？”

商鞅说出了四点内容：

一、先要制定好的法令，然后选取那些朴实厚重的人，他们能够使百姓知道法令的具体内容，让他们当主管法令的官吏。他们都是受命上任的，主管各地的法令，如果有人胆敢忘记遵守他主管的法令的名目，就用他所忘记的法令的名目惩罚他。

二、主管法令的官吏，若有变更或死去，立刻就命新人学习法令的内容，为他指出准则，让他几日之内便通晓法令内容，不能合乎法令准则的就用法令惩罚他。

三、若有人胆敢私自勘定法令而增减一个字以上的，就一定要定他死罪，防止人们随意篡改法令。

四、众官吏和百姓若向主管法令的官吏询问法令的具体内容，主管法令的官吏必须明确答复，而且要制一个长一尺六寸的符券，符券上写年、月、日、时辰、所问法令的内容。主管法令的官吏如果不告诉百姓，等到百姓因不知法而犯罪，那就按他们当初询问的那条罪状来惩罚官吏。在询问时，就要把符券的左片给询问法令的人，主管法令的官吏则小心地将右片装入木匣，藏在一个匣子中，用法令长官的印封上，即使以后当事人死了，也依照符券办事。

商鞅首先提出推行法治的根本就是要有一套完备的、可行的法令，其次是要派遣专人来管理法令，加强对他们的教育，负责法令的推行，让天下人都知法而不敢犯法，同时也要对渎职的官吏进行严厉惩处。这样一来，法制就独立成为一套完整的系统，官吏也承当起推广法律的职责来，这是早期的“以吏为师”。

对于法令的保存，他说：“法令要复制一份放在天子的大殿中，殿中专门建立一个禁室，把法令的副本藏入其中，用禁印封上，然后锁住禁室，用封条把它封起来。有擅自开启印封和偷看禁室的法令以及删改禁室法令一个字以上的，都是不可赦免的死罪。接着将禁室所藏法令颁发给主管法令的官吏，每年一次。”

秦朝法令制度规定都城中设置有三个法官，宫殿中设置一个，御史设置一个，丞相设置一个。诸侯和郡县也为他们各设置一个法官和法吏，全都比照都城的制度。诸侯郡县一旦接受禁室的法令，就如同学习询问法令的内容。官吏和百姓想知晓法令的，都询问法官，所以天下百姓、官吏没有不知晓法令的。官吏知道百姓懂法，也就不敢用非法的手段去对待百姓，百姓更不敢犯法来触犯法官。这样一来，秦国的百姓和官吏都只能努力约束自己，服从国家的法令。法治于是得以推行。

商鞅的这一系列措施，使贵族和百姓一样，都置身于法律的约束之下，贵族不敢再胡作非为，失去了原本享有的许多特权。因此，等到秦孝公一死，秦国贵族立即对付商鞅并最终杀死了他。商鞅虽死，但他的法治却一直推行了下去。到了秦始皇统一六国之后，李斯提出建议说，过去诸侯争霸，战乱纷飞，国家没有精力去关注教育的推行，但是现在天下已经安定下来，法令都是从中央制定并推行的，百姓应当努力投身生产，而读书人也应当学习法令制度。私学里的老师，分属于各个不同的流派，有的是儒家，有的是道家，他们的思想并不统一，所以喜欢对国家推行的法令提出批评。这样一来会干扰到法令的执行，皇帝的权力也会受到质疑，在思想领域的统治地位就会发生动摇，这一切都是不可取的。应当让官吏取代原先私学里的老师，让他们发挥推行法治的作用，统一人民的思想。

李斯的主张，是从当时文化思想不统一的局面提出的，这样的主张，和韩非的思想是一致的。韩非在《五蠹》中写道：“明主之国，无书简之文，以法为教；无先王之语，以吏为师。”意思是，圣明的君主治理国家，不需要用其他的文化形式和烦琐的内容，只需要有法令的存在就够了；也不需要靠先王圣贤的谆谆教诲，只要任用官吏来当老师，用法律来教导人民就足够了。

“以吏为师，以法为教”的目的是要人们知法懂法，进而遵守法律。教导官吏和民众懂得法令，回答官吏和民众有关法令的询问，这是执法司法者的重要职责。官吏和民众都明确知道法令的要求，才会用法令来规范自己的行为，从而减少犯罪。民众知道了法令的内容，对于违反法令规定的官吏，就可以依法提出控告，使违反法令规定的官吏受到惩处，官吏也就不敢有违法的行为了。这样，就能达到用法律治理国家的目的。

严刑峻法，统治臣民

秦国以严刑峻法为基本的治国手段，是从商鞅变法开始的。在商鞅变法之前秦国还很弱小，无法与其他六国相比。这时的秦国需一个铁腕人物，带领秦国完成富国强兵的愿望，商鞅适时出现。为了有效推行变法，清扫障碍，商鞅使用了真正的铁血手段，其心肠之硬、手段之残酷，翻遍史书也难以找到能同他比肩的第二人。当时的秦孝公全力支持他，也像他一样铁了心。可以说，他的变法开启了秦国严刑峻法的先河。

商鞅变法的一个重要特点是严刑峻法，轻罪重判。商鞅制定的法令非常严苛，他开创了一种“连坐”法，命百姓五家为一保，两保十家相连，互有纠察检举之责，一家有罪，九家共同举发，若不举发十家连带处罪。凡犯有外患内乱罪，隐藏不告发的，一概斩杀。对作奸犯科者处以腰斩，藏匿者给予和投降叛变分子相同的严厉处罚。凡打架斗殴的，均按情节轻重一律科刑。不从事农耕而专事工商末利者和因懒惰而贫穷者，一律拘捕，妻子没为官奴。

商鞅制定的法律实在过于残酷，以至于被描述为“渭水尽赤，号哭之声动天地”。新法刚开始公布施行时，秦国百姓议论纷纷，有人说新政令不便民，有人说新政令便民，商鞅下令，一律拘押到官府斥责说：“法令既然公布实施，你们应当遵令奉行，说不便民是违抗政令，说便民是谄媚政令，都是扰乱民心，非法之徒，一概放逐到边疆去当戍卒。”百姓从此不敢议论政令。

商鞅残酷的手段，使人们敢怒不敢言，司马光在《资治通鉴》里记载了一段赵良和商鞅的对话，就说明当时商鞅所处的境况。起初，商鞅在秦国做国相时，制定的法律极为严酷，他曾经亲自来到渭河岸边，监察处决犯人，那一次杀了七百余人，渭河变成了一条红色的血河。他担任国相的十年时间里，招致了很多人的怨恨。但当时有秦孝公全力支持他，所以没有人敢对付他。一次，赵良来见商君，商君问他："你看我治理秦国，与当年的五大夫百里奚相比，谁更高明？"赵良说："与其听一千个人说的恭维话，还不如听一个人的直言不讳，就请允许我说出心里话，而您不要加以怪罪，可以吗？"商君说："好！"

赵良坦然而言："五大夫，原本地位低贱，只不过是楚国的一个乡野之人，但秦穆公把他提拔到一人之下、万人之上的崇高地位。他在秦国做国相的六七年里，向东讨伐了郑国，三次为晋国扶立国君，一次拯救楚国于危难之中，累了也不乘车，炎热的夏天也不用伞盖。他在国中视察，从来不带众多的车马随从，也不大耍威风舞刀弄剑。他死的时候，秦国的男女老少都痛哭流涕，连儿童也不再唱歌谣，舂米的人也停止劳动，以遵守丧礼。

"可是现在再来看您。您起初结交君主的心腹宠臣景监，通过他的引见才被孝公重用，最终升为国相，等到您掌权执政，就凌辱践踏贵族大家，残害百姓。逼得公子虔八年不敢出门。您杀死祝欢，又在公孙贾的脸上刺字。您出行的时候，带着大批的车队，更有许多强壮的侍卫在身边护卫。《诗经》中说：'得人者兴，失人者崩。'您做的事，可算不上是以德服人。您的危险处境正像早晨的露水，随时都会蒸发掉，可您却不知道，还贪恋地方的富庶收入。一旦秦孝公有个三长两短，秦国用来逮捕您的罪名还会少吗？"

可是商鞅最终还是没有听从赵良的劝告，只过了五个月就大难临头了。他被捕之后，秦国的贵族给他定下了数条大罪，其中一条就是"开严刑峻法，轻罪重罚之先河"。虽然这只是贵族杀害他的一个理由，但也说明了商鞅执政过于严苛，不得人心。司马迁对他的评价是：商君，其天资刻薄人也。他说商鞅天性刻薄。

商鞅虽死，但他制定的政策延续了下去，秦始皇即位之后，不但继承了这种严苛的政治制度，甚至在很多方面有过之而无不及。《秦律》的条款，涉及当时上自宫廷、下至百姓生产生活的各个方面，其中包括很多十分残酷的刑罚。例如：

徒刑，即剥夺罪犯的人身自由，强制其服劳役。徒刑的最轻等级是发往边境充当斥候，也就是探子。

肉刑，也就是伤害犯人的肢体，对肉体进行惩罚。其中包括黥刑，在面上刺字。刖刑，砍断脚足。宫刑，阉割生殖器。劓刑，割掉鼻子。肉刑源于奴隶社会，在秦国使用得十分广泛，常常与徒刑结合使用。

羞辱刑，《孝经》中说“身体发肤，受之父母，不敢毁伤，孝之始也”。古人重视身体发肤，也就衍生了髡刑、耐刑等专门羞辱人的刑罚。髡刑指剃光头发和胡须，耐刑是指只剃胡须和鬓角，但保留头发。

死刑中包括：戮刑，先对犯人使用羞辱刑，然后斩杀；弃市，也就是杀之于市，丢弃其尸体；磔刑，斩断肢体，最后杀死；车裂，五马分尸；阬刑，即活埋；族刑，通常为夷灭三族。

秦律规定得很严，触犯法律的人很多，汉代的人在描写秦国百姓的悲惨生活时写道：“刑者半道，死者日积。劓鼻盈蔂，断足盈车。赭衣塞路，有鼻者丑，故百姓惊骇，不知所归命。”受刑的人站满了半边大路，每天死去的人尸体堆积在一起，不断增加。削下的鼻子得用箩筐来装，

古代车裂处罚

砍下的脚要用车来拉。城市里，身穿赭衣的囚犯堵塞了道路，由于大多数人都犯罪被削掉了鼻子，反而觉得有鼻子的人相貌丑陋了。百姓整天生活在惊恐之中，不知道什么时候就会轮到自己。

秦国过于注重冷酷刑法，而忽略了宽仁，春秋战国几百年的战乱刚刚结束，中华大地的人们竟不得不再次面临严刑和暴政，最终激化了社会矛盾。秦王朝用横扫雷霆的迅猛态势灭六国，其灭亡竟也异常迅速，真是“其兴也勃焉，其亡也忽焉”。

CHAPTER

第六章 6

称制天下改革制度

秦始皇统一六国之后，面临着建立王朝制度的历史任务，而西周的分封制显然已经不再适应时代的发展要求了。秦始皇首次创立了中央集权的封建官僚制度，在地方实行郡县制，他挥起长剑，使书同文，车同轨，行同伦。他以雄才大略开创性地建立了一个前所未有的大帝国，被后世两千多年的封建王朝沿用下去，无愧于“千古一帝”！

首次创立三公九卿

面对着空前广阔的疆土，秦始皇陷入了深深的思索：帝国已经统一，该采取怎样的方法来统治呢？他已经自称“皇帝”，要建立前人所未能达到的伟大功业，就必须要创立出一种迥异于前朝的制度，设立全新的中央政府和行政机构。

据《尚书·吕刑》记载：原始社会末期，尧和舜都曾经命皋陶担任“士”这一官职，用礼乐制度来教导人民，用刑法来约束他们的行为。大禹接位后，中原各部落逐步形成以夏族为中心的领导集团，他曾经对不听教化多次叛乱的苗族进行征伐，打败了苗军，打死了三苗酋长。那时人民组成的是一个个独立的氏族部落，还没有形成统一的国家，所以“士”还算不上是成熟的国家机器。原始社会的国家机构更多的是一种契约精神，是部落与部落之间的联合。

夏商两代的行政机构，基本建立在奴隶主特权的体制上，体现出行政、军事、司法不分的特点。王也就是天子，是国家的最高统治者。夏朝在中央设立有“六卿”和“三正”。夏启刚刚建立夏朝的时候，便效仿舜的做法，以六个主管各方面政务的官员为主，再配置若干僚属，形成六个简单的行政事务管理机构，简称为“六卿”。司空为六卿之首，后稷掌农业，司徒主教化，大理主刑狱，共工管营建百工，虞人掌山泽畜牧。夏代的“六卿”既管政事，又管军事，职能较多，权力很大。《尚书·甘誓》云：“（启）九战于甘，乃召六卿。”这是“六卿”机构军事职能的体现。

“三正”是分别指“牧正”“车正”和“庖正”。“牧正”掌管全国的农业和畜牧业。夏朝的第六任君主少康就曾经做过“牧正”的主吏；“车正”掌管全国的车辆制造业；“庖正”管理王族的后勤供给。到了周朝还设立了大司寇、士师等职位。

奴隶制国家中央政府的统治范围狭小，中央机构的设置也很简单，这是因为当时的社会比较小，交通又非常不便，华夏民族的交流基本上只在黄河流域的中原地区。而且中央政府和其余的部落只相当于“同盟”关系，对他们的管辖并不是直接的，各部族的事务由首领自我管理。

周朝时期生产力发展，各地间的交流更加畅通，到了秦始皇建立起统一的国家之后，中央对地方的控制力大大加强了，秦始皇统领全国的时机已经成熟。他自称“始皇帝”，确立了至高无上的皇权，接着便设立了各种官职，将各地的权力收归中央，维护皇权至高无上的地位。

首先，他建立了国家最高权力机关——朝廷。“朝”是指宫内皇帝朝见百官、商议并决定国家大事的朝堂；“廷”是指宫外各国家职能部门的办事机关，也称为外廷。朝廷的首脑是皇帝，他凌驾于法律之上，享有至高无上的权力，对国家一切事务都拥有最后决定权。

其次，为了分割臣下所掌握的权力，他建立了丞相、太尉、御史“三权分立”的制度，形成了“金字塔”型的权力系统，处在“金字塔”之巅的自然是他这个至高无上的皇帝。通过这个系统和网络，他把个人的意志凌驾于全国人民之上，把权力的触角伸向天下每一个角落。

丞相最早出现在秦武王二年（前309），《史记·秦本纪》说，秦武王二年，“初置丞相，樗里疾、甘茂为左右丞相”。有时也设置相邦，魏冉、吕不韦等都担任过这个职位。秦统一六国之后只设立左、右丞相，分别由两个人担任，为文官之长，是中央政府中的最高行政长官，在皇帝的直接领导下，负责处理国家的一切日常行政事务。丞相为“金印紫绶”，地位很高，处于皇帝一人之下，百官之上，有自己独立的办事机构，即丞相府。秦朝的首任丞相是王绾（左丞相）和隗状（右丞相），其后是李斯（左丞相）和冯去疾（右丞相）。丞相虽然地位很高，权力也很大，但实际上一切秉承皇帝个人的旨意办事，只起到协助的作用，真正的决断权还是掌握在皇帝一人之手。

太尉为武将之首，是中央政府中的最高军事统领。太尉也是“金印紫绶”，通常由杰出将领担任，地位很重要。太尉有领兵权，但没有调兵权，军队的调动权由皇帝一人拥有。秦国律法规定，调动五十人以上的军队必须持有虎符，否则任何人包括太尉在内均不能调动军队。而虎符一半由皇帝掌管，另一半由统兵将帅或地方长官掌管，调发军队时，须有使臣持符，两符相合，方能发兵。

御史大夫主管监察百官的事务，御史大夫为“银印青绶”。实际上是全国的最高监察长官，并拥有司法审判权。

丞相、太尉、御史大夫作为皇帝处理不同事务的助手，直接对皇帝负责，地位在皇帝一人之下，百官之上，合称“三公”。三公制度实际上是将最高行政权、军事权、监察权三权分开，使他们相互监督，相互制约，但共同为皇帝负责。

三公下面还设有九卿，九卿是指中央部分行政长官，作为中央政府的具体职能部门，分别负责某方面的事务，在夏朝就已经开始设立了。秦朝的九卿是指：奉常、郎中令、卫尉、宗正、太仆、廷尉、典客、治粟内史、少府。

奉常：掌管宗庙礼仪，又称太常。

郎中令：掌管皇帝诏命的传达和皇帝安全警卫事宜等。

卫尉：掌管皇宫的警卫军队，守卫宫殿。

宗正：掌管皇室宗族亲属事务。

太仆：掌管皇帝车辆、马匹，后逐渐转为专管官府畜牧事务。

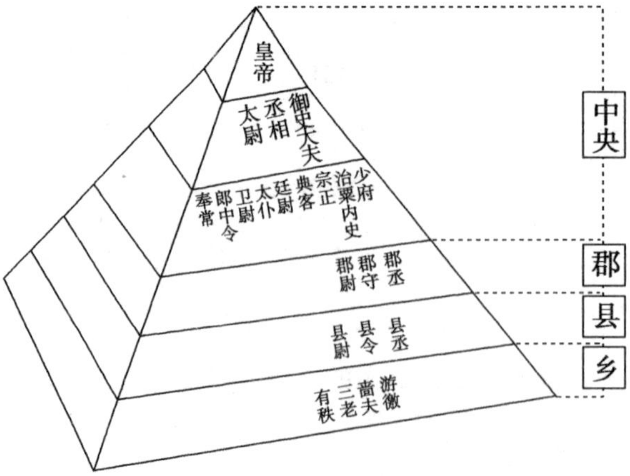

秦三公九卿制

廷尉：掌管刑狱，为最高司法长官。

典客：掌管对少数民族及藩属国的交往事务。

治粟内史：掌管谷物及税收，为全国最高财务长官。

少府：掌管皇室财政。

秦始皇建立的以皇帝

为中心、三公九卿为主干的政府机构有显著的特点。它系统庞大，组织严密，保证了国家的正常运转和对全国有效的统治。他们共同为皇帝负责，同时又互相制约。这种政治结构后来沿用，尽管在权力分工和机构构造上有些变化，但基本没有脱离秦始皇创建的总体框架。

打破成规设立郡县制

秦始皇在统一六国之后，首先要面对的是怎样管理这个庞大的帝国，为此他确立“皇帝”的名号，将天下大权集于一手，设立了三公九卿的中央行政机构，把百官牢牢抓在手上。可是，地方上的行政制度要采取何种方式，却让他一时想不到好的办法。

秦始皇建立了一个空前庞大的帝国，根据司马迁在《史记·秦始皇本纪》中的记载，秦王朝的疆土向东达到大海，临近朝鲜；向西到达临洮（今甘肃省岷县）；向南至“北向户”（指秦王朝南面的疆界已达极南，太阳由北照向窗户。实际指北回归线以南，即今珠江三角洲地区）；北方则以黄河、阴山为界。这样庞大的疆域，皇帝要统治全国，实现秦王朝千秋万代的愿望，就必须想办法使政令通行全国。为了讨论实行何种制度，秦王朝内部的大臣曾经进行了两次激烈的辩论。

秦王朝建立之初，为了确立在地方上的行政制度，秦始皇很愿意倾听群臣的意见，为此他多次召集大臣，在廷议的时候就这个问题进行商讨。大臣在这个问题上形成了两种截然不同的意见：一派以丞相王绾为代表，建议延续古代的政策，分封诸侯；一派由廷尉李斯为代表，坚决反对分封，主张采用郡县制。两派各持己见，互不相让。

王绾向秦始皇建议说：“诸侯初破，燕、齐、荆地远，不为置王，毋以镇之。请立诸子，唯上幸许。”王绾认为，国家才刚刚建立，诸侯也才失败不久，政局还很不稳定，燕、齐、楚国的领土距离都城咸阳比较遥远，如果不分封同姓子孙到各地当诸侯王，恐怕没有办法治理好这些地方。王绾的建议实际上是沿袭西周“封亲建戚，以藩屏周”的理论，要在新建立的秦帝国内部的部分地方恢复西周的分封制。

大臣都表示赞同王绾的意见，只有李斯提出异议。他说，周文王和周武王分封了许多亲戚到各地当诸侯王，想要加强对地方的控制，巩固中央的统治，可是没想到后来这些诸侯国的势力发展起来之后，却与周王室的关系越来越疏远，彼此之间为了利益互相攻伐，连周天子也制止不了。由此可见，分封制正是东周各国混战的根源。现在，全靠陛下的雄才武略和英明决断，才实现了统一，如果遵循古礼采用分封制的话，过不了多久，大秦王朝就会像周王室那样分崩离析。而采用郡县制则不会有这样的情况发生，权力都归于皇帝，不会出现诸侯国征战的局面。对于皇子和功臣，只要赏赐给他们丰厚的待遇，就可以稳定他们的内心了。这样一来，就可以实现战火不起，海内升平了。李斯建议把全国的疆土全部划成郡县，分为若干个级次不同的行政区域，由朝廷直接统治。

秦始皇听了他们的辩论之后，支持了李斯的意见，他说，“天下共苦，战斗不休，以有侯王。赖宗庙，天下初定，又复立国，是树兵也，而求其宁息，岂不难哉！”他说，天下苦战不休，都是因为诸侯国的存在，现在天下刚刚平定，就再次分封，是埋下战乱的种子，等到诸侯国势力起来了，再想平息战乱，哪里还会那么容易。司马迁在《史记·李斯列传》中也肯定了李斯在否定分封推行郡县上所起的作用，“使秦无尺土之封，不立子弟为王、功臣为诸侯者”，是为了避免日后可能会出现的战乱。

在这次讨论之后，秦始皇在全国推行郡县制，据《史记·秦始皇本纪》记述：“分天下以为三十六郡。”他说秦朝当时设立了三十六个郡，但由于年代久远，具体是哪些郡，前人和今人多有争议。在这个问题上，清代学者全祖望在《汉书·地理志稽疑》中的考据比较有代表性，得到众多学者的支持。他在书中对秦郡的描述是：

内史，负责管辖都城咸阳附近的县，不在三十六郡的范围内。

陇西、北地、上郡、汉中、蜀郡、巴郡、邯郸、钜鹿、太原、上党、雁门、代郡、云中、河东、东郡、砀郡、三川、颍川、南郡、黔中、南阳、长沙、楚郡、九江、泗水、薛郡、东海、会稽、齐郡、琅邪、广阳、渔阳、上谷、右北平、辽西、辽东。以上为秦始皇二十六年所设置的三十六郡。

南海、桂林、象郡，是秦始皇二十三年（前 224）南平百越后设置的三郡。

九原，是秦始皇三十三年（公元前 214）派蒙恬征伐匈奴，收回河西四十余县后设置的，但具体时间不明确。

闻中郡，是秦始皇设置的，具体时间不详。

据此，秦郡最后一共有四十二个（包括内史）。郡的下级行政单位是县，难以考据秦县到底有多少个，但可以肯定的是，由于每个县之间的范围大小和人口数量多少都不一样，所以每个郡所管辖县的数量是不一样的。

郡县制是中国历史上第一个完整的行政区划系统，是中国行政制度上的一个划时代的大事件。郡县制下的郡守和县令都是由皇帝直接任免，从而使君主有效地加强了中央集权，有利于政治安定和经济发展。它结束了商周以来一直实行的分封制，避免了诸侯割据、互相攻伐的混乱局面。郡县制对后世有着深远的影响，它奠定了中国古代行政区划的基础。后来的历朝历代虽然在名称和细节上有一些改动，但是从类型上看，它们都是郡县制的变体。因此可以说，中国历史上的行政区划，是从秦始皇推行郡县制开始的。

南方三郡的设置及发展

秦始皇三十三年，秦始皇完成平定岭南的大业，在岭南设立了南海郡、桂林郡、象郡三郡，任嚣被委任为南海郡尉。由于任嚣是首任南海郡尉，同时节制岭南南海、象郡、桂林三郡，故称“东南一尉”。南海郡下设博罗、龙川、番禺、揭阳四县，赵佗被委任为龙川县令。

南海郡主要包括广东的旧广州、韶州、潮州、惠州、肇庆、南雄诸府州，以及高州府北境、广西旧平乐府东境、梧州府东南境，郡治在番禺（今天广东省东南部），汉朝的时候也把郡治设在这里。当时任嚣在今仓边路附近修筑番禺城，史称“任嚣城”(广州之始)。秦汉时期南海郡的行政管辖范围北至观坪石，东至福建的漳浦附近，西至湛江，面积约 14 万平方千米。

桂林郡位置约在今广西一带，面积达 20 万平方千米以上。境内有许多桂树，所以取名桂林郡。桂林郡的行政中心设于布山县(今桂平市西南，根据最新的资料也有可能在来宾市象州县罗秀镇的军田村)。秦朝末年在南越朝的管辖范围内，到了西汉武帝时期，南越国发生内乱，汉武帝派路博德率军南下，第二年南越灭亡，改置郁林郡，郡治仍为布山县。统辖布山、安广、河林、广都、中留、桂林、谭中、临尘、定周、领方、增食、雍鸡等县。即现在南宁、百色及柳州大部分地区，玉林北部地区，河池东部和南部地区。三国时，孙吴分郁林郡置于桂林郡，郡名即以秦朝桂林郡来命名。到了三国时代的末期，吴国最后一个皇帝孙皓于公元前 274 年，分郁林郡为潭中、中留、桂林及武安四县置桂林郡，治所设于武安，辖境在今柳江流域(今广西象州、柳州一带)。

象郡的管辖范围在今天的广西西部和越南中北部，近现代有关象郡位置素有争议，一说是在今日广西与广东雷州半岛，面积达 10 万平方千米以上；一说则指象郡包含了越南境内的北圻和中圻，面积广达30万平方千米以上。《汉书·地理志下》称汉代的日南郡（今越南中部）就是“故秦象郡”。不过南越国被汉朝所灭后，关于汉武帝是否继续在原处复设郡县，人们的意见就不统一了。

三郡在秦始皇时期还比较稳定，受秦朝中央政府的管辖。秦始皇三十七年（前210），秦始皇病死于沙丘平台，秦二世即位。公元前209年，秦朝的暴政激起了陈胜、吴广等人的起义，虽然农民起义很快就被扑灭了，但六国的遗民也趁势而起，接着就是刘邦和项羽之间的楚汉相争，中原陷入了一片混乱状态，任嚣处于边境地区，犹豫不决。公元前208年，南海郡尉任嚣病重，他临死前把时任龙川县令的赵佗召来，对他说：“始皇帝残暴，天下苍生遭受痛苦的时间实在太长了，而秦二世竟更加荒淫无道，宠信赵高，大肆诛杀功臣，我等就算回去救国，恐怕最终也难免一死，而六国之人也不一定会放过我们这些秦朝将领，干脆不要回去。南海郡傍山靠海，有险可据，是很好的地形，可以在这里建立国家，以抵抗中原各起义军队的侵犯。况且这里远离中原千里之外，无论是秦军还是叛军一时之间都无法打到这里来。”他当即向赵佗颁布任命文书，让赵佗代行南海郡尉的职务。不久，任嚣病亡。任嚣在当地做了许多实事，赵佗对他很敬重，于是将他厚葬，并在他的墓旁建了一所庙宇。接下来，赵佗向南岭各关口的军队传达了据险防守的指令，防止中原的起义军进犯，并借机杀了秦朝安置在南海郡的官吏，换上自己的亲信。公元前203年，赵佗起兵兼并桂林郡和象郡，树起大旗建立南越国，自称“南越武王”。越南人把南越国称作赵朝，也称前赵朝。

中原群雄在争夺天下的过程中，都没有精力去管百越地区的秦军。直到刘邦建立汉朝，那时候的中原大地刚刚经受战火的摧残，无力征伐，于是刘邦转而采用怀柔的政策。公元前196年，汉高祖刘邦派遣大夫陆贾出使南越，劝赵佗归汉。陆贾早年追随刘邦，能言善辩，经常出使诸侯。他刚到南越的时候，赵佗对他非常不礼貌。陆贾便拿着赵佗的中原人出身说事，斥责他忘本、不讲礼仪，随后结合楚汉之争的历史，指出南越和汉朝实力上的强弱悬殊，晓以情理，迫使赵佗谢罪。

赵佗问他："我和萧何、曹参、韩信相比谁更高明？"陆贾回答赵佗似乎更高明。赵佗很高兴，又拿自己和刘邦进行比较，陆贾非常明确地对他说："汉王远胜于你。"赵佗本已听说过刘邦的大名，所以没有恼怒，反而对陆贾的说辞非常满意，愿意接受汉朝给南越王的封号，对汉称臣，并留陆贾宴饮数月。陆贾回朝汇报，刘邦非常满意，任为太中大夫。在陆贾劝说下，南越国成为汉朝的一个藩属国。此后，南越国和汉朝互派使者，互相通市，刘邦成功地通过和平的方式使得赵佗归顺，没有成为汉朝南边的敌对势力。刘邦死后，吕后掌权，汉朝和南越国交恶，双方僵持着，互有胜负。

公元前 112 年秋，南越国的丞相吕嘉杀死南越王赵兴，同时也将汉朝在南越国的使者队伍共两千余人全部杀死。汉武帝得知后，非常震怒，于是调遣十万大军，命伏波将军路博德兵分五路进攻南越。这场战争十分激烈，持续了一年，才将南越国最终击败，俘虏了吕嘉。

汉武帝在平定南越后，将原来的南越国属地设置了九个郡，直接归属汉朝。这样，由赵佗创立的南越国经过 93 年，五代南越王之后，最终灭亡了。

确立封建土地所有制

自从商鞅变法以来，秦国的土地私有制得到迅速的发展。《史记·王翦列传》记载：王翦受命攻伐楚国之前，为了避免被秦王猜忌，于是请求秦王赏赐大片田宅，秦王答应了他。君主将土地赏赐给臣下，臣下获得了土地的所有权，这是秦国已实行土地私有制的明证。

土地私有制并不是一开始就有的，奴隶社会实行的是井田制，规定一切土地都属于国家，也就是天子。天子把土地分封给诸侯，诸侯再分给大臣，大臣再分给属民耕种，被分封的这些人只能使用土地，却没有所有权，不能转让与买卖。他们还要向天子承担义务，缴纳赋税。奴隶和庶民占到人口的绝大多数，却连使用权都没有，辛苦耕作所获得的粮食，除了留下少部分作为口粮外，全部上交，几乎不享有任何权利。因此，奴隶制代表的是少数人的利益，奴隶制的土地国有制实质上也已经是一种土地私有制了。

春秋晚期，井田制逐渐瓦解了。促成这一变革的根本因素，是生产力的提高。铁器的使用和牛耕的推广，是当时生产力水平提高的标志。生产力的提高，使大量的私田出现，开辟和耕种，需要大量劳动力，而用奴隶制的办法已不能调动生产者的劳动积极性。为了提高奴隶的积极性，一些贵族开始减少剥削，奴隶们可以占有少量的生产资料，独立经营农业和家庭副业。在这样的环境下，井田被荒废了，周王室也随之衰落。经营私田的奴隶，生活相比之前变得更好了，他们已经是封建农民的前驱了。虽然私田在各国发展得很快，但农民与国家之间的封建关系还没有得到正式确认。

公元前 221 年，秦始皇登上皇位，同时下令“更名民曰黔首”。秦始皇三十一年（前 216）下令“使黔首自实田”。黔首，意思就是“民”“庶民”，在战国时已经广泛使用。“更名民曰黔首”是秦统一后更定名物制度的内容之一。《说文解字》解释说：“黔，黎也。”所以黔首也就是黎民。黔，就是黑色，秦人喜欢在头上扎黑色的头巾，因此而得名。另外有人说，秦国崇拜黑色，黔首就是“大秦子民”的意思。两种说法都很有道理。“使黔首自实田”，也就是命令占有土地的地主和自耕农，按照当时实际占有土地的数额，向封建政府呈报。政府承认私有土地的合法性，并依此征收田租。这一法令的颁发，是为了在全国范围内普遍推行土地私有制度。

中国的封建土地所有制，春秋战国时期已开始形成，到战国时期，正式确立，一直延续了两千多年。封建土地所有制包含三种形式：国家土地所有制、地主所有制和农民土地所有制。

一、国家土地所有制，也就是国有土地。受奴隶制影响，在封建土地所有制下，历代封建政府和皇帝都直接掌握着一部分土地，各朝各代的皇庄、王田、军屯、民屯等都是国有土地，国家土地所有制的规模在北魏、曹魏和隋唐时期最为庞大。国家占有大量的土地，一方面为统治阶级的奢侈生活提供了物质保障，更重要的一方面是为巩固国家政权提供了坚实的经济基础。在封建社会，土地是最重要的生产资料，国家掌握了大量的土地，也就掌握了社会的经济命脉。

二、地主土地所有制，意思是地主拥有土地，是封建社会的基础。在封建社会，地主阶级统治其他阶级的根本即为封建土地所有制。地主，是封建社会的富人阶级，也是封建社会的重要组成部分。他们掌握着绝大部分的土地，然后把土地出租给农民，收取苛捐重税。他们实力强大，把持着国家的主要政权，借助国家政权来保障他们的既得利益。地主阶级成为封建社会的统治阶级、特权阶级，是顺理成章、理所应当的事情。所以，地主土地所有制是中国封建社会生产关系的核心。

三、农民土地所有制，是个体农民的土地。个体农民虽然人数最多，向国家缴纳赋税，服兵役和徭役，是封建王朝财富的主要创造者，所以受到历代封建统治者的重视和扶植，但他们拥有的土地最少，所掌握的财富也最少。但不管怎么说，封建土地私有制确定下来之后，农民的生活有了一定的改善，不再像奴隶一样没有任何权利了。

“使黔首自实田”法令的颁布施行与封建土地私有制度在全国的确立，是秦始皇在土地制度上所完成的一次具有重大历史意义的改革。法令所确立的封建土地私有制度，构成了中国封建社会政治制度和经济基础的核心内容，也是秦始皇对中国历史发展的一大贡献。

统一货币

政治上的高度统一，需要文化上的统一为其提供思想准备，同时也要求经济上的畅行无阻为其巩固基础。秦始皇废除了东方六国的文字，推行小篆，同时也采取了一系列措施来消除经济上的分歧。

春秋战国时期，商品经济取得了前所未有的发展，商品种类空前增多，货币流通十分广泛，出现了许多富甲一方的大商人，而且也出现了一些商贾云集、市场繁荣的著名商业城市。卫国大商人子贡“结驷连骑，束帛之币，以聘诸侯，所至，国君无不分庭与之抗礼”。说的就是孔子的学生子贡，他出行的时候用四匹马并排拉车，带着“束帛之币”，去各国应聘，诸侯都对他非常恭敬。但是当时天下分裂，诸侯各自为政，作为商品贸易的媒介——各国货币在形状、大小、轻重及计算单位等方面各不相同，即使在同一国家的不同地区，货币也不完全一致。就拿铜币来说，流通于韩、赵、魏三国地区的有布币，因形状像铲子，所以又称铲布，流通于东西二周，秦及赵、魏沿黄河地区的是圆钱。加以细分的话，在布币中又分为平首布、空首布、方足布、圆足布和三孔布，刀币又分为圆首刀、尖首刀、针首刀，等等。黄金作为贵重货币，各国计算单位也不一致，有的以斤（十六两）为单位，有的用标（二十两）来计算。

不同地区使用的钱币各不相同，甚至同一地区在不同的时间段，使用的货币也分好几种。春秋时期，楚国最初使用的主要是海贝。这些海贝当时是从沿海各地进入楚国市场的。随着商品流通领域的扩大，楚国出现了三种金属货币形式。铜币：主要是铜贝，椭圆形，背面平，正面凸起，有文字，字形像蚂蚁，两口像鼻孔，因此称蚁鼻钱；银币：以银为币，是楚国独创，币呈铲形，是中原地区货币的特点，由此可见楚国与中原各国商业贸易的密切；金币：史称楚

秦半两钱

金币为郢爰和卢金，又称印子金，即有特定铭文的扁平金版，此外还有无钤印字的金版、金饼等。

全国统一之后，这些形制各异，大小、轻重不一的货币仍在各地流通使用，给各地的商品交换和赋税征收带来很大不便，不利于国家经济的发展和民间的商贸活动。

秦始皇为了统一各国货币，下令废除六国货币，一律使用秦半两钱。《汉书·食货志》上记载：秦国兼并天下之后，将货币分为两个等级，黄金是上币，以“镒”为重量单位，一镒约等于二十两（一说二十四两）；铜钱是下等，名字叫“半两钱”，重量也是半两。而珠玉、龟贝、银锡之类是装饰品或奢侈品，不许当作货币。

货币的种类确立之后，秦始皇还规定了铸造货币的途径，主要包括两种：一是由国家统一铸造，严惩私人铸币，将货币的铸造权掌握在国家手中；二是统一通行两种货币，即上币黄金和下币铜钱。改黄金以“镒”为单位，一镒为二十两，铜钱以“半两”为单位，并明确铸金币明“半两”二字，铜钱造型为圆形方孔。

黄金因其稳定的特性和稀少的产量而不易贬值，却太过于贵重，平民用不起，使用者主要是皇室、官僚贵族和富商大贾，在统一货币之后大量流通于社会的主要是下币铜钱。这种圆形方孔钱原来主要流通于秦国、东周、西周及赵、魏沿黄河地区，流行的地区很广，且易于规范铸造，便于携带收藏，所以秦始皇在与大臣多方研究后，决定将圆形方孔钱加以改造，铸上“半两”之文，作为统一货币推广于全国。因为铜钱的巨大影响，后世称为“秦半两”。

秦始皇时期规定的标准半两钱，根据目前出土资料可概括出以下特征：一、钱的重量大约等于半两，即十二铢，相当于今天的七点八克，一般在八克左右，钱的直径在三厘米以上；二、铜钱上的“半两”是用小篆写成的，非常规范；三、铜钱的周边修磨得比较光滑，可以看出制作比较精良。

秦始皇统一币制后，“半两”钱就成了全国统一的法定货币。“半两”钱外圆内方，正面有凸起的篆书“半两”二字，分别刻在穿孔的两侧，据说是丞相李斯所创，布局严谨，笔画方折。“半两”钱圆中有方，方外有圆，刚柔并济，静动结合，达到了匀称均衡之美的最高境界。

“半两”钱的造型颇有深意，极具中国特色，它是秦朝“天命皇权”的象征。《吕氏春秋·圜道篇》：“天道圆，地道方，圣王法之，所以立天下。何以说天道之圆也，精气一下一上，圆周复杂，无所稽留，故曰天道圆；何以说地道之方也，万物殊类形皆有分职，不能相为，故曰地道方，主执圆，臣主方，方圆不易，其国乃昌。”古人认为天圆地方，圣人根据这个道理来治理天下，而秦朝的统治者认为外圆象征天命，内方代表皇权，把钱做成外圆内方的形状，象征君临天下，皇权至上，外圆内方的半两钱象征至高无上的皇权和皇家的威严。

从此，这种形制为圆形方孔的铜钱便成为秦始皇及以后历代封建王朝流通的主要货币。后来的铜钱虽然印字有所不同，重量也不断改变，但外圆内方的主要形状从未改变。

统一货币，产生了积极的影响。一、加强了全国各地的经济联系，减少了交易成本和遇到的种种阻碍，促进了经济的发展和人民生活的稳定。二、统一货币，是秦始皇建立和巩固中央集权和国家统一的重要手段。统一币制，有利于加强中央财权，便于国家赋税的征收，也可以防止因货币流通不畅而导致的分裂。同时，货币统一也为各民族之间的交流创造了有利条件，促进了民族团结和民族融合。自秦始皇开始形成的统一理念被世世代代的统治者继承下去。

统一度量衡

在统一文字和统一货币工作轰轰烈烈展开的同时，秦始皇又在着手进行统一度量衡的工作了。

度量衡是指在日常生活中用于计量物体长短、容积、轻重器具的统称。测量长短的工具称为度，测量容积的器皿称为量，测量重量的称为衡。度量衡的发展大约始于原始社会末期，因地域和国情不同，计量的方式也不同。传说中黄帝和少昊都曾经试图制定统一的度量衡。度量衡的单位最初与人体相关："布手知尺，布指知寸，一手之盛谓之溢，两手谓之掬。""尺"是长度的一个基本单位，与成人的手臂长度大致相当。早期的人们用肢体来对物体做大致的估算，这时的单位尚且有因人而异的弊病，并不精确。

到了群雄割据时期，各国的内政分开治理，彼此并不相通，因而经济制度也各不相同，度量衡也各有各的标准，就变得更加混乱了。齐国的大夫田桓子极力收揽人心，在灾荒严重的年代，借给民众粮食的时候用大斗，收回的时候用小斗，于是民众纷纷逃往田氏的门下。田氏取代姜氏成为齐国的统治者以后，就用田氏的度量衡取代了周王室规定的统一的度量衡。

在制度上，东周规定的一尺是二十三厘米，但楚国的一尺却是二十二厘米。秦国用升、斗作为量具的单位，实行的是十进制；齐国用的是升、斗、区为单位，实行五进制。魏国的一斗可以达到七千一百毫升，但秦国的一斗却只有两千多毫升。楚国的一斤约合二百五十克，而中山国的一斤是九千六百石。

这样的状况，对于各地经济的沟通显然是不利的。国家派去的官吏在征收赋税之前还要先绞尽脑汁进行汇率换算，而民众在交换物品的时候，也不方便确定具体的量。度量衡的混乱，直接影响国家赋税的征收和全国经济的发展，势必也会影响王朝的稳定与繁荣。对于统一王朝、实行经济管理来说，维持这样的状况是不可想象的。

当新兴势力推行新的度量衡制度的时候，他们都十分重视对器具的管理。如齐国陈（田）氏铸造的禾子铜釜，器上刻有铭文，表明这个“左关釜”的容量是按照仓廪之釜为标准制定的。如果有人舞弊，加大或减少量的时候，都应当被制止，如果舞弊的人不从命，就根据情节的轻重施以处罚。陈纯铜釜并将监制和冶器人名铸在器物上。度量衡的管理条令犹如铸造刑鼎那样铸刻在器物上，可见其态度的郑重。

商鞅执法严明，对度量衡更是如此。商鞅变法前，秦国各地度量衡不统一。为了保证国家的赋税收入，商鞅制造了标准的度量衡器具，统一斗、桶、权、衡、丈、尺等度量衡。要求秦国人必须严格执行，不得违犯。现在流传下来的“商鞅量”，上面刻有铭文，写着秦孝公监造。秦国的一标准尺约合现在的二十三厘米，一标准升约合现在的零点二升。《吕览》云“仲秋之月，一度量，平权衡，正钧石，齐斗甬”，仲秋之月，也就是八月十五中秋节，秦国当时已经统一了度量衡，而且实行每年定时检查的制度。

秦始皇在灭六国之后不久，就迫不及待地宣布“一法度衡石丈尺”，实现度量衡的统一，并将诏书的全文都铭刻在官府制作的各种度量衡标准器具上。这些措施，对于中国各地文化的相互沟通、相互交流有非常重要的意义。

我们现在还能够看到秦朝按照统一标准制作的“权”，其作用与砝码相似，是称重计量的标准器具。在这些秦王朝所制作的“权”上面往往都刻着这样的文字:

廿六年，皇帝尽并兼天下诸侯，黔首大安。立号为“皇帝”，乃诏丞相状、绾法度量，则不一。歉疑者，皆明一之。

大意是说：秦始皇二十六年，皇帝最终兼并了天下的各个诸侯国，让百姓得以安定下来。于是立号为“皇帝”，并让丞相隗状和王绾主持确定度量衡的法定标准，不统一的予以统一。对相关法令有疑虑的，都应当使其明了，以保证执行的一致。

除了作为标准衡器的“权”之外，作为标准容器的“量”，也有这样的文字。此外，还出土了多件有这段文字的诏版。可以看出，秦始皇统一度量衡的法令是非常严肃的。法令在落实过程中，也得到了认真的贯彻。

度量衡的统一有其积极的意义，秦始皇解决了长久以来各地区人们互相交流的障碍，为全国上下制定了统一的、标准的度量准则，第一，为人们从事经济文化交流活动提供了最基本的条件；第二，度量衡的统一方便了赋税的征收，为国家的财政提供了保障；第三，有利于促进国家的统一，消除割据势力的影响，抑制分裂势力；第四，为后来的皇帝统一度量衡奠定了基础。

秦始皇统一度量衡的举措，使得各地混乱的度量衡全部废除，扫除了障碍，促进了经济发展和人们的交流。

统一文字

秦始皇当上皇帝之后，在政治上作出了许多决策，这些决策最大的特色就是高度的统一。秦王朝在思想文化方面的政策也有同样的风格，其中最重要的措施就是统一文字。

已经知道的中国最古老的文字是甲骨文，但甲骨文主要的功能是王室在占卜的时候记事用的，到了商代，金文出现，文字在社会上逐渐普及。金文也叫钟鼎文，是指铸刻在殷商青铜器上的铭文，形制比较一致。但是到了春秋战国时期，诸侯割据，各自为政，彼此之间互不干涉。在诸侯割据的影响下，各国间的陶文、帛书、简书等民间文字也存在着区域中的差异。有时同一个字竟然有好几种写法，如“羊”就有二十多种写法，对文化的交流造成了极大的不便。秦始皇统一六国之后，立即着手于文字的整理工作，力图达到“书同文”的效果，“同”即是指统一。

“书同文”原本是孔子提出的文化理想，孔子的孙子叫子思，他在编撰《中庸》的时候，引述了孔子的话：“今天下车同轨，书同文，行同伦。”“书同文”，成为文化统一的象征。但是在孔子时代，只有周天子有权力改变这些，而按照儒家的说法，“有其位者无其德，有其德者无其位”，有权力改变现状的周天子没有那样的才能，有能力的人却没有权力，所以“书同文”实际上只是一种空想。战国时期，分裂形势更为显著，是因为异体字、简化字太多，随意性大，导致不统一。文字不同也是体现当时文化背景的重要标志之一。正如东汉学者许慎在《说文解字》序中所说，诸侯各自为政，不听从周天子的号令，于是礼乐典籍破坏，天下分为七国，说的语言不能相通，文字也不能一致，在当时东方六国的文字统称为“六国古文”。

秦统一文字为小篆

六国古文，又称东方六国文字，简称古文。战国时代，诸侯国经过春秋数百年的分分合合，形成了秦、齐、楚、燕、韩、赵、魏七个大国和宗周、宋、卫、中山等几个小国，政治、经济、文化的剧变，给文字的发展以深刻的影响。首先，生产力的发展，使文字的使用日益广泛，要求文字简化，在各个地方的简化各不相同；其次，文字使用者扩大到平民，而他们对文字的理解并不那么透彻，便难免写错字形，以讹传讹，就形成讹变字；书写的简捷和文字应用的广泛，便导致字形书写的简化和草率，从而形成省变字；文字有浓厚的地方色彩，必然使地区间文字异形现象突出，因而形成异体字。战国时期，除了秦国文字始终遵守春秋以前正统文字的字形，仅在书写风格上渐趋规整匀称，向小篆过渡之外，其他六国文字与春秋以前相比，字形差异很大，几乎面目全非。六国古书不仅见于简、帛、陶、玺之上，也见于某些王室重器。战国时期各国文字的书写形式很不一致，一字多形现象十分严重。

在诸侯国混战的年代，文字不统一没有人能够改变，但是等到秦始皇统一六国之后，这种情况就不得不改变了。文字的混乱，六国的人甚至不认识对方的文字，秦始皇用秦国文字颁布诏书，到了六国却没人能看得懂，更别提政令的推行了。所以秦始皇统一文字的原因有两个：第一，文字本身混乱，不方便书写和交流；第二，统一文字便于政令的推行，而政令的统一是保证国家统一的前提。

于是，秦始皇灭六国，实现统一之后，便按照丞相李斯的建议，于秦始皇二十六年推行了“书同文”的举措：“秦始皇帝初兼天下，丞相李斯乃奏同之，罢其不与秦文合者。”也就是说，秦王朝以秦国文字为基础，要让天下文字全部统一，与秦国文字不一致的，统统予以废除，以完成文字的统一。

统一文字的政策颁布之后，秦始皇又命李斯作《仓颉篇》，中车府令赵高作《爰历篇》，太史令胡毋敬作《博学篇》，他们根据大篆进行简化或改变，做出来的文字，就叫作小篆。意思就是说要统一文字，废除不同的文字，但是又担心天下人不会写统一的字，所以就让李斯等人写了三部标准的字书，可惜现在那三部字书都失传了，现在能看到的只有在秦始皇巡游时留下的刻石，碑上的字都是李斯写的。

大篆是此前各种文字的统称，包括甲骨文、金文等。小篆与大篆相比，更趋简化，线条圆匀，字呈竖势，是我国汉字的一大进步，也是汉字发展史上一次重要的里程碑。为后来楷、隶、行、草诸书的变革开辟了广阔的道路。唐李嗣真云：“李斯小篆之精，古今绝妙。秦望诸山及皇帝玉玺，犹扶千均强弩，万石洪钟，岂徒学者之宗匠，亦是传国之贵宝。”

小篆虽然漂亮，但是很难写，所以后来人们又整理出一种更为简便的“隶书”。相传隶书是由秦朝的一个小吏整理发明的，他名叫程邈，通晓大篆，一次因得罪秦始皇被打入大牢，他在牢中花了十年时间，把流传在民间的各种书体收集在一起，潜心研究，一个一个加以改进，终于创造出书写便利又易于辨认的三千个字来。他把这一成果呈献给秦始皇。秦始皇看了之后非常高兴，不仅免了程邈的罪，还让他出来做官，提升为御史。由于程邈的官职很小，属于

“隶”，所以人们就把他编纂整理的文字叫隶书。隶书与小篆一起，被当时人们同时使用。

中国文字发展到小篆阶段，轮廓、笔画和结构逐渐开始定型，象形的意味消弱，变得更加符号化，减少了书写和阅读方面的混淆和困难，这也是我国历史上第一次运用行政手段大规模规范文字的产物。秦王朝使用经过整理的小篆统一全国文字，不但基本上消灭了各地文字异形的现象，也使古文字体众多的情况有了很大的改变，这在中国文字发展史上有着重要的角色。

因为战乱的原因，秦王朝早早就结束了，“书同文”的改革一直延续到汉武帝时才逐步走向定性。秦始皇的“书同文”虽然没有完全成功，但已经是一个值得肯定的伟大创举了。

移风易俗

行同伦，是儒家的一种理想状态，指的就是移风易俗。儒家认为文艺具有教化万民、改变社会风气的功能。语出《荀子·乐论》：“故乐行而志清，礼修而行成，耳目聪明，血气平和，移风易俗，天下皆宁。”荀子认为，高雅的音乐可以深深地感动人，使民心向善，改良社会风气和习俗。因此礼乐兼用，才能使社会安定。他强调人性本恶，对于声色犬马的欲望是与生俱来的，只能用音乐去感染，通过音乐促使人的情感自然而然地发生变化，进而达到思想道德的改变，最终实现影响整个民族性格、整个社会风气的社会功能。

冯梦龙在《智囊》中也记载了一个关于行同伦的故事：鲁国有一条法律，鲁国人在国外沦为奴隶，有人能把他们赎出来的，可以到国库中报销赎金。有一次，孔子的弟子子贡（端木赐）在诸侯国赎了一个鲁国人，子贡非常有钱，所以回国后就没有收取国家的赔偿金。孔子说：“赐（子贡的名）你做得不对呀！

圣人所做之事，可以改变风俗习惯，教化万民，而不是把那件事仅仅当成自己的行为。现在鲁国富人少，穷人多，你收回报酬，并不会对你的品行有什么影响，可如果你不收的话，从今以后，鲁国就没人肯赎人了。”子路救起一名落水者，那人为了感谢他，送了一头牛，子路收下了。孔子高兴地说：“这下子鲁国人一定会勇于救落水者了。”

儒家十分看重移风易俗，认为可以改变社会风气，从根本上治理社会。法家对于行同伦的理想也有自己的看法，儒家认为应当用自身的行为和优秀的音乐教育去影响人们，而法家认为应当订立法规，用奖赏善行和惩罚恶行的方式，使得人们趋善避恶。

秦始皇也十分注重对民情风俗的改变，并且认真地实践。在他巡游各地留下的刻石中，经常可以看到要求民间风俗实现统一的内容。“匡饬异俗”“黔首改化，远迩同度”都明确表示要各地的风俗归于统一。为了达到这一目的，秦始皇采用法家的方式，即明确订立法律条令，强制人们实行。

在会稽石刻中有“亲巡天下，周览远方”“宣省习俗，黔首斋庄”的记载，说明秦始皇巡游天下，是为了查看各地，在途中命令当地要改变风俗。有时对当地民俗风情的干预已经达到了非常具体的地步了，比如“有子而嫁，倍死不贞”“妻为逃嫁，子不得母”等，这两句话的意思是女子要坚守贞节，有了孩子以后就不允许再逃走或是嫁人了。

他还刻意为天下百姓树立了一个妇女贞节的典型，她就是巴寡妇清，这个寡妇名字叫清，是四川地区的一个手工业者，家境富裕，丈夫死后，她独撑家业，不再改嫁。司马迁说：“巴蜀的寡妇清，她的祖先得到‘丹穴’，于是经营了好几代人，赚到了好多钱，家产不可计数。清，是她的名字，她独守家族的产业，用财富来保护自己，也不见有人侵犯她。秦始皇对她赞赏有加，认为她是贞洁的典型，并专门为她修建了一座‘女怀清台’。”

在司马迁的记载中，可以了解到巴寡妇清的职业是经营“丹穴”，也就是丹砂矿，是提炼水银的原料，是一个商人，秦国的政策，从商鞅变法开始就重农抑商，秦始皇征发罪人到远方边疆的人当中，往往就有商人。但巴寡妇清竟能得到秦始皇的礼遇，说明她必有超出常人之处，秦始皇陵中使用了大量的水银，这些水银的来源很可能就与她有关。史料记载秦始皇曾在召见她的时候赐给她“旁座”，与自己平起平坐，而当时的丞相也只能在堂下站着。

秦始皇为天下的民众树立了一个榜样，希望天下人都能遵守道德和法令，不做反抗大秦王朝的事。他期望能够直接用强制手段改变风俗，确立有利于秦王朝统治的“法”“令”“轨”“则”，也就是新的文明规范。

统一的国家，必将促进民族之间的经济和文化交往，这种民族融合与统一，是符合历史发展趋势的，是进步的表现，中国历史上已经无数次上演了这一类剧目。然而秦始皇期望用强制的手段逼着人们服从，这就未必合理了，也不一定能收到预期的效果。

对于“风”和“俗”，《汉书·地理志下》写道：“不同地方的民众，性情也会有所不同，由自然条件的不同而造成的行为规范的差异，称之为‘风’，比如‘刚柔缓急，音色不同’，做事的快慢不一样，说话的音调也不一样；而将由社会文化的差异所造成的行为规则之不同，称为‘俗’，例如‘好恶取舍，动静亡常’，喜欢的东西不一样，有的地方的人很活泼，有的地方的人就很文雅。移风易俗是不同的生活习惯经过长久的磨合而慢慢形成的。”

秦王朝在统一的过程中，就已经开始着手于统一风俗了，以法律为手段，用强大的军队作为后盾，强制推行这一政策。

首次建立邮驿系统

中国历史上最著名的信息传递工具当属烽火台。周幽王为了取悦妃子褒姒，有过烽火戏诸侯的举动，使用的就是烽火台。我国商代最早的军事通信方式是击鼓传声。到了商纣王时，才有了使用烽火的记载。烽火台是古时用于点燃烟火传递重要消息的高台，是古代的重要军事防御设施，遇到敌人入侵时可以及时通传消息，白天视力条件好的时候，就点燃可见度高的狼烟，黑暗的夜间点燃柴草，用火光传递消息，台台相连，传递消息。烽火是中华民族曾经使用过的一种非常古老但行之有效的通信方式，在抵抗外敌入侵时发挥了巨大的作用。

烽火台只为军事预警，一般时候绝不允许使用，周幽王就是因为不注重这种预警的作用，以及由此产生的权威，而丢掉了王国甚至是自己的性命。普通的民众无法使用这样的工具，于是发明了另外一种通信方式——邮驿。

邮驿也称驿传，也就是一种讯息的传递过程，是从早期的专人送信演变而来的。从有人类的那一天起，就出现了各种形式的通信活动。早期曾有结绳记事的记载，使用的就是以物示意的通信类型，奴隶社会发展为早期的声光通信和邮传，到封建社会时，中国的邮驿在世界上已居于前列。在早期，送信的方式都是使用专人传递，发展到后来，逐渐演化为“驿置”，这是一种专门从事传送公文的组织，为了减少所用时间，尽快传达信息，所以多使用轻车快马。

秦始皇在统一天下之后，也十分重视邮驿系统的改进。2002 年 5 月，湖南龙山的里耶遗址出土了大批竹简，记载有“洞庭郡”“迁陵以邮行洞庭”，甚至出现“邮人”的字样。其中还记载“十一刻……快行”的字样，体现了当时的邮驿系统对效率的要求。

睡虎地南郡守腾文书的末尾写道：“以次传，别书江陵布，以邮行。”这里记载了两种邮递方式：一种是采用接力的方式依次传递；另一种是由专门设立的邮人送达。秦简《行书律》还规定，传递文书的时候，必须认真记录下收到邮件和送出的日期，方便以后检查。说明当时的邮驿已经形成一个比较完备的系统了。

秦代设立有专门的“邮人”，也就是信使，相当于今天的邮递员，在信件统一送达一个地区之后，由他们分发到具体人员的手上。有的乡只设置一个邮人，因为数量太少，邮人只负责传递重要的政令或者是紧急的军情，其他的多数文书都是由下层官吏和普通民众传递的。

《行书律》中还规定：“隶臣妾老弱及不可诚仁者勿令。”为了保证邮驿能够在预期时间内完成，秦王朝规定不许让年老体弱的人和信誉不好的人来传达信件。说明当时从事邮驿事业的人数远远超过正式记载的邮人人数，大部分人都是采用兼职的方式来完成任务的。

关于信件所使用的材料，史料中也有所体现。东汉有一位著名的文学家、书法家蔡邕，三国时期著名的才女蔡琰（蔡文姬）就是他的女儿。汉献帝曾任命他为左中郎将，所以后人以蔡中郎称呼他。在《玉台新咏》中收录有汉代古乐府《饮马长城窟行》，就是蔡邕写的。诗中写道：“客从远方来，遗我双鲤鱼，呼儿烹鲤鱼，中有尺素书。”中国古代征役频繁，游宦之风盛行。作为反映社会生活的文学作品，出现了大量的思妇怀人诗。这首诗抒发了离别夫妻的思念之情，情真意切，感人肺腑，在民间广为流传，全诗从开始的魂牵梦萦，忧心缠绵，到收信看信，重逢的希望落空，通过多方描写，将复杂而微妙的内心世界作了完整而深入的刻画。而就在思妇的相思苦闷发展到顶点时，诗却在含蓄得近乎平淡的意象中结束，余味无穷。诗中的“双鲤鱼”是指用两块板拼起来的一条木刻鲤鱼，它就是秦汉时期的信封，里面装着一尺多长的“素书”，就是在素帛上面写的书信。这种通信形式被广泛使用。直到唐代，人们还将尺素结成双鲤之形，作为书信的标志。

秦王朝对邮驿作出了突出贡献，制度得以确立，效率有所提高。根据《晋书·刑法志》所载《魏律序》的说法，秦时已有“厩置”“承传”“副车”和“食厨”等有关驿传的法律，其律文对后世有深远的影响。《传食律》规定了为行传（即送递文书的人员）供应饭食、更换马匹的律例。《仓律》中也有关于“传食”“驾传马”及“食禾”的内容。我国邮驿制度经历了春秋、汉、唐、宋、元各个朝代的发展，一直到清朝中叶才逐渐衰落，被现代邮政取代。

修建遍布全国的交通网

秦始皇还统一了全国的交通标准，即所谓的“车同轨”。在秦始皇统一中原之前，各国没有统一的制度，各地的车辆大小和车道的宽窄都不一致，造成交通不便。于是，秦始皇下令统一车辆的大小，修建统一的道路。在他的主持下，全国当时主要修建了五条交通干线，建立了以全国为规模的交通网，经过修整和沟通，把战国时期各国原有的道路都纳入了统一管理的交通系统之中。这五条交通干线分别是：

驰 道

秦始皇二十七年（前220），秦始皇下令修筑以都城咸阳为中心的驰道。驰道，又称“天子之道”，即汉代所说的“中道”，是中国历史上最早的国道。著名的驰道共有九条。

秦王朝交通建设最具有时代特色的成就是驰道的修筑。西汉贾山曾经对驰道有过这样的描述：“道广五十步，三丈而树，厚筑其外，隐以金椎，树以青松。”也就是说，驰道的路面宽度达到五十步（相当于今天六十九米左右），正中央约有三丈的宽度，是皇帝专用的车道，特别做出标示，普通人不允许行走。在道路的两旁每隔三丈种一棵树，主要选用松树。在建筑过程中使用了金属工具夯击，所

车同轨后的驿道

以路基坚实牢固。两侧又高于地面，形成宽缓的路坡。驰道规模庞大，是为了使后世的人们不至于走上歪路。贾山还说，秦王朝修筑的驰道，东方到达燕地和齐地，南面连通吴地和楚地，江河湖海，以及海滨的宫观，都可以一一连通。秦王朝的驰道具有较好的通行条件。为了满足适应高速车队通行的要求，在维护道路的通行能力、养护路面等方面有严格的制度。

近来在河南南阳的山区惊奇地发现有古代的“轨路”。经碳十四测定，系二千二百多年前的秦朝遗留。原理和现代铁路无异，还是复线，用马力拉动。专家都惊叹在二千二百年以前我国古代竟然已经有如此先进的交通设施。秦始皇的驰道用木材铺设，路基夯筑得非常结实，枕木就铺设在路基上。做轨道的木材质地坚硬，经过防腐处理，至今尚完好。不过枕木已经腐朽不堪，显然没有经过防腐处理，材质也不如轨道坚硬，但还可以看出大致模样来。

到了秦朝末年，连年的战争对驰道造成了很大的破坏，汉朝时由于严重缺少马匹，驰道废弛了。秦始皇的驰道，有的在战争中被毁，其余的绝大部分也在战后被拆，成了普通的公路。而且秦朝的驰道实在太宽了，后来许多道路开垦为耕地，变窄了，甚至完全不复存在了。而汉朝长期分封诸侯，没有长途运输的必要，因此就没有组织修建驰道，秦王朝的驰道逐渐废弛了。

直　道

直道是一条军事干线，北起九原（今内蒙古自治区包头市西北），南至云阳（今陕西淳化西北），全部用黄土夯实。直道是连接关中平原与河套地区的主要通道。秦始皇三十二年（前 215），秦始皇命蒙恬率三十万大军北击匈奴，将匈奴驱逐到阴山以北，在匈奴的土地上设置了九原郡。为了防止其再度南下入侵，秦始皇决定修筑直道，以利于边防的巩固。秦始皇三十五年（前 212），命蒙恬率领十万工人开始动工修筑，到秦始皇三十七年（前 210），仅用了两年半的时间，这条长达一千八百里的公路便全部修筑完成。

五尺道

五尺道又称滇僰古道、僰道，是连接云南与内地最古老的官道，为川、滇汉人与古僰人修建的。秦军进军西南地区时，为了有效控制在夜郎、滇等地设立的郡县，秦始皇派遣将军常頞率军筑路，在原来从今四川宜宾通往云南、贵州的小道的基础上拓宽修筑成五尺道。由于山路崎岖险阻，路面只有五尺宽，因此称“五尺道”。虽然只有五尺宽，但沿途山势太险，开凿实属不易。当时尚未发明炸药，只能在岩石上架柴猛烧，然后泼冷水使之炸裂。尽管狭窄，这条道路却是云南与蜀的重要商道，与驰道具有同等重要的意义。

新　道

新道是秦军进军岭南时在今湖南、江西、广东、广西之间修筑的道路。

栈　道

栈道的修筑始自战国秦。秦国为了开发四川，修筑了栈道，蔡泽曾说:“栈道千里，通于蜀汉，使天下皆畏秦。”千里栈道，连通了巴蜀与汉中，如此浩大的工程使天下人都惧怕秦国。栈道到西汉前期共有四条干线，分别是嘉陵故道、褒斜道、傥洛道和子午道，其中褒斜道长二百五十余千米，路面宽三米到五米不等。栈道根据地形不同，采用的修筑方式也不同，或开凿山路，或修建桥梁，或在山崖上搭设木柱支撑木质结构的道路。栈道是川、陕之间的交通干线，历代屡屡修建，发挥了重要作用。“明修栈道，暗度陈仓”说的就是楚汉相争时韩信对栈道的运用。

史料记载，秦始皇规定所有车辆，左右两个轮子之间的距离一律改为六尺。但在实际操作过程中，很难做到如此精确。秦朝的车辆繁多，大小各异，轨距之间又怎会完全相同呢？秦朝的车辆种类分为金根车、安车、高车、战车等。从马匹数来分，又有六马之驾、四马之驾、两马之驾。所以完全统一轨距既是不可能的，也是没有必要的。由此可知，秦朝的“车同轨”是有弹性的，并不是像规定的那样死板僵硬。

秦始皇统一六国后对道路的修筑，不仅有利于巩固边防，而且加强了中央集权，对于秦帝国的政治、经济、文化的交流与发展都发挥了重大的作用。

CHAPTER

第七章 7

千古一帝的是非功过

秦始皇在统一六国之后，作出了许多重大决定。北方边疆面临匈奴的威胁，统治不稳，南方又有百越民族不肯臣服。在战乱刚刚结束时，人心思定，可秦始皇依然发动大规模对外战争，加重徭役与剥削。四处征战，带来的既有封疆拓土的功绩，也有民不聊生的困境，而为了稳固统治所采取的焚书坑儒，更是让他饱受指责。

秦瓯战争秦军受阻

秦始皇在统一六国的过程中就有出兵百越的打算，只是当时中原战事尚未完全结束，秦军还不能向这个地区投入太大的精力，部分军队已开到南部边境做战争准备。灭楚之后，秦国没有了后顾之忧，很快降服了居住在浙江一带的越族，建置会稽郡。接着于统一六国的当年，征服了居住在今温州一带的东瓯和今福建境内的闽越，设置闽中郡。

“百越”这个概念是相当宽泛的，指的是秦汉时期中原人对长江中下游及其以南地区所有种族的泛称，泛指分布于今苏、浙、沪、皖、鄂、湘、赣、闽、粤、港、澳、桂、琼等地的所有种族，因种族众多，因此称为“百越”。“百越”这个名称可以追溯到战国以前，这些民族与中原的华夏民族在生活习惯上有很大的区别，多以部族的形式出现，所以称为“百越”。

东越也称瓯越，位于现在浙江的南部地区，主要以温州为中心。

闽越主要在福建地区，以福州为中心。

南越在岭南地区，包括现在的广东、广西及越南等地，秦灭亡后南海郡尉赵佗建立南越国，后被汉武帝所灭。

西瓯在广西地区。

雒越主要分布在越南北部。

浙江一带的部族，以绍兴为中心。春秋末年，著名的越王勾践灭吴国，越国的实力达到鼎盛，势力范围一度北达齐鲁，南入闽台，东濒东海，西达淮上、赣鄱，雄踞东南，而勾践本人也被称为春秋五霸之一。战国时，越国势力衰弱，公元前 306 年，被楚国打败，就成了楚国的领地。一部分越人逃到福建，有的甚至流落到了越南。

这些地区的社会状况在当时发展得较慢，落后于中原地区，而且各民族之间的社会发展程度也不相同，大多数刚刚由原始社会进入奴隶社会。其首领一般都称“君长”。当时土地公有制已开始向私有制转化，但耕作方式仍相当落后，人们的思想观念及生活习俗也是很原始的。百越诸民族之间无法用各自的语言交流，交往需要借助当时影响面比较广的汉民族语言，今天中国南方很多少数民族的语言仍然保留着诸多汉朝官话的影子。

他们与中原地区的华夏民族在文化上也有很大的差异，有其独特的传统，比如断发、文身、契臂、食异物、巢居、使舟和铜器。在服装上与中原民族也不同。

秦始皇统一天下之前，这些民族与中原人的交流很少，当秦军到达南方后，遭到了抵抗。秦始皇二十五年（前 222），秦始皇在平定楚国之后，命屠睢率领五十万大军出兵百越。

屠睢兵分五路，第一路军向广西和湖南交界的谭城之岭（今越城岭）开进，直逼湘桂地区的可达西瓦族聚居地；第二路军攻占九崇山，之后向西推进；第三路军越过北江，攻打番禺；第四路军先攻占南岭，然后增援第三路军；第五路军向余干（今江西信江）集结，以牵制东瓯，孤立南越。

一场空前的“百越”战争终于爆发了。秦始皇要彻底消灭南方诸地，要在一年之内把百越平定。屠睢是一位智勇双全的战将，他在秦楚战争中指挥有方，颇得秦始皇赞赏。队伍马不停蹄向前开进，几十天后已到达“百越”的边境。这时候他们遇到了困难，山路崎岖，大部队很难顺利通过，战车和马匹成了负担。屠睢命令队伍就地安营扎寨，就这样又向前走了三天。

秦军虽然骁勇善战，但是百越之地山高水长，交通不便，秦军的后勤粮饷很难送达。秦军第一路进展顺利，出兵当年就平定了东瓯和闽越地区，设置了闽中郡。其余四路由于山高路险，河道纵横，行军作战及军粮运输极为困难，加之百越各部的顽强抵抗，相持三年未能取胜。

百越军出战的总人数史料没有提及，但当时的百越之地基本上都是蛮荒之地，原始森林密布，生存环境恶劣，能出战的越人估计只有秦军的十分之一。

秦军五十万大军虽然在兵力和装备上都占绝对优势，但是艰苦的环境令秦军感到了从未有过的压力。秦军大部分都是西北人，不适应南方炎热的气候，在征战时军队里瘟疫横行，部队的战斗力大打折扣。百越军以西瓯军为主力，在首领译吁宋的率领下顽强抵抗，与秦军进行了惨烈的激战，秦军举步维艰，迟迟不能进入越地。在译吁宋战死后，百越军又马上另选了新的首领，并全线退入山地丛林与秦军继续作战。百越军甚至不惜与野兽为伍，宁死不降，他们采取偷袭的方式，切断秦军粮道，使秦军的处境更加艰难。

屠睢对待百越军的政策是残酷镇压，全部杀死，更激起了百越军的愤怒。秦始皇二十九年（前 218），百越军发起反击，秦军大败。根据《淮南子》记载，秦兵“伏尸流血数十万”，而秦军总指挥官屠睢也在现在的广西桂林一带被杀死，战争进入相持状态。

再次出征南抚百越

秦军在进军百越的时候，兵分五路，其中第三路军由主帅屠睢亲自率领，赵佗为副将，从今长沙宜章南下。屠睢对抵抗的人大开杀戒，引起当地的怨愤。秦始皇三十三年，当屠睢来到西江畔的三罗地域（今乐昌曲江一带）时，途经一片大树林，埋伏在那里的百越军乱箭齐发。屠睢身中两支毒箭，从马背跌落，当场死亡。

秦军失去统帅，顿时大乱，被射杀了许多。秦军水土不服，再加上山路难行，后勤给养不便，几乎快要全军覆没。迫使秦军“宿兵无用之地，进而不得退”，惶恐不可终日，以致“三年不解甲弛弩，使监禄无以转饷”，双方一直处于相持对抗的局面，损失都很惨重。根据学术界的讨论，秦军的阵亡人数在三十万上下，剩下的二十万人后来全部退到两广的北部边界一带；百越军的伤亡同样十分惨重，再也没有力量继续发动进攻，双方形成了对峙局面，持续了三年时间。

秦军第一次出征百越，无论是人数还是武器装备都要远远优于百越军，却遭到惨败，最重要的一个原因是山路艰险，粮草没有得到有效的补给。为了尽速征服岭南，秦始皇下令开凿水渠，用水渠作为运粮线路。此项艰巨的任务，由监察御史史禄和三位石匠负责。史禄认为广西兴安附近是湘江、漓江的交界处，适合修渠。秦始皇同意了他的建议。

史 禄

在史禄的主持下，经过秦军与戍发百姓的艰苦劳动，几经寒暑，终于成功开凿了灵渠。秦军的粮草可以从湘江用船运来，通过灵渠进入漓江，源源不断地送至前线，为完成统一事业作出了重要贡献。

秦瓯战争，实际上是秦王朝与整个百越民族的战争，秦军在第一次出战期间，没有做好战前准备和后勤工作，秦军大肆杀伐的政策也激起了当地人民的反抗。秦军虽然占领了广阔的领土，却没有完全掌握该地区，百越军的反抗从未停止，甚至杀死了秦军的统兵大将。等到灵渠修建完成之后，秦始皇再次派军出征，以任嚣为主将。

任嚣到任之后，立即调动一切力量开通道路。秦始皇心里清楚，前线将士的力量有限，不能在对抗百越军的同时消耗过多的力量，要完成这些工程需要更多的人力、物力，于是他下令向百越地区移民，帮助军队巩固边疆的胜利果实，同时这些移民还可以参加道路建设。据史料记载，当时秦军在岭南开通的道路主要有四条。

第一条道路从现在的江西南康开始，途经广西东南部的雄美小梅关，再沿淡水西行，到达番禺。主要关隘有横浦关，也称秦关。这是一条连接南北的主要交通要道，在军事上有十分重要的战略意义。横浦关、阳山关和湟溪关是秦汉时期岭南与岭北交通线上著名的三大关隘，在汉朝的时候毁弃，相当长的一段时期内没有文字记载，尚未发现遗址。

第二条道路从广东阳山西北部起，主要关隘有阳山关。这条道路是在原有道路的基础上进行了加宽处理，同样具有十分重要的战略意义。

第三条道路越过桂岭，桂岭地处今天广西壮族自治区贺州市八步区，北接湖南，东连广东。

第四条道路从湖南零陵西南开始，终点在象郡。

这四条交通干线开通之后，秦军已基本上巩固了对“百越”的统治。秦始皇三十三年，秦始皇在灵渠粮道和四条山道全面开通之后，迅速补足了粮草，征集“诸尝逋亡人、赘婿、贾人为兵”，也就是那些逃亡的囚犯和商人，总数近十万，加上之前留在当地驻守的二十万秦军部队，向百越军发动了最后的总攻。这时的百越军已经没有多少残余力量了，秦军几乎未遇到大的抵抗就占领了全部地区。许多野史说百越军当时只残存数千人而已，可以看出经过秦军的扫荡和几年的武装对峙，百越的几万人马早就消耗殆尽了。

赵佗，（约前 240 —前 137）南越国第一代王和皇帝，公元前 203 年至公元前 137 年在位，号称“南越武王”。

赵佗汲取了屠睢残杀越人的教训，首先推行“和辑百越”的民族亲和政策，团结越族部落，逐渐和越人实现和解，得到越人的拥戴。通过前后数年的战争，秦始皇终于征服了百越地区，建置了南海、桂林、象三郡。之后秦始皇又开始实施开发南部的计划，将大批中原地区的农民和罪犯发配到那里，一起开发这片土地。随着中原人民的到来，过去一直处于落后、贫穷状态的南部有了很大的发展。

秦始皇统一百越，在客观上有利于民族融合和当地的发展。在统一过程中，秦始皇派遣数十万内地人民到南方去戍守，把中原地区先进的生产力带到了南方，促进了当地的发展。在开发百越地区的过程中，修通了道路和灵渠，使长江水系同珠江水系连接起来，对中原地区同南方、西南的经济文化交流起了重要的作用。但是多年的对抗也造成了巨大的伤亡，更别提物质上的损耗了，秦始皇的多次征战，使各地民不聊生，成为农民起义爆发的一个诱因。

河西各部落的胡人

秦始皇统一中国之后，在帝国的北部仍有许多过着闲散游牧生活的少数民族，他们长期与秦王朝的关系都十分紧张，对秦王朝形成了很大的威胁。主要有东胡、楼烦、林胡、丁零、月氏和匈奴。

“胡”在北方语系中的意思是“人”，战国时期，北方的游牧民族统称为“胡”。东胡早在商代初期就出现在中国的北方了，他们使用的语言属于阿尔泰语系。战国时期，东胡的势力范围在燕国东北部，经常袭扰燕国。有史以来，东胡一直是一个强大的部落，与中原的燕、赵两国常有交战，初期匈奴实力远远比不上它，所以向它表示礼遇并朝贡。随着战争的发展，东胡的部分部落被匈奴吞并，直到汉朝建立之后，匈奴著名的首领冒顿单于大破东胡，东胡部落联盟瓦解，各个部落成为匈奴的种族奴隶。但东胡各族并未就此消亡，乌桓山的乌桓族和鲜卑山的鲜卑族，就是东胡主要的部落集团。

与东胡情况相近的还有楼烦和林胡。

“楼烦”又称“烦胡”，是北狄的一支，约在春秋之际建国，其疆域大致在今山西省西北部的保德、岢岚、宁武一带，楼烦的活动范围在林胡的西面。后扩展壮大，其范围大致包括北至现在的内蒙古清水河一带，西达阴山之南，南到山西灵石，东迄河北省平乐县，东南到达太原市区。战国时期，兼并战争激烈，楼烦国依靠善于骑射的精兵强将，始终立于不败之地。受此激发，赵武灵王推行了"胡服骑射"，最终打败楼烦，将其划归赵国。公元前127年，汉朝大将军卫青向北进发，赶走楼烦王，在此置朔方郡，从此楼烦人消失在茫茫的草原中。

林胡又称"林人"，活动地区在鄂尔多斯高原东部，包括今天的伊金霍洛旗、东胜区和准格尔旗及东越黄河到晋北山地森林区。在战国时期，赵武灵王曾与林胡交战，将其打败，从此林胡归属于赵国，但仍在今内蒙古自治区伊盟准格尔旗一带生活。五十多年后，林胡又随崭露头角的匈奴率军来袭，不料被赵将李牧彻底击溃，从此史册中再也没有出现"林胡"这个名词了。

丁零也是我国北方的一个古老民族。这个民族的历史是比较复杂的，传说很多。根据考古资料记载，他们可能长期生活在西伯利亚地区、贝加尔湖地区、叶尼塞河地区和内蒙古南部地区。丁零人善于制作和普遍使用高轮大车，因此晋以后的中原人又称丁零为"高车"。丁零人之所以普遍使用高车，是因为原驻牧地草茂而高，积雪深厚，而且多沼泽。在这种地区使用高轮大车，可以减少阻力，顺利通行。公元4世纪末5世纪初，北魏九次发动对他们的战争，虏获六七十万人，置于漠南各地。还有很多敕勒部落在漠北服属于柔然，最后灭于柔然。

月氏，主要活动区域在甘肃河西走廊一带。敦煌、祁连山、酒泉、张掖等地是他们的领地。秦统一中国后，匈奴无力控制这个部族，他们长期交战，成为北方两个敌对的少数民族。到后来被匈奴攻击，一分为二，成为大月氏和小月氏。由于大月氏处于丝绸之路上，控制着东西方贸易，使它慢慢变得强大。

尽管这几个少数民族与匈奴都有矛盾，也时常发生战争，但他们在对付秦这个目标上基本是一致的，给秦造成了很大的威胁。而在这些北方民族中，最有影响、战斗力最强的就要数匈奴了，主要活动在内蒙古高原上。

按照《史记》的记载，匈奴人的祖先是夏桀的遗民，夏朝灭亡之后，他们向西迁移，在此过程中融合了月氏、楼兰、乌孙、呼揭等二十六国的白种人。

《山海经·大荒北经》称：犬戎与夏人同祖，皆出于黄帝。部分学者根据《史记》的记载，认为匈奴原是山戎、猃狁、荤粥。王国维在《鬼方昆夷猃狁考》中，把历代匈奴的名称演变做了系统的总结，认为商朝时的鬼方、混夷、獯鬻，周朝时的猃狁，春秋时的戎、狄，战国时的胡都是后世所谓的匈奴。

进入西周，作为匈奴前身的山戎、北戎等少数民族开始出现在历史舞台上，与华夏民族开始了相互征伐。公元前 772 年，周王室内乱，太子宜臼与申侯雇用犬戎，犬戎人攻破镐京，宣告西周的灭亡。

从上古到公元前3世纪末，中原各地的国家从奴隶社会逐步向封建社会发展，匈奴也从原先的氏族时代发展到了部落联盟时代。秦王朝建立时，匈奴已过渡到了奴隶社会。但是，久居北方的匈奴发展相当缓慢，经济很落后，北方没有适合耕种的土地，所以匈奴的经济产业以畜牧业为主。他们充分利用骑兵灵活机动的优势，经常侵入中原掠夺内地各民族的财产。在战国时期，各诸侯国基本上对匈奴采取的是防守战略，没有派军队深入其驻地进行讨伐。

进入战国时期，兼并战争愈演愈烈，中原地区形成七个大国，而北方的戎人也开始慢慢融合，形成一个强大的部落。战国后期，赵燕秦等国开始受到胡人的频繁侵扰，为此赵燕秦等国开始在北境修筑长城，以防止北胡的长驱直入。而赵武灵王实行的“胡服骑射”，基本宣告了中国的战争方式从以战车、步兵为主，演变为骑兵和步兵战相结合的方式。

战国末期，赵国名将李牧在赵国边境上所击败的那支北方游牧民族已经开始强大，不是当年流散的北方的乌合之众，在史料上，第一次开始称他们为匈奴。

蒙恬率军北击匈奴

秦始皇理政后，匈奴利用中原各国混战的机会长驱直入，不断向内地进攻，

蒙恬塑像

占领了黄河以南的大片土地，对秦国造成了实质性的威胁。因此，秦国与匈奴的战争一触即发。秦始皇兼并六国后，为解除匈奴对秦的威胁，命蒙恬率三十万大军北击匈奴。

蒙恬，秦朝著名将领。他的祖先是齐国人。蒙恬的祖父蒙骜，从齐国来到秦国侍奉秦昭王，官至上卿。蒙恬的父亲是蒙武，秦国灭楚的时候，蒙武为副将跟随王翦率领六十万大军，在蕲地大败楚军，并斩杀了楚将项燕。随后蒙武又率兵俘虏了楚王。蒙恬的弟弟蒙毅，是秦朝当时的重要文臣之一，官至上卿。秦始皇二十六年，蒙恬初次率军出征，灭了齐国，官至内史。

秦始皇之所以选择蒙恬为主将：一是因为以王翦为首的一批老将已经年迈，不再适合外出作战；二是蒙恬虽然声名不及王翦，但他的才华有目共睹；三是蒙恬作为年轻一派的将领，富有锐意进取的精神，与秦始皇开辟疆土的想法相吻合。

在蒙恬出征之前，秦始皇就着手修建驰道、筹备粮饷。在统一六国的当年，秦始皇就下令在全国修筑驰道，第一条就是通往北地（郡治义渠，今甘肃省宁县西北）和陇西（郡治狄道，今甘肃临洮）。随着始皇帝又设黄（今山东省黄县东）、腄（今山东福山）、琅邪（今山东胶南）三大粮仓，为北事提供后勤保障。

秦始皇三十二年，蒙恬率军出发，北征匈奴。蒙恬对战争形势和具体情况做了分析之后，很快确定了作战方针：匈奴一部分兵力已经侵入陇西河套地区及原赵国边境，心腹大患，如芒在背，必须迅速击破，并将其驱逐至贺兰山脉及狼山山脉以西，以及原赵国所建长城以北。秦军以步兵为主，机动能力比不上匈奴军队，所以不能长途进军，否则就会被匈奴不断袭扰，陷入被动境地，只可步步紧逼。

作战的方针确定下来以后，蒙恬决定先出击河套地区，扫清该地的敌军。他兵分两路，以主力军从上郡（今陕西省绥德县）进入河套北部，而以一部分军力从北地郡（今甘肃省庆阳市）出萧关，进入河套南部地区。等到河套地区的战斗胜利之后，再分兵两路，主力军由河套西北渡黄河，进攻高阙（今内蒙古自治区五原县）与狼山山脉；另一部分由河套西南渡黄河，攻占贺兰山脉高地，以侧应主力军。

秦始皇三十二年夏秋之季，按原定的作战计划，蒙恬大军出发。秦国经过多年的战争准备，攻击非常猛烈。在河套地区的匈奴部队数量不多，在强大的秦朝大军面前毫无反击的能力。到当年冬天，河套地区的匈奴部落已经全部肃清，匈奴残部向西北方向渡河而逃。蒙恬于是将两军推至黄河南岸，度过冬季，以待来年春季的战斗。

秦始皇三十三年初春，蒙恬主力军由九原渡过黄河，攻击高阙与陶山（今狼山山脉），一部分军西渡黄河进入贺兰山脉。秦军步伐整齐，节节推进，一路上旌旗蔽日，黑甲连天，在强大的威势面前，匈奴不战自溃，向北远遁。于是秦赵原被匈奴侵占之地全部恢复。

虽然收回失地，但蒙恬清醒地认识到匈奴人必然不会甘心，会再次来袭，于是他决定先下手为强，主动寻找匈奴人的主力，与之决战。第二年蒙恬亲自率领秦军主力渡过黄河，向阴山和贺兰山高地进发。行军至高阙的时候，发现了匈奴的主力，蒙恬立即组织进攻。匈奴的首领头曼单于正在集结兵力，不料秦军又一次杀来，被打了个措手不及，仓促之间只好应战。匈奴的骑兵呼喊着，挥舞着弯刀杀向敌阵。蒙恬命步兵手持长矛，排列成战阵，最前方的兵士手持高大的盾牌，抵御匈奴骑兵的冲击；弩兵在后，用箭阵射住敌人的进攻态势，步兵与弩兵缓步向前推进；同时派遣骑兵和战车绕至敌军侧翼，用弓箭袭扰。秦军的武器精良，长矛有七米那么长，列在阵前就像一道藩篱，匈奴骑兵根本无法靠近。而秦弩更是威名赫赫，秦弩手分为两种：一种是轻装弩手，靠近主阵前方，由于有步兵的掩护，所以没有甲衣的防护，轻弩手用三段连射的方式摧敌前锋，灭敌锐气；另一种是重装弩手，作战时坐在战阵后方，用脚蹬的方式上弦，轻弩一般长一百三十五厘米至一百四十厘米，而重弩光是所用的箭支就已经达到两米，是当时最恐怖的远程射击武器。弩机发射时，箭镞刺破空气，弓弦回弹与空气剧烈摩擦，发出尖锐的呼啸声。轻弩射程为一百五十米左右，而重弩的射程可达五百米，二者配合射击，一排排的弩手不断拉弦、上箭、射击，组成漫天箭雨，足以覆盖战场的每个角落。在秦军的猛烈攻势下，匈奴遭遇惨败，头曼单于被迫退出阴山和贺兰山高地，北撤七百余里。

至此，蒙恬对匈奴用兵取得完胜，威震北方。汉文帝时期的贾谊曾说："乃使蒙恬北长城而守藩篱，却匈奴七百余里，胡人不敢南下而牧马，士不敢弯弓而报怨。"足见当时蒙恬当时的军力有多么强大。蒙恬北伐匈奴的胜利，清除了秦王朝边境的心头之患，为大一统的完全实现做出了不可磨灭的贡献。

繁重的徭役与赋税负担

秦始皇依靠着强大的国力，蚕食各国土地，并最终消灭了其他六个强国，统一了天下，结束了几百年的战乱局面。他的功绩相当于夏、商、周三国的开国君主，却还要博取更大的功业。在他决定出兵匈奴的时候，李斯劝阻道："攻打匈奴不是一个好主意，匈奴人以游牧为生，没有定居在一地的习惯，也不像中原地区的人民会积攒积蓄，他们来往自由，到处迁徙，就像天上的飞鸟一样。他们以骑兵为主，作战机动性非常强，而我军以步兵为主，很难追上并一举剿灭他们。如果派遣骑兵深入敌方，又必然会陷入粮草断绝的绝境，可是带着粮草的话，又会拖累大军的行进速度。即使战胜了匈奴，攻取了他们的土地，也不适合开辟新的耕地，秦王朝并不能得到实际的好处。而匈奴的人民又十分剽悍，都是没开化的野人，就算俘虏过来也难以役使，全部杀光又会显得皇帝不仁慈。

发动这样的战争，只会使民生疲敝，却无法取得实际的利益。”秦始皇不听，于是派遣蒙恬率军三十万，逐步推进，将匈奴驱逐至黄河以北，接着又大修长城。

对于秦始皇发兵攻打匈奴的原因，《淮南子·人间》有这样的记载：秦始皇从术士那里得到一本带有预言性质的图书，上面写着“亡秦者胡也”，当时的胡指的就是匈奴，于是出征匈奴，并修筑长城。当时男子要去修长城，强壮一点儿的女子也必须拉着车子运粮，正常的耕种和纺织都遭到了破坏。

为了维持前线的开支，秦始皇从全国紧急抽调粮食和劳动力，源源不断运往前线，神州大地上出现了连绵不绝的运粮车队和苦力。秦始皇所抽调的粮食，有很大一部分是从黄县（今山东省龙口市东）、腄县（今山东福山）、琅邪筹集的，这是秦始皇为了用兵而设立的三大粮仓。粮食从滨海地区向北河转运，由于路途遥远，沿途损耗十分惊人。刚刚启程的时候装满了三十钟，到达目的地之后竟然只剩下一石，最后剩下的只有三百分之一。

《史记·淮南衡山列传》记载，秦王朝调运海边的粮食送往长城，损耗异常严重。全国的男子拼了命地耕种，也满足不了沉重的赋税，自己连糟糠都吃不饱。女子奋力纺织，也无法凑齐营帐的需求，自己连遮身蔽体的衣服都没有。百姓疲敝不堪，老人和小孩儿没有人来抚养。人们无法承受这样的苦役，往往在路边的树上就上吊自杀，西至临洮、狄道，东至会稽、浮石，南至豫章、桂林，北到飞狐、阳原，到处都是死尸，甚至连水沟里都堆满了死人。

关于征发徭役的人数，并没有一个总数，只能列举秦王朝的几个重大的工程，并依此作出推断。修阿房宫及骊山墓动用“七十余万人”，修筑长城动用“五十万

骊山墓（秦始皇陵）

人”，戍五岭又动用“五十余万人”。这些浩大工程的修筑者除了服徭役的农民之外，还包括犯人和士卒。至于运送粮食和修筑驰道等工程，史料中并未给出具体的人数。据林剑鸣先生所著《秦史稿》一书的估计，秦朝时期中国的总人数大约有二千万，而每年所征发的徭役起码不下三百万人。服徭役的人数竟然占到全国总人口的百分之十五以上。骊山陵墓和阿房宫费时多年，所需劳役大体上比较固定，而其他的工程所需的人数就不那么好统计了。

徭役是当时人民最沉重的一项负担，它带来的苦难最大。秦二世元年（前209）秋，秦朝征发闾左贫民九百人屯戍渔阳，在大泽乡遭遇兵变，陈胜、吴广揭竿而起，率先敲响了帝国的丧钟。正如西汉时的刘向所说：“天下苦其役而反之。”

秦朝繁重的徭役和赋税负担，催生了土地兼并，出现“富者田连阡陌，贫者亡立锥之地”的现象，农民没有土地，却又要承受沉重的负担，生活难以为继。

在中华文明史上，结束长达四百多年的分裂，建立统一的国家，只有秦朝和隋朝，但是两个王朝都是二世而亡，接下来的汉、唐汲取了前朝灭亡的教训，采取休养生息的政策，最终建立起威名远扬的汉、唐盛世。秦、隋两个王朝，都选择了沉重的徭役，最终激起人民的反抗。

气势磅礴秦宫七百处

中国古代的帝王特别注重宫殿的建设，宫殿作为帝王处理朝政和饮食起居的建筑，富丽堂皇，规模宏大，凸显了王权的尊严，是中国古代建筑中最高级、最豪华的一类。根据考古发现，早在商代就出现了宫殿，传说商纣王后期居功自傲，耗巨资建鹿台，造酒池肉林，修建豪华的宫殿园林，过着穷奢极欲的生活。秦汉以来，宫殿规模更为宏大，如秦始皇的阿房宫，汉武帝的未央宫、长乐宫、建章宫，唐代的大明宫。据称，大明宫为北京紫禁城的四倍，相当于三个凡尔赛宫，十二个克里姆林宫，十三个罗浮宫，十五个白金汉宫，五百个足球场。

秦人虽然地处西夷，但是也很热衷于建设宫殿。秦穆公时期，作为西戎使臣的由余出使秦国。秦穆公请他参观秦国的宫殿，看完之后他感慨道："天啊！这样华美的建筑，如此充足的粮仓，就算是让鬼神来做，也不是能轻松完成的，更何况是人呢！"

到了秦始皇时期，秦国宫殿的水准又达到了一个新的高度。早在吞并六国时期，秦始皇就已经在咸阳北阪复制了六国的宫殿，南至渭水河畔，从雍门以东到泾河、渭河的广阔区域都盖满了宫殿，里面有攻打六国所劫掠的美人和钟鼓乐器。

关于秦始皇的后宫，史料中也有所记载：秦始皇在黄河岸边竖立标记，作为秦东门；在汧河岸边设立标记，作为秦西门。而在这两个标记之间，有宫殿一百四十五座，后宫中的女子多达万人。

这时的统计数目可能是秦始皇刚刚统一六国时的情景，《史记·秦始皇本纪》在记载秦始皇三十五年修建阿房宫的时候，说秦东门位于"东海上朐界中"，这已经到了江苏的连云港了。这时的秦国宫殿，已经不再是当初的一百四十五座了，而是变成"关中三百，关外四百"了，也就是说，秦国的宫殿总计有七百座。

秦始皇修建规模三百余里的阿房宫建筑群，是秦国宫殿建设的继续与发展，它包括雍都的宫殿建筑群和咸阳的宫殿建筑群。阿房宫的营建，是在咸阳宫殿群的基础之上进行的，其中重要的宫殿包括：

西垂宫，秦文公所居。（见《史记·秦本纪》）

平阳宫，也叫封宫。秦武公元年居住平阳宫，位于华山下。（见《史记·秦本纪》）

大郑宫，秦德公元年居住大郑宫。（《括地志》：岐州府雍县南七里，就是秦德公居住的大郑宫）

阳宫，秦宣公十二年居住。（见《史记·秦本纪》）

雍宫，秦成公所居。（见《史记·秦本纪》）

霸宫，秦穆公所筑。（见《三秦记》）

左宫，秦夷公不享国死葬于左宫。

高寝，秦康公所居。（见《史记·秦本纪》）

太寝，秦桓公所居。（见《史记·秦本纪》）

祈年宫，秦惠公建。秦始皇来雍都行加冠礼时曾留宿于此宫。（见《汉书·地理志》）

橐泉宫，秦孝公建。（见《汉书·地理志》）

频阳官，秦厉公建。（见《水经·渭水注》）

栎阳宫，秦献公建于栎阳。（今陕西省西安市临潼区栎阳镇东北武家屯）（见《括地志》）

黄阳官，秦文王建，遗址在今陕西省户县西南二十三里。（见《汉书·地理志》）

长安宫，秦文公建于长安。（见《太平御览》引《玄中记》）

羽阳宫，秦武王建于右扶风陈仓县。（今宝鸡市东二十里陈仓县故城）（见《汉书·地理志》）

虢宫，秦宣太后建于虢县。（《汉志》，在岐州虢县，今宝鸡市陈仓区虢镇）

未央宫远景

甘泉宫，秦王迎太后入咸阳复居甘泉宫。（见《史记·秦始皇本纪》，在今陕西省淳化县）

高泉宫，秦宣太后尝居之。（高泉宫在扶风县东美阳县故城，今陕西省扶风县东北二十里的法门镇，《陕西志》）

棫阳宫，秦昭王建。（见

《史记 · 秦始皇本纪》）

从秦孝公迁都成阳（前 350）至秦始皇即皇帝位的大约 130 年间，历代秦王在咸阳先后建造的宫殿很多，从而形成了一个庞大的建筑群体。《史记 · 秦始皇本纪》说就算是用一整年的时间，也没办法住遍所有宫殿，可见整体规模有多么庞大。宫殿密集的咸阳宫殿群，可分为渭南、北阪、渭北三个宫殿区。以咸阳为中心的关中宫殿群，北至渭水岸边，东至泾、渭二水的交汇处，宫殿接连不断，中间修筑回廊，彼此相连；渭水之南则有章台、上林，北接咸阳宫殿群的北阪区。

西汉初期利用秦朝残留的兴乐宫修筑成长乐宫，大概位置在今陕西西安西北约三千米处，建于长安城西南角，为长安城地势最高之处的龙首原上。随后又在其西面建未央宫，作为正式宫殿，长乐宫供太后居住。未央宫建成之后，成为西汉的主要宫殿，其殿台基础是龙首山的土做成，殿基甚至高于长安城。未央宫总面积约五平方千米，相当于七个故宫大小。

秦始皇曾经被行刺过几次，对死亡产生了深深的恐惧，所以后期行踪不定，有时大臣有要事禀报，甚至都找不到秦始皇人在哪里。秦始皇特别注意保密行踪，敢于私自泄露他行踪的人，一律处以死刑。他建造了规模如此庞大的宫殿群，整日梦想着长生不老，但这些建筑和他的梦想终究逃不过灰飞烟灭的命运。

统一思想焚烧诗书

西周的灭亡，促使当时的人们更多地转向对天下兴亡的思考，打破了“庶人不议”的观念，取而代之的是“处士横议”的活跃风气。在对人、事及社会的广泛探讨中，人们不再崇信“天道”，而是在如何统一天下、治理国家、教化民众等方面形成了各种不同的学派。这些学派的创立者和代表人物合称为“诸子”。据《汉书 · 艺文志》的记载，数得上名字的一共有一百八十九家，四千三百二十四篇著作。因此合称“诸子百家”，而这一段思想蓬勃发展的历史进程也被称为“百家争鸣”。诸子百家中流传最为广泛的是法家、道家、儒家、阴阳家、名家、墨家、杂家、农家、纵横家，并称为“九流”。

秦王朝在当时奉行的是法家思想，法家因主张以法治国，“不别亲疏，不殊贵贱，一断于法”，因此称为法家。法家的思想源头可上溯至夏商时期的理官，春秋、战国时也被称为刑名之学。战国末年韩非对前人的学说加以总结、综合，集法家之大成。

据《韩非子·和氏》的记载，焚烧诗书的事件，从商鞅变法时期就已经有了，即“燔《诗》《书》而明法令”。但当时秦国处于遥远的西方边疆，儒家的著作传入较少，所以当时烧掉的书籍并不多，史书上也很少记载。可以说，秦王朝的文化专制，从商鞅变法时期就已经开始了。韩非入秦之后，向秦始皇提议建立法治，加强中央集权，在思想领域以皇帝为最尊贵者，当然也要打击那些不遵法令、不敬皇帝的人。

李斯与韩非是师兄弟，思想内容也比较类似，都主张建立中央集权的专制政体。在六国统一之后，李斯向秦始皇提议“以吏为师”，让政府派出的官吏作为法律教育者，推广法令，取代原有的私学教师。结果孔子开创的私学在大秦朝没落了，百家争鸣的状态也不复存在，一些儒生于是引用古今典籍，用百家之言批评时政。

秦始皇三十四年，关于实行郡县制和分封制的辩论再次升级。秦始皇在咸阳宫大摆酒宴，博士七十人上前祝寿，仆射周青臣极力称颂皇帝的功绩：以往秦国的土地不过千里，全靠陛下神灵明圣，平定海内，驱逐蛮夷，日月所能够照射到的地方，都成了陛下的国土。在全国推行郡县，人民安乐富足，不再有战争的祸乱，王朝一定能传至万世，自上古时代算起，所有的帝王都比不上陛下。秦始皇听了非常高兴。

这时仆射淳于越上前进言，反驳了周青臣的谄媚之言。他说：“商朝和周朝的政权之所以都能维持数百年，正是因为分封王子功臣做诸侯，才使得地方平定。现在陛下拥有这么大的国土，却废除了分封制，而实行郡县制，做事的时候不遵循古训还能够长久坚持的，臣还从未听说过。”淳于越本来是齐国人，曾是齐国的博士，后来来到秦国做官，他生性耿直，见到周青臣不顾事实，大行阿谀奉承之能，心里很看不起他，所以才驳斥了他的说法。

此时郡县制实行的时间还比较短，秦始皇也担心会出问题，所以就命群臣再次讨论。李斯站了出来，反驳了淳于越的观点，他说：“五帝的政策没有重复的，夏商周三朝的法令也各不相同，但是都实现了安定和进步，世界是不断发展的，所以政体和制度也要随之变化，不能拘泥于前人的主张。周王室之所以混乱几百年，就是因为诸侯各自发展自己的势力，所以才彼此攻伐，导致天下散乱，不能统一。现在天下初定，人民都希望安稳地生活，实现郡县制正好可以避免重现周朝末年的纷争局面。”

李斯的观点得到秦始皇的赞同，更加坚定了他推行郡县制的决心，而对淳于越这种公开反对国家政令的人感到十分不满。李斯懂得秦始皇的心意，于是严厉批判了儒者遵循古制、借古讽今的做法。他说：“当今陛下创立大业，建万世之功，这些当然是迂腐的儒生所不能理解的。之前天下散乱，不能统一，诸侯竞相征战，厚待游学的人，形成了不好的风气，使儒生喜欢引用古代的典籍来批评当今的事情，用空虚的理论指责实际的政策。现在天下已经平定下来，可他们竟然诽谤陛下，扰乱民心，只站在自己的立场去批评否定，用标新立异来凸显自己的与众不同，如果不加以制止，不但会损害皇帝的威望，也会扩大六国叛贼的影响。”

李斯建议，除了秦国官方制定的史书《秦记》以外，其他的历史记载应全部烧毁，除了博士官掌管的《诗》《书》等百家言论的书籍以外，任何私人收藏的都应该上缴没收，由地方官员负责烧毁。胆敢私下议论朝政的，要诛灭三族，知情不报的与之同罪。

李斯的建议得到了秦始皇的认可，于是臭名昭著的“焚书令”就颁布了。

焚烧诗书，其目的是禁止人们的言论，巩固秦王朝的统治，但其残忍的手段，使得先秦时期很多珍贵的书籍被焚烧殆尽，这是对文化的摧残。

禁止言论坑杀儒生

在焚书之后的第二年，就发生了坑杀儒生的事件。

秦始皇晚年的时候，独断专行，又喜欢追求长生不老，就找了许多的方生和术士，其中最信任的是卢生和侯生。然而卢生和侯生经过探讨，却认为秦始皇求仙必然不能成功。

侯生、卢生在一起商量说："秦始皇天性粗暴凶狠，刚愎自用，他出身诸侯，兼并天下，非常顺利，就认为从古到今没人比得上他。他专门任用残酷的官吏，他们手段残忍，却能得到宠幸。博士虽然也有七十人，却从来没有听从过他们的意见，博士都成了摆设。丞相和各位大臣都只是遵守已经决定的命令，皇帝喜欢用重刑、杀戮显示威严，官员都怕获罪，都想保持住禄位，所以没有人敢真正竭诚尽忠。皇帝听不到逆耳的忠言，不知道自己的过错，一天更比一天骄横。而臣子却害怕皇帝的威严，专事欺骗，讨好秦始皇。秦法规定，一个方士不能兼有两种方术，如果不能应验，就要处死。而占卜星象和天气的人多达三百人，都是有学问的人，害怕遭到别人的忌惮，就得阿谀奉承，不敢正直地说出皇帝的过错。天下事无论大小都由皇上决定，各种事情他都想管，每天批复的表笺和奏请书文，重达一百二十斤，不满不休息。他贪于权势到如此地步，不能为他去找仙药。"

侯生和卢生于是逃走了，秦始皇得知自己最宠信的两个术士居然背叛自己，在背后议论自己的是非，大为震怒，他一声令下，将那些还留在咸阳的术士全部抓起来，关在一起，严加审问。酷刑之下，诸生为求自保，互相揭发，乃至诬告，最后共牵连出四百六十多人，秦始皇将他们全部坑杀在咸阳，以警告天下所有人。他还向全国宣扬，让大家都知道此事，以惩戒后世。同时谪罚更多的人流放到边地戍守。

《史记·儒林列传》中记载了一个地方叫悯儒乡，在今陕西省西安市临潼区境内。相传这里原本有个大坑，就是秦始皇坑儒的地方。东汉的学者卫宏曾经说，侯生和卢生逃跑之后，秦始皇担心天下人心不服，还会继续评判秦王朝的政策。于是就利用温泉乡的地热，在冬天种瓜，等到瓜果结出来之后，把当时各地来到咸阳的儒生全部召集起来，共有七百余人，让他们实地参观。大家都很疑惑，走到了秦军事先设置好的机关里面，等到他们正在议论的时候，兵士从上面操纵机关，堵住了回路，把儒生全部封在坑里，然后用土活埋。于是秦始皇再也听不到反对的声音了。往后人们来到这里，都会对那些儒生心怀怜悯，所以叫悯儒乡。

秦始皇的长子扶苏，在众兄弟之中最为优秀，具有政治远见。“扶苏”是古人对树木枝叶茂盛的形容，出于《诗经》，有香草佳木之意。秦始皇以此命名，证明他对儿子的喜爱，对他寄予期望。司马迁在《史记》中对他的评价是：“扶苏为人仁。”扶苏是一个仁慈的人，他反对父亲焚书坑儒的举措，多次上书劝谏：“现在天下刚刚安定，边远地区百姓尚未归附，儒生只不过是诵读并效法孔子的言行，而陛下却用严厉的刑法处置他们，我担心天下会因此不安定。”由于扶苏的屡次劝谏，因而触怒秦始皇，秦始皇便有意疏远扶苏，派扶苏前往上郡监督大将军蒙恬的军队，协助蒙恬修筑万里长城，抵御北方游牧民族匈奴。

公子扶苏

“焚书坑儒”其实是一场统一思想的运动。秦始皇统一六国之后，致力于加强皇权，在中央上建立了三公九卿的制度，在地方废除分封，施行郡县制。之后又推行书同文，车同轨，行同伦，统一货币，统一度量衡，这些措施都是国家大一统的根本。但秦王朝统治下的思想领域仍然保持着百家争鸣的状态，极度混乱，不能形成统一的价值观，也不支持新王朝的政令。因此，统一思想就成了秦始皇维护国家安定的重要举措。明代思想家李贽在《史纲评要》中就焚书坑儒做出了一番评论："（李斯）大是英雄之言，然下手太毒矣。当战国横议之后，势必至此。自是儒生千古一劫，埋怨不得李丞相、秦始皇也。"他对当时的历史环境做出总结之后，认为统一思想是历史的必然，但焚书坑儒的手段太过狠毒了。秦始皇的手段虽然激烈，但也收到了很好的客观效果。从此以后，华夏民族的思想渐渐开始统一，到汉武帝罢黜百家，独尊儒术，中国大一统思想正式形成。

焚书浩劫之下的遗存

焚书令颁布以后，全国各地掀起了轰轰烈烈的焚书运动。官兵挨家挨户搜查书籍，他们翻箱倒柜，不放过任何一处可疑的地方。只要是大秦的统治区域，全都在烧书。那些古籍书简和绢帛文书，凝聚了历代古哲先贤的智慧结晶和无数能工巧匠的劳动付出，它们被汇聚在一起，堆积如山，付之一炬。

秦始皇的一道诏令，使得中华文化遭受了前所未有的浩劫，但在他的淫威之下，劳动人民运用自己的聪明才智，依然保存了许多书籍。

孔鲋是孔子的第九世孙，在李斯刚刚提出焚书的建议之后，他的好友魏人陈余赶忙跑来找他，没想到却看见孔鲋正在漫不经心地吃饭，陈余问："秦始皇下了命令，要烧毁先祖的书籍，你知道吗？"孔鲋说："知道了。"陈余不解："你是书籍的主人，怎么不去逃命，还在这里吃饭？"孔鲋说："我所学的都是一些看起来没有用的学问，真正了解我的只有朋友。秦国并不是我的朋友，自然也就不理解我，我又能遇到什么危险呢？我会把书籍收藏好，等待着真正需要的人。”在陈余告辞之后，孔鲋连夜在墙壁上掏出一个大洞，把他所收藏的《论语》《尚书》《孝经》等儒学经典藏了进去，然后把墙壁封好如初。等一切都做完之后，他就去了嵩山隐居，教弟子百余人，到死也没回来。

这就是著名的“鲁壁藏书”的故事，孔鲋作为孔子的后代，自然会成为秦军的重点盘查对象，他说“吾将藏之，以待其求”，秦军找不到书籍，自然也就不会为难他了。传说陈胜领导农民起义的时候，孔鲋也从军反秦，为博士、太师，留在陈胜身边，以备咨询。后来由于陈胜不能听取规谏，以致起义形势直转而下，最终失败，最后在与秦将章邯的战斗中战死，卒年五十七岁。

到刘邦建立汉朝后，逐渐开始重视儒生。但是因为秦朝的焚书事件，《论语》《尚书》等一些书籍找不到了，于是召集了一些年迈的儒生，聚集在一起，通过回忆的方式整理了《论语》等一些经典，济南的伏胜回忆整理了《尚书》。经过当时儒生的广泛传播，在全国掀起了经学热潮。

汉景帝三年（前 154），皇帝刘启将他儿子刘馀从淮南迁到曲阜，封为鲁王，即鲁恭王。刘馀喜欢富丽堂皇的宫殿，曾经修建了举世闻名的“灵光殿”，并在孔宅附近修建别宫，为了扩大其规模拆除孔子故宅旧墙时，忽然听到金石丝竹的声音，有五音六律之美，结果在墙壁的废墟中竟然发现了一些书籍。这些书籍就是当日孔鲋所藏之书，书是用蝌蚪文写于竹简上的，不同于当时人们利用隶书写的经典，人们就把它们称为“孔壁古文”。其中最有影响的是《古文尚书》，据说它比《今文尚书》多十六篇。

金代为纪念孔鲋藏书，因传说拆孔子故宅墙取书时有金石丝竹之声，六律五音之美，故名“金丝堂”。明弘治十三年（1500）重修孔庙时，为孔庙琉璃瓦建筑对称，将金丝堂迁到孔庙西路，后来又刻了“鲁壁”碑来纪念孔鲋藏书。

鲁壁藏书是一件具有重大意义的举措，当时的孔鲋虽然只做了一件藏书的事情，却为后世保留下了前人的经典，使得秦朝几乎被烧得灭绝了的儒家经典得以传之后世，在汉唐大放光彩。秦始皇在焚书的时候，并不是要烧掉所有的书，他宣布“医药卜筮种树之书”不在其列，也就是医学、农学和天文历法的这些实用性的书籍并没有遭到损毁。

例如，兵书作为最实用的学问，直接服务于政治，长期受到重视，在焚书事件当中自然也不会受到摧残。《汉书·艺文志》著录古兵书五十三家、七百九十篇、图四十三卷。历代兵书从内容上可分为兵法、兵略、训练、阵法、兵制、兵器、城守、军事地理、名将传等类。现存最早的完整兵书是《孙子兵法》。兵书在哲学、科学史、天文学、气象学、文学、历史学等方面，都有相当高的价值。《史记·项羽本纪》中记载：项籍落难吴中，私自用“兵法”训练子弟，同时也亲自教授项羽“兵法”。后来项羽在实际征战中的表现，也体现出了他在兵法上受教育程度比较高。比如他曾破釜沉舟击败秦军，利用的就是“置之死地而后生”的兵法理念。

此外，像《吕氏春秋》和《韩非子》这样对秦国的历史产生过深远影响的书籍，自然也不在焚书的行列之中，得以幸免。

在严刑峻法的高压统治下，普天之下烧书的火堆熊熊燃起，所留的也只有博士掌管的书籍和一些技术类型的书。私藏诗书是重罪，所以即使是那些博士，也不会将书带回家中的，秦始皇所保管的那些书籍都留在了皇宫里。到了后来，项羽攻进咸阳，将秦王宫付之一炬，大火烧了三个月都没灭，皇宫里的书自然也没能逃过这场浩劫。

CHAPTER

第八章 开拓疆土，修筑长城 8

秦始皇是一代霸主，热衷于四处征战。为了加强对全国的统治，他以非凡的魄力修建了贯通全国的交通网络，在南方的百越地区设置行政区，为后世留下了巨大的财富和便利。万里长城的修建，更是成为中国人心中永远的精神支柱。在秦始皇的统治下，帝国的疆域空前辽阔，宛如一条巨龙，翱翔在世界的东方。

万里长城的修建

秦始皇于三十二年派大将军蒙恬北伐匈奴，蒙恬不负众望，成功将匈奴击退，攻取了大片土地。匈奴人虽然溃败，但实力并没有完全消失，随时都有可能再次集结起来，对秦王朝的边疆造成威胁。为了进一步巩固北部边防，秦始皇把黄河以南土地划分为四十四个县，又命令蒙恬率部在那里修筑长城，用以阻止匈奴的入侵。秦始皇对蒙恬说："匈奴人一直都与中原为敌，现在虽然败退，但其实力尚在，如果不做预防，他们肯定还会再次侵扰大秦，掠夺大秦的土地，北方边疆地域广阔，人烟稀少，无法做到全面防御。为了抵挡匈奴，燕赵秦都曾在边境上建造长城，现在寡人就要把它们全部连接起来，筑成万里长城。"

他说得很有道理，建成万里长城确实可以起到巨大的防御作用，但是要损耗的人力、物力也是空前绝后的，蒙恬尽忠于秦始皇，不敢反驳，只好说："陛下眼光非凡，故能铸就万世之功，但北疆很荒凉，地势险恶，若要修建长城，恐怕会损耗太多钱财和人力。"

万里长城

秦始皇大手一挥，说道："这个问题你不用管，修建长城，乃是一劳永逸之策，不管花多大代价都要修好。"这的确是一项浩大的工程。蒙恬根据秦始皇的指示，率几十万人马投入工程修建之中。

这次修建在很大程度上是将战国时秦、赵、燕等国的旧长城加以修复和连接，在北方边疆形成屏障。此外，还有一部分是新建的。据有关文献考证，秦始皇当时修造的长城西起临洮，东至江东，绵延一万五千里，所以称为“万里长城”。根据修建时的具体情况，大致可以分为三段。

第一段西起甘肃临洮，东至内蒙古九原，在当时是西北部防御匈奴入侵的最前沿阵地。其中一部分是在秦国的旧长城的基础上修缮的。从甘肃榆中至明山一段，是在赵国的旧长城的基础上扩建的，蒙恬利用了黄河这一天然屏障，将大批军队驻扎在此地。

第二段是从云中（今内蒙古自治区托克托县东北部）至代郡（今河北省蔚县西南）。这一段也有部分是利用了赵、燕的旧长城。

第三段是从代郡至碣石。

长城由关隘、城墙、城台、烽燧四大部分构成。关隘也叫关城，一般都建立在高山或者是险要处，扼守要冲，可谓“一夫当关，万夫莫开”。城墙是长城的主体结构，通常情况下是随地形而筑。城台分墙台、敌台、战台三种。城台是城门的一部分，关隘的城门上设置有城楼，城楼前的平台即为城台。烽燧又称烽火台，大部分建在高山顶上或平地转弯处，用来传递军事信号。烽火台在城墙内侧，每隔一千米设一座。

现在我们看到的长城基本上都是土筑或石砌的，依山势高低而建，山势陡峭、难以攻击的地方城墙就低一点儿，地形平坦、易受到冲击地方的城墙就高一点儿。

城墙内部较低，外部较高。城墙平均高度为七点八米，有些地段高达十四米。平均宽六点五米左右，墙上地坪宽度平均也有五点八米，保证两辆辎重马车并行。在墙身内部的侧面每隔一段设有一个券门，也就是圆形顶门，有石梯通往城墙顶部，守城士兵可由此上下。城墙上每隔半里左右有一个高出来的台子，分为两种：一种叫作墙台，台面与城墙顶部的高矮基本上差不多。只是出来了一部分，外边砌有跌口，台上还有遮风雨的销房，这就是巡逻放哨的地方；另一种叫敌台，分上下两层，下层设有小房间，是士兵睡觉的地方，上层设有射击口。

秦始皇在长城沿线也分置了许多兵力，分段据守。此外，秦始皇还在北方设置了十二个郡，开发当地，以农养战，这十二个郡分别是：

一、陇西郡，今甘肃东南部；

二、北地郡，今甘肃东北部；

三、上郡，今陕西北部；

四、九原郡，今内蒙古自治区乌拉特旗一带；

五、云中郡，今内蒙古自治区托克托县东北部；

六、雁门郡，今山西西北部；

七、代郡，今山西东北部厦河北蔚县一带；

八、上谷郡，今河北西北部地区；

九、渔阳郡，今北京市东北部地区；

十、右北平郡，今河北喜峰口至内蒙古自治区喀喇沁旗以南地区；

十一、辽东郡，今辽宁省东南部地区；

十二、辽西郡，今河北东北部及辽宁辽河以西地区。

秦朝的长城从公元前 215 年开始修筑，到公元前 210 年秦始皇驾崩，秦二世赐死蒙恬为止，共花费了五年时间。修筑长城的过程中，秦王朝使用的民力是十分惊人的。当时蒙恬手下只有三十万人马，他们要分兵驻守各处，不可能全部都让这些人来修建，秦始皇于是在全国范围内征调民夫，长途跋涉，前往边境修筑长城。

在两千多年前的秦朝，交通不便，生产落后，百姓在这种情况下修筑规模如此庞大的长城，付出了很大的代价。有许多段长城筑在荒漠草原上，有的甚至修筑在高山上。八达岭长城上的砌墙石条有的长达二十米，重两千多斤，要靠人力将这么重的石条运送到陡峭的高山上，简直是不可想象的。

万里长城是古人智慧的结晶，也是古人辛勤劳作的结果，筑成之后，成了中原王朝对抗北方敌人的坚固防线，游牧民族不能轻易越过防线掠夺内地了。

随着岁月的流逝，万里长城已经失去了军事用途，却为我们留下了一笔精神财富，激励着中华儿女联合一心，勇敢反抗外敌的侵略。

孟姜女的凄美传说

长城像一条巨龙，盘旋在崇山峻岭之上，虽然它只是由泥土、石块筑成的一道不会动的城墙，但是长久以来，中华民族为它倾注了巨大的心血。它早已超越了时间和空间，成为人们心中的一块烙印。从古至今，有无数个关于它的传说，最著名的要数“孟姜女哭长城”了。

传说很久以前，江苏松江府有个孟家庄，庄内有两户相邻的老人家，一家姓孟，一家姓姜，彼此交好。他们在土墙边种了一株葫芦，葫芦长得非常繁茂，其中最大的一只竟然正好结在两家房屋的正中间，于是两家人便相约剖开之后一家一半。日子一天天地过去，四位老人的友谊也像那只最大、最饱满的葫芦一样日渐深厚。八月的时候，葫芦已经长得非常大了，到了断壶的时间，老人们非常高兴，把葫芦摘了下来。他们将葫芦放在桌上，小心翼翼地切开，不料里面却忽然传出一阵婴儿的啼哭声，老人们顿时惊呆了。打开一看，呀！里面竟然有个小女孩儿！红嘟嘟的脸蛋乖巧可爱，一双无辜的大眼睛看着他们。他们喜爱极了，便说：

孟姜女

“这是上天怜悯我们孤苦无依，特地赐给我们的，这个女娃就由两家合养吧。”于是小姑娘便成了姜、孟两家的掌上明珠，取名孟姜女。

孟姜女长大后，出落成一个窈窕淑女，她心灵手巧，美丽善良。有一天，她正在织布，却听见有人敲门，打开门一看，只见一个外乡人倒在门口。这是一个多么落魄的儒生啊！他浑身大汗淋漓，衣衫不整，甚至连冠冕也快要掉下来了。他非常虚弱，孟姜女赶紧将他扶了进去。

原来这个年轻人名叫范喜良，姑苏人氏，自幼在私学里跟随先生读书。秦始皇下了焚书令，四处抓捕儒生，范喜良拜别了先生之后，急忙逃走。走了许久，食物早已吃完，水也喝尽了，这才敲门乞食。孟姜女见范喜良知书达理，芳心暗许，便向父母表明心意。老人家也很同情范喜良，但又很害怕，犹豫了好久才答应下来，于是两人便拜过天地成婚了。

然而他们的幸福并没有持续多久。秦朝法律规定，禁止随意接收外乡人。范喜良的行踪，早已被人报告给了官府。在他们刚刚新婚三天的时候，一群官兵冲了进来，将范喜良抓走了。秦朝当时正在修建长城，范喜良便被押解至山海关。

自此孟姜女日夜担忧，茶饭不思。转眼间冬天来了，大雪纷飞，天寒地冻。她想着服劳役的丈夫，便日夜赶着缝制棉衣。孟姜女思念如焚，一夜之间就做好棉衣，踏上了寻夫的路程。山海关相隔万里，她不为所惧，一路上跋山涉水，历经艰辛，昼夜不停地赶往山海关。

数年之后，她终于来到了长城脚下，得到的却是不幸的消息，原来范喜良早已死去，被埋在长城里筑墙了。孟姜女悲愤交加，想自己千里寻夫送寒衣，历尽千难万险，到头来却连丈夫的尸骨都找不到，怎不令人肝肠寸断，便向着长城痛哭。她的悲情感天动地，忽听轰隆一阵巨响，长城崩倒了八百里，露出了埋藏在城墙里的累累尸骨。孟姜女找到范喜良的尸骨之后，挖坟埋了起来，随后跳入了波涛滚滚的大海里。

后人根据这个凄美的故事，修建了一座孟姜女庙，又称贞女祠，位于河北省山海关城东约六千米的望夫石村后的山岗上。庙围墙内占地一点六亩，保护范围占地三十一点八亩。有前后两殿，孟姜女像就摆在前殿，左右侍有童男童女，两侧壁上镶有碑刻，其中有乾隆、嘉庆、道光题词。后殿原供观音，殿后有“望夫石”，石上有坑，传为孟姜女望夫足迹。庙东南四千米渤海中有两块礁石，相传为孟姜女坟。

孟姜女的故事是经过加工的，有艺术夸大的成分，有人认为孟姜女的原型来自《左传》中齐国武将杞梁的妻子，她无名无姓，人称杞梁妻。杞梁重情重义，在跟随齐庄公讨伐莒国的时候战死，后来莒国被攻克，齐庄公就带回了杞梁的尸首，让杞梁妻去郊外祭拜。杞梁妻说：“我夫君做错了什么吗？难道他没有为国家立下战功吗？在郊外吊唁既缺乏诚意，又仓促草率，对烈士不够尊重。”齐庄公听了之后，向她表示歉意，然后把杞梁的尸首带进城内，好好安葬了。只不过这则故事中，既没有哭的情节，也没有说到城墙坍塌。“哭”的情节早在《礼记・檀弓》里曾子提到过，他说“杞梁死后，他的妻子在郊外的路上迎接他，恸哭一场”。西汉的刘向在《说苑》里加上了“崩城”的内容：“以前华周、杞梁战死的时候，杞梁的妻子悲伤欲绝，哭得城墙都倒塌了。”接着刘向在《列女传》里又加上了“投淄水”的情节：杞梁的妻子没有子嗣，也没有其他亲人，她在城下大哭，十天之后，城墙为之倒塌。葬了杞梁之后，她说：“我还能去哪儿呢？”就跳进淄水自尽了。到了宋朝，人们就把这个传说演变成了一个美丽动人的爱情故事，这就是所谓的孟姜女哭长城。

修筑长城是历代封建王朝各种劳役中最为残酷的一项劳役，在两千多年的岁月中，长城屡次整修，动用了无数的民夫，死去的人不计其数。孟姜女的故事，是劳动人民对统治阶级暴虐行为的控诉，也是对坚贞不屈反抗者的歌颂。正如文天祥所说：“秦皇安在哉，万里长城筑怨；姜女未亡也，千秋片石铭贞。”

疆域空前辽阔的帝国

中国早期的疆域是不断变化的，而且在秦始皇之前，各民族之间的向心力并不是很强，虽然也出现过黄帝、炎帝为首领的部族和夏、商、周这样的奴隶制王朝，但统一多民族联合国家的概念尚未出现。

原始社会

迄今为止，中国境内所发现的新石器时代遗址有六七千处，遍及全国，大致反映出中国原始社会人类的活动范围。经过长期的战争和融合，中华大地上形成了两个主要的部落联盟：夏人和夷人，二者不断融合，成为华夏部族。

夏　朝

夏朝共传十四代，共十七位帝王，延续四百七十二年，公元前21—前17世纪。舜将首领的位子禅让给禹，禹又禅让给舜的儿子商均，可是人们却不愿意跟随商均，而是继续跟随大禹，于是大禹即位成为天子，国号为夏，时间大约在公元前21世纪。据考古和文献资料，夏朝的中心地区在今河南西部嵩山附近和黄河北岸的古济水河流域，东面疆土还扩展到了河南东部的黄河下游地区，夏朝后期的都城都是在这一地区。中国的主体民族华夏族就是在这一地区发展起来的。夏朝的领土在陕西、山西、河北、山东、河南之间，面积大约有五十万平方千米。

商　朝

商朝，约公元前17—前11世纪，共传十七代，三十一位帝王，延续六百年。商族相传是东方的古老部落，始祖是契。在商汤灭夏，建立商朝之前，商朝部落仍然是以畜牧业为主。成汤灭夏之后，就在亳（今河南商丘）立都，盘庚时期迁都于殷（今河南安阳小屯村），所以也称殷商，国势变得更为强大。武丁（第二十三商王）即位以后疆域更为扩大，成为古代东方的强大奴隶制国家。在武丁时期，商朝占领湖北、安徽、江苏、内蒙古等地区，势力范围大致在今黄河中下游地区，面积扩大到一百万平方千米。

西　周

西周，公元前 1046—前 771 年，共经历十一代，十二位帝王。周人起源于今陕西武功一带，原为商朝西部的一个方国。从周文王开始沿渭河向东发展，武王即位之后消灭商朝，控制了商朝统治区。武王死后，周公东征，相继征服了商朝残余势力和东方诸小国。周朝的疆土大于商朝，为了控制新取得的领土，即推行分封制建立统治据点，以拱卫周室。据记载，周朝总共分封了一百多个国家。周公在今洛阳附近营建雒邑（今洛阳），作为控制东方的政治中心。周朝初期的面积与商朝差不多，大约有一百万平方千米，拥有河南、河北、山西、陕西、甘肃、山东等地区。后来又扩充，东北到达黑龙江地区，东边临海，东南方最远到达江苏无锡地区，南边到了安徽巢湖地区，西边到了甘肃东部，北部占有内蒙古的部分地区，面积大约有二百五十万平方千米。

春　秋

关于这一时期的起讫，一般有三种说法：一种说法认为是公元前 770—前 476 年，一种说法认为是公元前 770—前 453 年三家灭智，另外一种说法是公元前 770—前 403 年三家分晋。孔子所编的《春秋》与这段时期大致相符，所以人们将这段时期称为“春秋”。西周末年，夷狄入侵，攻破镐京，杀死周幽王，华夏区域缩小。春秋战争之际，中原地区诸国逐渐合并，疆界屡易。到战国时形成了韩、赵、魏、齐、楚、燕、秦七大强国，即所谓战国七雄。夹在七雄之间还有十几个小国。这时七国强大，纷纷向四边开疆拓土，置郡县，修长城。秦国在惠文王时南攻楚汉中，取地六百里，置汉中郡。昭襄王时灭义渠等戎而置陇西、北地二郡（今甘肃东部），疆界扩展至今的泾、渭上游和洮河流域。于是筑长城，西端起临洮，东北沿北地、上郡北界，至今陕北黄河西岸。今仍有遗址存在。公元前 316 年灭巴、蜀，置巴、蜀二郡，将四川盆地也划入秦国版图。

公元前453年韩、赵、魏“三家分晋”。公元前379年田氏取代姜姓成为齐侯，为“田齐”。七雄并立的局面，标志着春秋时期走向了战国时期。

战国时期

公元前476年（一说公元前453年或公元前403年）—前221年。战国时期华夏诸国的周围分布有许多蛮夷戎狄。靠近中原地区的戎狄，先后被韩、赵、魏、秦合并，于是与华夏族融合。东夷、淮夷也为齐、鲁等所融合。南方越族的许多地方成为楚国领地。较远的如北边的林胡、楼烦，原居晋、陕、冀北部和内蒙古地区，战国时受赵、燕攻击，退出长城以外。长平之战以后，秦国占据关中、巴蜀两大平原，面积大概在一百万平方千米，成为七国之中最强者。

秦　朝

公元前221年—前207年，共三位国王：秦始皇、秦二世、秦王子婴。公元前221年，秦国一统天下。秦嬴政改称秦始皇，定都陕西咸阳。秦始皇灭六国之后，又多次向南北用兵。这些战争的胜利以及万里长城的建成，使得中国历史上第一个疆域空前辽阔的、统一的多民族国家，在秦始皇即皇帝之位后的第十二年，终于得以建成。

《史记·秦始皇本纪》记载：秦朝东至海暨朝鲜，西至临洮、羌中，南至北乡户，北据黄河，并阴山至辽东，秦嬴政改称秦始皇，定都陕西咸阳。秦王朝占有陕西、山西、河北、北京、辽宁、山东、江苏、上海、浙江、福建、安徽、河南、湖北、湖南、江西、广东、重庆、四川、甘肃、宁夏等地区。

这一记载表明，秦帝国的疆域空前辽阔，同今日中国的版图相比，除新疆、西藏、青海、黑龙江以及台湾五省区以外，我国现有的其他省区市，众多少数民族，基本上已被包含其中。

秦朝是中国历史上一个极为重要的朝代，它成为中国历史上第一个统一的中央集权制国家，并且秦北伐匈奴南平百越，第一次明确地划定了中国的版图。一个以华夏族（至汉代称汉族）为主体的、统一的多民族国家已经形成。

CHAPTER

第九章 树立威信使民众臣服 9

自古以来，“君权神授”是帝王愚弄百姓最重要的一种手段，统治阶级利用劳动人民对上天和鬼神的崇拜和迷信，把自己的意志伪托成上天的旨意。秦始皇作为中国历史上最伟大的帝王之一，当然也不会例外。在他执政期间，秦朝确立了一系列的制度，又大修陵寝和宫殿，在吃穿用度的规格上与人民区分开来，用这样的方式树立帝王的威信，为秦王朝的统治保驾护航。

至高无上乃“天意”

在专制主义的统治下，统治者一般都会利用迷信制造“君权神授”的理论。君权神授也称“王权神授”，在科技不发达的时代，宣扬君主受命于天。早在夏朝，统治者就已经开始假借宗教迷信进行统治。《尚书·召诰》说：“有夏服天命。”这是君权神授最早的记载。周王朝时，周武王也自称“受命于天”，称为“周天子”。古埃及的法老（国王）也自称“太阳的儿子”，巴比伦的汉谟拉比王自称“月神的后裔”。

皇帝不是中国特有的现象，全世界都有，如日本的天皇、英国的女王、俄国的沙皇、西非的皇帝等，只是各国由于实际情况不同，表现的形式也不一样。中国的封建君主制度始于秦王嬴政，它延续了两千多年，出现过许多皇帝。封建制度延续时间如此之长、皇帝人数如此之多、皇帝集权程度之高，是中国历史的特点。

皇帝是封建朝廷的最高代表，是封建国家的象征。最大的特点是高度集权、终身制和世袭制。这种权力高度集中的制度，在中国历史上起过积极的作用，它促进了统一的多民族中国的形成。国家的统一和安定，是社会经济发展的必要条件。

皇帝除非被推翻，否则就是终身制的，一旦确立之后，就执政至死，然后从他的直系亲属中选接班人。但是皇帝的权力并不是永远都无限大的，这与封建制度本身的特点和当时社会的实际情况有关。

首先，封建社会的官僚制度是为君主集权服务的，但也在一定程度上制约了皇权。为了从臣子那里获得最大的忠诚，君主就必须向他们表示恩宠、表示尊重。刘玄德为了请诸葛亮出山，甚至降低自己的身份，三顾茅庐，臣子在获得这样的待遇之后，当然会尽心竭力为君主效力。但如果君主只想着满足自己的利益，任人不贤，是很难获得臣子的忠心和信任的。秦朝末年，各地起义爆发，在大秦帝国的统治摇摇欲坠的时候，远在南方的任嚣说“秦为无道，天下苦之”，他并没有发兵相救，而是远远观望，最终让赵佗自立为王。隋朝末年，宇文化及甚至杀死了皇帝杨广。由此可见，为了获得最大的集权效果与效率，君主必须在一定程度上容忍官僚，贤明的君主深谙此道。魏征是著名的谏臣，曾经不留情面地斥责唐太宗，惹得唐太宗数次想要杀他，但最终都忍住了，给自己留下一个千古明君的美名，也开创了大唐盛世。

三顾茅庐

皇帝要臣子做事，就要分给他们一定的权力，比如秦朝丞相管理政事，太尉管理军事，而御史大夫专管监察，形成了三权分立的局面。尽管他们都要听命于皇帝，但在实际过程中，皇帝是不可能包揽一切、亲力亲为的，君权是不能单独存在并发挥作用的。为了更好地贯彻自己的意志，维护好自己的统治，君主就必须借助官僚队伍和官僚机构的群体力量、整体力量。

还有的君主登基的时候年纪太小，没有能力治理朝政，那个时候皇权并不在皇帝手中，而是由其他人代理，就形成了皇权的真空期。

秦始皇一味地宣称“自承天命”，连他自己都相信了。他没有控制欲望的发展，滥用自己的权力，造成民不聊生，最终激起民变，秦王朝也迅速地走向了灭亡。秦始皇的地位至高无上，有其必然性和合理性，可是将自己的权力说成是上天赐予的同时，却肆无忌惮地残害百姓，岂不是很荒谬吗？

“皇”“帝”名号的来源与发展

“皇帝”的名称是全新的，却并非秦王政突发奇想，而是有其历史原因的。在西周时期只有周天子称王，诸侯国的国君只能称爵，分为公、侯、伯、子、男五等。普天之下，莫非王土，率土之滨，莫非王臣，所有诸侯国的君主，都必须尊周天子为主上，逾越了这种礼制，就会受到周天子的攻击和惩罚。然而这种一人独大的局面，随着周王室的渐渐衰弱被打破了，最先挑战周天子权威的是远离王室区域的边远国家，最早称王的是徐国，分布在今淮河中下游（今山东郯城一带），在西周时期徐国国君就自称为王了。春秋初年，楚国国君称王。春秋后期，吴、越国君称王。到了战国时期，周王室的势力更加弱小，再也无法约束地方，于是中原地区也兴起了称王运动，齐、韩、越、魏、秦、燕、中山、宋的国君都陆续自称为王了。许多王同时并存，为了争夺势力，必然形成彼此攻伐的局面，而混战的基本趋势，必然是新的统一，最后决出的优胜者，就将是新的最高统治者。帝制运动的兴起，是为了适应大一统国家的需要。

“皇”的原始意义是灯火辉煌，甲骨文中的“皇”字看着就像是在一座烛台上燃烧着的火焰，引申为“大”，也就是最尊贵的人，后来代指神祇，神性仅次于盘古和玉皇大帝。

天皇：即天皇氏，是中国太古时期杰出的部落首领。被尊为五龙之首，他是盘古后裔中第一位有卓越成就的领袖，曾帮助盘古治理日益增多的人民。

地皇氏是中国上古时代汉族传说中的神话人物，姓岳，名鉴（一说名铿），字子元，号文悦。长着女人的面容，高大的额头，马的脚掌，蛇的身体。他以火德称王于天下，继天皇氏之后成为部落首领。

泰皇，较后的书称为人皇，即传说中的太昊伏羲。

帝制，就是君主专制政体，君主终身担任国家元首，并且通过家族世袭的方式进行更替。帝制运动的兴起首先是从思想上开始的。远古时期，帝是上神的称号，比如天帝、玉皇大帝。“帝”代表着天上人间的最高主宰。出于统治的需要，对帝的崇拜，成为王统治臣民的工具，夏、商、周的王，都说他们的始祖是上帝所生，例如商朝有人说：“帝立子生商。”中国人自称是“炎黄子孙”，是说我们都是炎帝和黄帝氏族的后代，这个时候，帝已经不再仅仅是天神那么遥不可及了，而是成为一个部族的祖先。古时候，君主讲究君权神授，对神的崇拜和对帝的尊敬，就成为人间权力的来源和社会秩序的保障。为了强化这一思想，各种不同的祭祀随之产生。

战国中期以后，帝成为上古君主的称号。所以，在诸王并立的时代，每个部族和国家都有自己的上帝，例如秦、楚是以颛顼为上帝；商、周是以帝喾为上帝；陈以舜为上帝；田齐氏以黄帝为上帝等，这时的帝号带有浓重的血缘色彩。皇本是帝的形容词，后来也与帝一样，成为上古君主的称号。最出名的皇有三个，帝有五个，三皇五帝的观念就逐渐形成了。

周朝王室衰落之后，对地方的控制力也随之减弱，诸侯国先是僭越称王，接着掀起了帝制运动。对周王室权威的挑战首先来自中原文化圈之外的边远属国，早在西周时期，徐国率先称王，以安徽泗州（其都城先在山东郯城，后迁都至今安徽省泗县、江苏省泗洪县）一带为中心，建立徐国，在东夷中最为强大，结果春秋时为楚国所败，公元前 512 年为吴国所灭。周夷王之时（公元前 913 年前后）楚国就曾经称王，可是到了暴虐无道的周厉王即位，楚君熊渠害怕周王室兴兵讨伐，就自动把王的封号去掉了。公元前 704 年，楚君熊通攻打弱小的随国，随国国君说：“我无罪。”熊通说：“现在天下诸侯互相攻伐，背叛周王，楚国虽然是蛮夷，但手握精兵强将，想要替周王平乱。”然后让随国请求周桓王封他为王，周桓王不同意，熊通就自立为“楚武王”；战国时期，连中原地区的各国也相继称王了。许多王同时并存，必然造成混战的局面，而混战之后，必然形成新的统一，最后决出的优胜者，将是新统一体的最高统治者。

适应着建立大一统国家的需要，帝制运动应运而生。

战国以前，帝是上神的称号，被认为是天上和人间、社会和自然的最高主宰。战国中期，帝已经成为上古君主的称号，离凡人的距离更近了，帝也被赋予了许多优秀品质，逐渐成为君主的典范。战国后期，兼并战争愈演愈烈，小的国家基本已经被全部吞灭，剩下齐、楚、燕、韩、赵、魏、秦这七个实力强劲的国家，权力更加集中。及至六国覆灭，秦始皇即位，天下大权握于一手，称帝的条件终于完全成熟。

上古时期虽然也有名义上的统一国家，有五帝、三皇，但那时氏族林立，权力分散，也就不可能有真正统领全国的君主。华夏是许多部族长期融合的结果，不可能出自同一个祖先，也不会祭拜同一个神灵。因此，三皇五帝的概念，必定是由社会的发展需要慢慢形成的。秦始皇把统一的“皇帝”、统一的国家从可能变成现实，并且建立了一套完善的社会体系和制度，被沿用了两千多年。从这一点来看，秦始皇确实是“功盖三皇，德高五帝”的。

严明律法信赏必罚

秦国在治国思想上采取的主要是法家的理论，从商鞅开始就强调赏罚分明。后来的韩非更是法家思想的集大成者，他更强调了“信赏必罚”的必要性，并以文字的方式记录在《韩非子》中。

在《心度》中他说：“圣人之治民，度于本，不从其欲，期于利民而已。”意思是圣人治理民众，把法度当作国家的根本，惩罚民众并不是因为厌恶民众，更不是为了满足自己的私欲，而是期望有利于民。有功必赏，有罪必罚，天下就能保持太平。赏赐太滥，大奸大恶之徒就会出现；刑罚过轻，法律的尊严就得不到彰显。所以，信赏必罚是治国成功的首要措施。

在人性方面，韩非继承了师傅荀子的观点，认为人性本恶，人的本性都是趋利忘义的，不会有人喜欢法度，所以更突出了法度的必要性。人的本性是好逸恶劳的，贪图安逸就会导致事业的荒废，国家也就治理不好，而这一切的最终结果就是天下大乱。所以如果不制定赏罚的话，国家的根基就会动荡。如果君主想要有所作为，人民却不愿意出力，是不可能建立大的功业的。想搞好法治却墨守成规，民众混乱的局面也不可能得到改变。所以，治理国家没有永恒不变的规矩，唯有与时俱进，法度才能随着时代而变化，那么天下大治；治国的措施才能适应不断变化的社会现实，就能功勋卓著。

韩非在人性本恶的基础上提出“法治”的必要性，很符合当时秦国的国情和秦王政迫切希望建功立业的心情，所以秦王政很看重韩非。韩非提倡的是君主专制，也适应了当时社会的发展趋势。他说一个国家强大的原因在于政治措施得力，君主受到尊重的原因在于手中握有权力。明君有权势而且善用，昏君也有权势但不善用，二者都很有实力，但政治措施大为不同，所以立国的原则不同，政绩也差异很大。因此，英明的君主掌握权势而地位尊贵，政令只出于君主，国家就能富强。

能尽力于耕种的国家就富裕，能调动起力量对敌的国家就强大，强大而不被遏制，就能称王于天下。所以，王者之道在于允许什么，禁止什么，能够禁止奸邪行为。帝王之术不在于指望敌人不来捣乱，而是致力于使敌人无法捣乱。心存幻想不注重实际，国家就会被削弱。不事耕战而依赖私学，君主的威望就要降低，国家必致削弱。所以立国用民的一般法则在于：能够禁闭外势、阻塞私行而着眼于自强自力，就可以达到称王于天下的目的。

在《制分》中，他又详细说明了信赏必罚的原则：凡是疆域广大、君主独尊的，向来都是因为法制严厉而可以在天下达到令行禁止的。因此作为君主在划分爵位、制定俸禄时，就必须严格执法，君主治理民众不能掌握法度除恶务善，也就等于没有法制了。

为了避免国家大乱，君主应当把区分刑赏作为第一要务。没有哪位君主实行赏罚时是不加区分的，然而有的所谓“区分”，是拿不同标准进行区分，比如按照君主的好恶而不注重事实，这样并不能称为真正的区分。明君是按统一标准进行区分的，因此明君统治下的民众都重视法制畏惧禁令，既希望不要犯罪，又不敢妄自取赏。所以说，不等到用刑用赏，民众就都服服帖帖地做事了。

法律严明，依靠的是法律条文而不是个别的人才。人才的力量总是有限的，没有办法顾及所有的方面，只凭他一人，国家终将颓败。只有制定严明的法度，让全民参与，每个人都懂法守法，国家才能运行良好。所以在强盛的国家里，人们总是排斥空谈而注重有实际功用的法度。

花言巧语所掩饰的错误是难以发现的，因此刑赏容易被表里不一的情况所惑乱。依据条例则不能发现虚功，按照常情判断就发现不了隐情。这样一来，刑罚和赏赐又怎会公平呢？因此，徒有虚名的人就利用法律的漏洞巧取私利，种种虚伪狡诈的人串通一气，用虚无的道理迎合世俗、取悦社会。所以国法得不到执行，而罪不容诛的犯人得以逃脱制裁。这样的话，刑罚和奖赏怎么会不发生歧义呢？赏罚不公并不是法律造成的，而是由于在实际过程中，执法之人没有严格按照法律办事，他凭借的是自己的偏私和见解。放弃法制而依靠个人智慧，接受任务的官员怎能把握要领？法令又怎会不出差错？因此，赏罚混乱不堪，国法错误百出，是由于刑赏区分不明造成的。

韩非明确提出了赏罚分明的必要性，因此得到秦王政的信任，在统一过程中，他也确实做到了汲取众人之智，在赏罚上很讲究技巧，比如王翦出征之前，一再要求赏赐，秦始皇于是赐给他许多财产，使得王翦安心出征。天下统一之后，他虽然吸取历史教训没有对皇亲国戚进行分封，却对有功之人都进行了赏赐，有的赏赐是名义上的，有的是利益上的，这对稳定局面起到了不可估量的作用。

图腾崇拜与黑衣铁甲

图腾，是神灵的载体，是部族的保护神，用来作本氏族的徽号或象征。司马迁在《史记·秦本纪》中，详细记载了关于秦国来源的一些传说和秦人当时的图腾崇拜。

秦人的祖先，是颛顼帝的远代子孙，名叫女脩。女脩长得非常美丽，身体纤弱，面容姣好。一天她在织布的时候，看见一只黑鸟遗落了一颗蛋，女脩把它吞食了，没有想到竟然因此怀孕，后来生了一个儿子，名叫大业。大业娶了少典部族的女儿，名叫女华。女华生下大费，大费是个很有才能的人，他曾经辅助大禹治水。治水成功后，舜帝为表彰禹的功劳，赐给他一块黑色的玉圭。禹接受了赏赐，说："治水不是我一个人能完成的，也要靠大费的帮助。"舜帝说："大费，你立下功劳，我就赐你一条黑色的旌旗。你的后代将会兴旺昌盛。"于是把一个姓姚的美女嫁给他。大费行拜礼接受了赏赐，为舜帝驯养鸟兽。大费生有两个儿子：一个名叫大廉，这就是鸟俗氏；另一个叫若木，这就是费氏。大廉的玄孙是孟戏、中衍，他们两人长着人头鸟身，会说人话。还有很多相关的文字记载，都说秦人的祖先中有好几位都是"鸟身人言"，也就是说身体是鸟，但是会

廖叔安，出生于西蓼（今河南省唐河县一带），是廖氏宗祖。夏朝时，廖叔安因追随大禹治水有功，分封蓼国为侯，始称"蓼王"。

说人话。

这些传说，反映了当时的秦人对于黑鸟的崇拜，秦人的图腾也就是玄鸟。

玄鸟是古代汉族神话传说中的神鸟。《山海经》中记载：四翅鸟类，羽毛呈淡黄色，喜食鹰肉，性暴戾，居于平顶山。玄鸟是黑色的大鸟，长着四只翅膀，羽毛呈淡黄色，喜欢吃鹰肉，性格急躁，脾气暴戾，居住在平顶山。玄鸟的初始形象类似燕子，后来随着氏族部落的不断发展和融合，玄鸟就逐渐演变成了有鸡冠、鹤足和孔雀尾巴的凤凰了。

玄鸟是一种很凶残的飞禽，曾经受到很多部族的崇拜，《诗经·商颂·玄鸟》说：

天命玄鸟，降而生商，宅殷土芒芒。古帝命武汤，正域彼四方。

方命厥后，奄有九有。商之先后，受命不殆，在武丁孙子。武丁孙子，武王靡不胜。

龙旗十乘，大糦是承。邦畿千里，维民所止，肇域彼四海。

四海来假，来假祁祁。景员维河。殷受命咸宜，百禄是何。

就是说殷商的先祖叫契，也是由玄鸟生下来的，后来建立了强大的商朝。因此玄鸟就成了商人的始祖了。《史记·殷本记》也记载了这段历史：“殷契、母曰简狄，有绒氏之女，为帝喾次妃……三人行浴，见玄鸟随其卵，简狄取而吞之，因孕生契。”说的是契的母亲叫简狄，原本是有绒氏的女儿，后来成了帝喾的第二个妃子，她在洗澡的时候，碰见玄鸟留下了一颗蛋，吃了之后生下契。除了殷商之外，满清的始祖和朝鲜新罗的始祖也是和人类吞食玄鸟卵有关的。无论玄鸟或是凤凰，都是随着道教的发展，而把它由一只雀鸟、孔雀或山鸡等，先变成一个半人半禽的、传人兵法的仙女到完全是人的仙女。

由于玄鸟是黑色的，舜又赐给大费黑色的旌旗，再加上秦始皇声称自己获得的是水德，水属于黑色，所以秦人最崇敬的颜色，是黑色。在《史记·秦始皇本纪》中，秦国的军队身穿黑甲，整齐划一，铺天盖地。

黑色的军阵带来的是深沉的威严，再加上秦军作战凶猛，不怒自威，有极大的渲染力，敌军看到后，尚未开战，军心已经开始涣散。开战之后，敌军在秦军奋不顾身的冲击下，失败的概率就更大了。秦军的凶猛，前文早已提到，六国之人及后世史家都称之为“虎狼之师”，但秦军同样也有慷慨激昂的一面，《诗经·秦风·无衣》是《诗经》中最为著名的爱国主义诗篇，它是秦人为了抗击西戎入侵者而作的军中战歌。在这种反侵略的战争中，秦国人民表现出英勇无畏的尚武精神，也创造了这首充满爱国主义激情的慷慨战歌。

岂曰无衣？与子同袍。王于兴师，修我戈矛。与子同仇！

岂曰无衣？与子同泽。王于兴师，修我矛戟。与子偕作！

岂曰无衣？与子同裳。王于兴师，修我甲兵。与子偕行！

出征之前，将士互相鼓舞：“军情紧急，没有战铠，这点儿困难又算得了什么？我愿与你共披衣甲，出征的号令已经响起，快快修好我们的戈与矛，让我们同仇敌忾，共赴战场！”

秦军以黑色为最尊贵的颜色，所以才有了电影中威严的黑衣铁甲，远远望去，像是死神降临。

规模庞大的阿房宫

“六王毕，四海一，蜀山兀，阿房出。”这四句是杜牧《阿房宫赋》里的句子，说的是秦始皇在登基两年之后，便开始修建阿房宫，以凸显皇权的威严。

至于阿房宫的名称，其实它并不是整座宫殿的名称。“阿房”原来只是朝宫前殿的名字，秦始皇本打算在整座朝宫建成之后再选一个名字的，但由于宫殿规模实在太大，一直到秦朝灭亡也没有竣工，人们就把它称为阿房宫了。这座宫殿为何取名“阿房”，历代记载分歧，说法不一，主要有以下几种观点：

一、有人认为是由于宫址靠近咸阳而得名的。阿，是距离很近的意思，宫殿靠近咸阳，就被称作“阿房”。

二、在《史记·秦始皇本纪》索引中解释说：“此以其形命宫也，言其宫四阿房广也。”阿，在古意中也可解释为曲处、曲隅、庭之曲等。阿房宫“盘结旋绕、廊腰缦回、屈曲簇拥”的建筑结构就体现了这种“四阿房广”的风格和特点。

三、还有一观点出自《汉书·贾山传》：“阿者，大陵也，取名阿房，是言其高若干阿上为房。”这是说由于宫殿建筑在高大的地基上，也就是大陵，所以取名阿房。从考古发掘来看，这种说法也很有道理。从发掘的古阿房宫的遗址可以看出，当年的阿房宫坐落在地势高峻的丘陵上，这里至今还残存着宫殿的高大地基。在阿房村村南附近，有一个宫殿遗留的大土台基，周长约三十一米，高约二十米；在村西南还有一个据考证是阿房宫前殿遗址的高大夯土台基，东西长约一千二百米，南北长五六百米，最高处约有八米。阿房宫就建在这些高峻的台基之上，恰如《汉书》所言“高若干阿上为房”。

阿房宫自秦始皇在世时开始修建，至二世时尚未修完；有关阿房宫修筑的原因，《史记》中有记载。一是秦始皇认为咸阳人多，先王宫廷小；二是秦始皇派人求“仙人不死之药”，遇方士卢生，卢生入海求仙失败，于是编造谎言，让秦始皇隐藏自己的行踪，起到“辟鬼”的效果，居住的宫室也不要让人知道，这样，“真人”可至，“不死之药”可得。秦始皇竟然真的相信了，于是就造了阿房宫。

至于阿房宫的规模，史书中也没有详细的记载，而且各书记载的也不尽相同。只能大概推断一番：阿房宫正殿（前殿），东西长五百步，南北长五十丈，“五步一楼，十步一阁”，殿前竖五丈旗杆，殿中可容十万人。宫门前竖立着十二个坐高三丈、重达千斤的铜人，身着胡服，背上还铸有李斯、蒙恬的刻字。宫殿四周环绕着宽阔的道路，阔道从殿前可直接到达终南山山顶。从阿房宫至渭水北岸，有一座美丽的拱桥，如同彩虹一般连接渭水两岸。杜牧的《阿房宫赋》描写拱桥："长桥卧波，未云何龙。"据说桥长三百八十步，宽六丈，共六十八个圆拱，八百五十根柱子，桥之南北雕有力士孟贲等人的巨型石像。此桥修成，使渭水南北的宫殿楼阁连为一体。前殿的基址到现在还有，至今仍高出地面十米有余。对阿房宫不同凡响的规模和气魄，唐代大文豪杜牧在《阿房宫赋》中有精彩的描写："覆压三百余里，隔离天日。"秦统一后，大兴土木，为了建造浩大豪奢的阿房宫，砍尽蜀地林木，致使蜀山变成秃山，其规模很大，蜿蜒三百余里。高大的殿宇遮住了阳光，从骊山向北，再往西折，宫殿楼台直通咸阳。

阿房宫连绵三百里，以阿房宫正殿为中心，东至骊山温泉（今陕西省西安市临潼区东南），西抵雍都（今陕西凤翔南），南达终南山，北到咸阳北坂。阿房宫中居住着六国的女子，她们辞别了故国，成为秦皇的宫女。她们泼下的脂粉水，使渭水涨起一层脂膏，焚烧的椒兰异香，汇集成轻烟缭绕，香雾弥漫。忽然间响起的雷霆般的声音，是皇帝的宫车经过，辘辘的车轮声渐渐远去，没有人知道它驶向何方。

《史记·秦始皇本纪》载："咸阳之旁二百里内，宫观二百七十，复道甬道相连，帷帐钟鼓美人充之，各案署不移徙。"《三输旧事》中也云："后列女，万有余人，妇人之气，上冲于天。"史家都记载了当时的秦始皇骄奢淫逸的场景，说他从战败国中掳掠了无数的女子，充斥在阿房宫中，在当时，女子的地位低贱，在战争中和货物一样，都是战利品。她们个个打扮得娇媚艳丽，极尽妩媚，每天翘首期盼，希冀皇帝宠幸。宫女嫔妃的装束，也要按皇帝的嗜好打扮，"当暑戴芙蓉冠子，以碧罗为之，插五色通草苏朵子，披浅黄丛罗衫，把云母小扇子，鞭蹲凤头履，以侍从"，秦始皇好神仙，常令宫人梳仙髻，贴五色花子，画云凤虎飞升。

六国收藏的宝物堆积如山，都是当地国君历经多年掠夺来的，可是国家破亡之后，就无法保留，全部运送到阿房宫中。珍宝太多，把美玉看作石头，把黄金看作土块，把珍珠看作砂石，扔得到处都是，秦人看着，也不觉得可惜。

《西京杂记》中记载，宫中有能够看透人心肺腑的一块方形镜子，宽四尺，高五尺九寸。人站在镜子前面，就可以看见自己的影子，把手放在胸口上，就能看见肠胃五脏，而且非常清楚。如果哪个女子心存奸邪的话，从镜子中就能看见她胆张心动。秦始皇常常用这个镜子来照宫女嫔妃，“胆张心动者，则杀之”。秦始皇喜欢杀人，宫女在他面前很少有不害怕的，所以“胆张心动”也可以理解为“胆战心惊”，是宫女心里紧张的表现。但在秦始皇看来，宫女之所以紧张，是因为她们有亏心事，想要谋害自己，是“心存奸邪”的表现。以此杀人，足见秦始皇的暴虐和荒谬。

宫中挂着奇异的青玉五枝灯。灯高七尺五寸，做成虬龙的样子，龙口衔灯，将灯点燃，龙的鳞甲就会动起来，满室生辉。可是无数的珍奇异宝堆在宫中，仍然满足不了骄奢淫逸的秦始皇，他还要长生不老，却已经使人民苦不堪言了。秦始皇喜欢奢侈繁华，百姓也顾念自己的家。他在掠取珍宝时锱铢必较，耗费起珍宝来就像对待泥沙一样。当时人民实在无法承受这样繁重的徭役，民间流传出一句童谣：“阿房，阿房，亡始皇。”

朝堂上一片歌功颂德声

秦始皇尊崇法家，是因为法家的实用主义，他要统一全国，就要向前看，强调现实发展。在他看来，儒生只是一群喜欢说空话的无用之人。秦始皇年轻时还很尊重别人的意见，但晚年的时候失去了锐意进取的精神，志得意满，只爱听虚泛的赞歌。

皇上喜欢用重刑、杀戮显示威严，官员都怕获罪，都想保持住禄位，所以没有人敢真正竭诚尽忠。皇上听不到自己的过错，因而一天更比一天骄横。臣子担心害怕，专事欺骗，屈从讨好。秦始皇经常出行，也想听取别人的意见，但面对天子的威严又有何人敢说真话？一路上听到的都是赞美秦始皇功业的声音，秦始皇听着很受用。驰道修好之后，秦始皇也曾亲自视察过，大队人马浩浩荡荡地行走在新修好的驰道上，皇家的威仪顿时显现出来。

新完工的驰道宽五十步，每隔三丈种一棵树，路基全用碎石铺垫，高出地面许多，一直延伸到天边。秦始皇将要经过的路段，当地官员早已派人打扫干净，再铺上细沙，车马过处，连灰尘都不会扬起。每经过十里，都会有地方官员聚集在十里长亭上前跪拜迎接，城门及街道两旁跪满了百姓，齐声高呼万岁。

秦始皇喜欢接见地方上德高望重之人，听取他们的意见。但是有谁敢吐露出半点儿抱怨的声音呢？早在秦始皇到来之前，地方官员就已经找到那些人，商量好了说词，免得遭到屠戮。于是秦始皇一路之上就听到了无数的赞歌，他们极力赞扬始皇帝的丰功伟业，却隐瞒了真实情况。秦法太过严厉，民众动辄得咎，触及法网而不自知，在这种高压政策下，民众没有丝毫的自由可言。天下虽然一统，但北击匈奴、南征百越，百姓的兵役不减反增；筑长城、修宫殿，民众的劳役更加沉重。

秦始皇一开始听到这些歌功颂德的话，还会感到怀疑，但时间一久，所听到的全是赞扬声，也不由得他不相信。听惯了阿谀奉承，一天不听，就像缺少了点儿什么似的。

秦始皇每次出行时，都会带上李斯，李斯总会在适当的时机说出：“陛下圣明，陛下的观点创新独特，非臣等所能想象！”

驾车的赵高也总是在他有所怀疑的时候为他“解疑”：“陛下天降圣明，别具慧眼，岂是一般君王所能比的？用的人当然都是廉洁称职，立的法必然放之四海皆准，不会与当地百姓格格不入，自然人民皆乐于遵守！”

天降圣明？不错，除了天降圣明，谁能在短短十年间灭六国，统一四海？到目前为止，他做的哪一件事不是为百姓谋福利？哪一件事不是为了要开万世太平？

秦始皇年轻时，六国的威胁还在，此时的嬴政是个胸怀大志的人，他愿意倾听臣下的意见，尊贤重仕。他用人不疑，臣下的建议往往都能被他采纳，甚至于在发现郑国疲秦的阴谋之后，仍然继续重用他，修建完了郑国渠，使关中地区一跃成为当时天下最富庶的地区，加速了秦灭六国的速度。李斯的《谏逐客书》呈上去之后，他意识到驱逐客卿会使秦国人才流失，对国家不利，于是废除了逐客令，并重用李斯。顿弱在面见秦始皇的时候，首先提出不行跪拜之礼，秦始皇应允，见面之后顿弱批评他禁锢母亲，这时候的秦始皇虽然怒火冲天，但还是听完了顿弱的话，并最终采用了他的计谋。史料中记载他唯一一次大杀谏臣，是在他平定嫪毐叛乱、禁锢母亲之后，残忍地杀害了二十七个劝谏的人，之后茅焦不惧生死继续劝谏，终于使他消除了怒火。

等到六国统一，登上帝位之后，他已经建立了前无古人的伟大功业，开始耽于享乐，求神仙，修宫室，残酷地压迫人民。秦律本来就十分严苛，秦始皇虽然不算以杀人为乐，但他打击敌人的手段依然十分残忍，嫪毐叛乱被抓之后，五马分尸，嫪毐和太后生的两个孩子，也就是秦始皇同母异父的兄弟，用棉被包裹摔死。直到后来的焚书坑儒，秦始皇一次坑杀数百人。朝廷里的文人，此时估计已经被吓破了胆。不光文臣，就连深受秦始皇信任的蒙恬也没有尽到人臣劝谏君主的责任。司马迁在《史记》中说蒙恬在抗击匈奴之后“不以此时强谏，振百姓之急……而阿意兴功”，意思是他没有在这个时机劝谏秦始皇放弃劳民伤财的举措，而是阿谀奉承，迎合秦始皇的意愿。

秦始皇的凶狠固然和法家思想的严苛分不开，也和他自身有关。按照这个记载，秦始皇是一个魁梧的大汉。可是曾经受到秦始皇重用的尉缭的说法就完全不是这个样子了。在尉缭的形容中，秦始皇不是一个俊美的大男子，而是一个长相丑陋、声音畸形的凶狠角色。但是无论魁梧还是畸形，都不是善类。早在六国统一之前，尉缭就说他凶残，等到敌人肃清了之后，他的地位达到无以复加的程度，帝王喜怒不定的一面在他身上表现得淋漓尽致，大臣整日里都在担惊受怕，还有谁敢提意见呢？

秦始皇大修皇陵

古人认为，人死后思想不灭，因而特别注重陵墓的修建，作为最高统治者的皇帝更是毫不例外地选择修建规模庞大的陵墓。《周易·系辞》云："古之葬者，厚衣之以薪，葬之中野，不封不树。"远古时代殡葬极为简易，随着人类社会的发展，对死者的埋葬问题逐渐发展成为一件大事。中国皇家陵寝主要有西安临潼的秦始皇陵、陕西汉唐陵、河南宋陵、南京明孝陵和北京明十三陵、清代关外三陵和河北清东陵、清西陵、西藏自治区琼结县藏王墓、北镇辽代皇家墓葬、宁夏银川西夏王陵。

秦始皇在即位不久就已经开始修建陵墓了。《史记·秦始皇本纪》记载："始皇初即位，穿治郦山，及并天下，天下徒送诣七十余万人。"

《史记》中说秦始皇刚刚即位的时候，就挖通了郦山，到统一天下后，从全国各地送来七十多万徒役。从这些话里可以看出，秦始皇很有可能是在统一六国之后才开始大修陵墓的，他二十二岁才亲政，在此之前的九年时间里，都是由吕不韦把持朝政，吕不韦不可能花费全国的力量给皇帝修陵墓。等到他加冠亲政，独掌大权之后，天下还没统一，那时他的首要任务是灭六国。秦始皇二十六年，那一年他三十九岁，统一了天下，终于有机会腾出手来大修陵墓了。

秦始皇找来心腹大臣，商议修建陵墓的事情，参加者有左丞相李斯、右丞相冯去疾，廷尉蒙毅、赵高、程郑、田齐及掌管山林、税收的少府。此时的秦始皇，建立了庞大的帝国，他的欲望也随之膨胀，变得好大喜功。

左丞相李斯善于揣摩皇帝的心思，于是第一个发言："古人有三不朽之说，立德、立功和立言。陛下恩威并施，统一宇内，永息战争之祸，功盖三皇五帝，是无量之德；平定海内，驱逐蛮夷，开拓万里疆土，是无上之功；更立法制，废除分封，建立郡县制度，更是不凡之言。陛下兼具三不朽，宫殿及陵墓也必须与此匹配，超出以往的宏大规模。”

右丞相冯去疾表示反对：“陛下所立的德、功、言既已能永传后世，何必再劳民伤财，多此一举？古代先贤尧、舜建造房屋的时候，使用原木做房梁，连树皮都不刮掉，屋顶盖的茅草都不修剪，百姓到如今还歌颂他们的德行不止。大禹治水，三过家门而不入，亲自操作铁杵，直到如今家家户户都仍在感怀他的治水之功。孔丘生前不得意，但他教化万民，所著的《春秋》传诵至今。可见立德、立功、立言必须有益于世，方可传之不朽。陛下之功、德、言都已远超三皇五帝，不必再大兴土木来彰显。”

赵高是阿谀奉承之徒，此时也和李斯沆瀣一气：“陛下日夜为百姓忧心操劳，兴建宫殿也只不过是表示天下百姓对陛下的一点儿感恩之情。陛下为开天辟地以来第一个皇帝，当然应该与众不同，以天下之大，大秦国势之盛，兴建区区一座陵墓，算不得是劳民伤财！”

接着轮到上卿蒙毅发表意见，他担忧地说：“北方筑长城，所需人力甚多。而百越地区也要遣民戍边，但中原人一直安土重迁，筑长城也好，移民戍边也好，目前全靠流放的人犯。最近地方纷纷上报，流放人口已不足，只好让平民百姓来充数，假若再用大量人力，恐怕会引发民怨，望陛下三思！”蒙毅的肺腑之言秦始皇听着却不那么受用。

大臣互相辩论，赞成与不赞成的两派人唇枪舌剑，纷纷引经据典或根据目前状况彼此辩驳。最后秦始皇还是决定大修皇陵，除能工巧匠外，调集各方百姓七十万修筑。秦始皇陵规模庞大，总共耗时三十七年，甚至到他死去仍然没有建造完，秦二世即位后继续修建。

秦始皇之所以要安葬在骊山，据北魏时期的郦道元解释：“秦始皇大兴厚葬，营建冢圹于骊戎之山，一名蓝田，其阴多金，其阳多美玉，始皇贪其美名，因而葬焉。”郦道元认为秦始皇之所以葬在骊山，是因为骊山多产黄金美玉，秦始皇贪图美名。他的观点受到学术界多数学者的肯定。也有学者提出异议，持否定意见的一方认为，秦始皇陵选在骊山之一是取决于当时的礼制，二是受“依山造陵”传统观念的影响，从风水角度来看秦始皇陵也不失为一块理想的风水宝地。骊山风景优美，以特有的温泉和风景而闻名于世，西周末年的周幽王与爱妾褒姒曾在这里演出了一场烽火戏诸侯的闹剧，最终葬送了西周王朝。而秦始皇在骊山大兴土木，使得生民疲敝，无以为生，最终也成为大秦帝国坍塌的导火线。

古今第一皇家陵寝

秦始皇陵是中国历史上第一个皇帝陵园，其巨大的规模、丰富的陪葬物居历代帝王陵之首，充分体现了中央集权制封建皇权的至高无上。陵园按照秦始皇死后照样享受荣华富贵的原则，仿照秦国都城咸阳的布局建造，大体呈“回”字形。秦始皇陵位于中国陕西省西安市临潼区城东五千米处的骊山北麓。

秦始皇陵园筑有内外两重夯土城垣，象征着都城的皇城和宫城。内城为正方形，周长三千八百四十米，除北面开两门外，其余三面各开一门。外城为长方形，周长六千二百一十米，四面各开一门。陵冢的位置在陵园的南部。秦始皇陵采用封土加高的方式修建而成，陵上封土原高约一百一十五米，在两千年的风吹雨打侵蚀下存留至今，现仍高达七十六米。1974 年 1 月 29 日，在秦始皇陵坟丘东侧一千五百米处，当地农民打井时无意中挖出一个陶土制作的武士头。后经国家有关部门的挖掘，终于发现了使全世界都为之震惊的秦始皇陵兵马俑。现代考古证明，秦始皇陵地宫完整地保存在封土堆下，几千年来未被盗掘。

秦始皇陵的地宫中堆满了奇珍异宝。《史记・秦始皇本纪》有比较具体的记述：向下穿凿，穿过三重泉水，然后灌注铜水，填塞缝隙，把外棺放进去，又修造宫观，设置百官位次，把珍奇器物、珠宝美玉等搬了进去，放得满满的。命令工匠制造由机关操纵的弓箭，如有人挖墓一走近就能射死他。用水银做成百川江河大海，用机器灌注输送，墓顶装有天文图像，下面置有地理图形。用人鱼膏做成火炬，可以持久燃烧而不会熄灭。又让那些没有子女的妃嫔全部殉葬。有人说制造机械的工匠知道墓中宝物，难免会泄露消息。等到秦始皇的丧礼完毕，宝物藏进陵墓之后，就封闭了墓道中间的一道门，又把墓地最外面的一道门放下来，工匠全部被封闭在里边，没有一个再出来的。墓上栽种草木，从外边看上去就是一座普通的小山。秦始皇陵可谓是“上具天文，下具地理”，体现的是中国传统建筑的设计思想“天地相应，人神一体”。

秦始皇曾经自称：“朕为始皇帝，后世以计数，二世三世至于万世，传之无穷。”秦始皇认为，凭借着坚固的城池和牢不可破的关中基地，一定可以确保他组建的帝国永远延续下去。关中地区有高山阻隔，有大河环绕，形成坚固防御，是个四面都有要塞的地区。从秦穆公以来，一直到秦始皇，二十多位国君，经常在诸侯中称雄。并不仅仅因为代代贤明，关中地区独特的地理优势也起到了很大的作用。虽然他这么说，但在营造自己的陵墓时，仍然十分重视防盗。

古人视死如生，下葬的时候往往会用许多贵重物品陪葬，由此导致了盗墓风气的产生。古墓被盗严重，由此造成的损失不可估量。以全国已经发掘的数千座汉墓为例，据介绍，只有三座墓葬幸免。盗墓者一般分为两类：一类是民盗，也就是民间一些以盗墓为职业的人；另一类是官盗，大多是封建军阀，像汉末的董卓、曹操，五代的温韬，到民国时的孙殿英等，都很有名，他们往往动用大批士兵，明火执杖地抢掠。秦始皇陵设计得十分精巧，又非常隐蔽，难以被盗，所以在众多帝王陵寝中，它一直保存得相对完好。

秦始皇陵中最神秘的防盗结构是“机弩矢”，也就是可以自动发射的弓弩。机弩矢究竟是什么样子，谁也没见过，也没有详细介绍的史料，史家在叙述时，也只是大概描述了一下它的作用。秦始皇陵兵马俑坑出土的弩弓，都是性能良好的强弓劲弩，如果把装上箭矢的弓弩相互连接，根据机械原理制作自动发射的装置，是有可能在一定条件下自动连发，实现自行警戒的目的。有研究者认为，这种“机弩矢”，实际上就是“暗弩”。因为秦始皇陵内藏有大量珍奇宝贝，为了防盗，就在墓门内、通道口等处安置上这种触发性的武器，一旦有盗者打开墓门进入墓穴，就会触动连接弓弩扳机的机关，遭到猛烈的射击。

秦始皇陵兵马俑遗址

《史记·秦始皇本纪》在描写秦始皇陵内部结构的时候，多次说到了“机”：1. 令匠做机弩矢，有所穿近者辄射之。2. 以水银为百川江河大海，机相灌输。3. 葬既已下，或言工匠为机，臧皆知之，臧重即泄。文中的“机”，可能就是当时的人们根据机械原理设计出来的机械装置，是当时最先进的机械技术用于制造陵墓工程的记录。

为了避免盗贼挖进陵墓，秦始皇采取了所谓“下铜而致椁”的方法。《汉书·贾山传》说：秦始皇的陵墓工程动用数十万人，连续施工十年，下及三泉，又合采金石，熔化铜材以加锢其内。书中一方面说其深埋，一方面说其坚锢，都有防止盗扰的意义。

秦始皇陵是世界上规模最大、结构最奇特、内涵最丰富的帝王陵墓。秦始皇陵兵马俑是可以和埃及金字塔、古希腊雕塑相媲美的世界人类文化的宝贵财富，充分表现了两千多年前中国古代劳动人民巧夺天工的艺术才能。秦始皇陵中出土的众多文物，为后世研究秦朝历史提供了丰富的素材。利用先进的科学技术，虽然可以挖掘皇陵地宫，但是挖掘后无法保护，而且有一定的危险性。就像兵马俑一样，挖掘出来的时候都是有彩绘的，等过了大概一周之后，颜色就全部氧化了。据博物馆的一位副馆长透露，五十年内秦始皇地宫不会挖掘。

秦始皇陵的修建是一件浩大的工程，和阿房宫、长城一起成为当时压在百姓头上的三座大山，繁重的劳役使人苦不堪言。唐人曹邺有题为《始皇陵下作》的诗作，其中写道："千金买鱼灯，泉下照狐兔。行人上陵过，却吊扶苏墓。累累圹中物，多于养生具。若使山可移，应将秦国去。舜殁虽在前，今犹未封树。"诗中批评了秦始皇滥用民力，说他耗费千金制作了长明灯，人们来到这里，登上高大的陵丘，心中所怀念的，不是埋在下边的秦始皇，却是冤死的公子扶苏。又拿他与舜的薄葬相比，批评了他的荒淫无道。

气吞山河的兵马俑

秦始皇陵中最令人惊喜的发现就是兵马俑。秦始皇陵园及其附近发现的大型兵马俑坑以及其他附属建筑，为人们研究秦朝历史提供了宝贵的资料。秦始皇陵兵马俑位于陕西省西安市以东三十五千米的临潼区秦始皇陵兵马俑陪葬坑内。1974 年，西安市临潼区村民在打井时发现了大大小小的残俑，经考古工作者的发掘，揭开了埋葬于地下两千多年前的秦俑宝藏。大秦帝国的铁甲雄师逐渐展示在世人的面前。

在已发现的三座俑坑里出土了大量的兵马俑，里面有和真人、真马大小相似的陶俑、陶马近八千件。有车兵、骑兵和步兵等不同的兵种，排列整齐有序。陶俑的形象各不相同，考古工作人员先后发现了有黑色眼睛、灰褐色眼睛的兵马俑，还发现了一个眼珠为红色、瞳仁为黑色的彩绘兵马俑头，让人震惊不已。此外还有一个级别颇高的将军俑，他穿的鱼鳞甲做工精细，铠甲边缘处有彩绘图案，腰部以下保存完整，俑上残存有彩绘，呈现几何形状，铠甲甲片较小，说明其级别是相当高的。兵马俑被誉为“世界第八大奇迹”“二十世纪考古史上的伟大发现之一”。

秦始皇陵兵马俑坑位于秦始皇陵东侧，坐西向东。最早发现的一号俑坑呈长方形，东西长二百三十米，南北宽六十二米，深约五米，总面积一万四千二百六十平方米，四面有斜坡门道，左右两侧又各有一个兵马俑坑，考古学者定名为二号坑和三号坑。俑坑布局，似乎是仿照当时军阵的实际情况而设计的。

在一号坑中，已经发掘出武士俑五百余件，战车六乘，驾车马二十四匹，还有青铜剑、钩、矛、箭、弩、戟等实战用的青铜兵器和铁制兵器。军士手中都拿着三米左右的长矛、戈、戟等兵器。在方阵的南北两侧各有一列武士俑分别面南、面北和面西，以防止旁侧和后部受到敌军的突然袭击，是军阵的翼卫和后卫。从整体上看，东端三列步兵俑面向东方，每列六十八尊，是军阵的前锋；后面接着战车和步兵相间的三十八路纵队构成军阵主体；他们披坚执锐，军容严整，气势雄伟，势不可当，整个军阵队列整齐，装备完好，将士精神抖擞，英姿飒爽。看着他们就好像看见了喊杀震天、战马嘶鸣的古战场。

从已经发掘的兵马俑上看，其种类大致可以分为以下几种。

一、军士俑。车士，即战车上除驭手、驾车者之外的士兵。一般战车上有两名军士，分别站在战车两边，他们外披铠甲，手持矛、戈、戟等长兵器。此外还发现有指挥作战的军吏俑。

二、驭手俑。驭手为驾驶战车者，俑在三座俑坑中均有出土，他们身穿长襦，外披铠甲，臂甲长及腕部，手上有护手甲，胫着护腿，脖子上围有颈甲，头上戴有巾帻及长冠，双臂前举做牵拉辔绳的驾车姿态。由于古代战争中战车的杀伤力极强，因而驭手在古代战争特别是车战中地位尤为重要，甚至直接关系着战争的胜负。

三、跪射俑。跪射俑出土于二号坑东部，所持武器为弓弩，与立射俑一起组成弩兵军阵。立射俑站在四周，而跪射俑蹲在阵心。跪射俑左腿蹲屈，右膝着地，做持弓动作。皇陵曾经发生坍塌，跪射俑下蹲的姿势使其免受伤害，所以保存得非常完好。

四、立射俑。立射俑与跪射俑一起组成弩兵军阵。立射俑站在四周，而跪射俑位于方阵中心。

五、武士俑。武士即普通士兵，俑平均身高约一点八米。作为军阵主体，在秦俑坑中出土数量最多，按照着装可分为战袍武士和铠甲武士。他们作为主要的作战力量分布于整个军阵之中。

六、军吏俑。军吏俑从身份上讲低于将军俑，有中级、下级之分。从外形上看，头戴双版长冠或单版长冠，身上穿的甲衣也有几种不同的形式。军吏俑整体上比较高大，双肩宽阔，挺胸伫立，神态肃穆，但不如将军俑体魄丰满魁伟，更多地表现出他们勤于思考、勇武干练的一面，有的思念家乡。

七、高级军吏俑，也称将军俑，在秦俑坑中数量极少，出土不足十件，分为战袍将军俑和铠甲将军俑两类，共同特点是头戴燕尾长冠，身材高大，约有一点九米，气质出众超群，具有大将风度。战袍将军俑着装朴素，但胸口有花结装饰，而铠甲将军俑的前胸、后背以及双肩，共饰有八朵彩色花结，华丽多采，飘逸非凡，衬托其等级、身份以及在军中的威严。

八、骑兵俑。骑兵俑出土于一、二号坑，有一百一十六件，多用于战时奇袭，身穿短小轻巧的铠甲。

九、铜车马。秦陵共出土两辆大型铜车马，铜车马主体为青铜所铸，一些零部件为金银饰品。各个部件分别铸造，然后用嵌铸、焊接、粘接、铆接、子母扣、纽环扣接、销钉连接等多种复杂工艺，将众多的部件组装为一体，是至今为止最复杂、保存最完好的古代战车。通体彩绘，马为白色，大小约相当于真车、真马、真人的二分之一。它完全仿实物精心制作，象征着秦始皇銮驾的一部分。两乘铜车马上的金银饰品重达十四千克，显示了铜车马高贵的等级。

兵马俑多用陶冶烧制的方法制成，先用陶模做出初胎，再覆盖一层细泥进行加工刻画加彩。兵马俑最初都有鲜艳的彩绘，但是出土后氧化，颜色不到一个小时瞬间消尽。兵马俑的车兵、步兵、骑兵列成各种阵势，整体风格浑厚、健壮、精练。如果仔细观察，脸型、发型、体态、神韵均有差异：陶马有的双耳竖立，有的张嘴嘶鸣，有的闭嘴静立。所有这些秦始皇陵兵马俑都富有感染人的艺术魅力。

统一六国之后秦王朝实行全国征兵制，兵源来自全国各地，这恐怕是他们在脸型、表情、年龄上有差别的主要原因。每个俑的面部神态、服饰装束，甚至发型都各不相同，个个栩栩如生，形态逼真，使整个群体更显得活跃、真实、富有生气，再现了秦军气吞山河的磅礴气势。

CHAPTER

第十章 五次出巡扬威四方 10

秦始皇在位共十二年，为了“示疆威，服海内”，曾经五次大规模外出巡游，经过了十几个省区，行程数万里。这种情况，在中国历代的封建帝王中并不多见。秦始皇成为实践天子四方巡守政治思想的第一人，他巡游四方的壮举，深深影响着中国自秦以后历代封建帝王的巡游行为，并且对次第承传的中华民族多元文化生态产生广泛而深远的影响。

秦始皇第一次出巡

秦始皇二十六年一统天下后，就急不可待地频繁出巡，以图通过宣德扬威，使六国旧民从精神上对其臣服，以达到安定天下、成就万世基业的政治目的。

秦始皇二十七年，也就是秦灭六国后的第一年，秦始皇便率领庞大的车队和随行官员，从都城咸阳出发西行，巡行秦帝国西部边境的陇西、北地二郡。陇西、北地是秦帝国西部边境上的二郡，其治所分别在狄道（今甘肃临洮）和义渠。《史记·秦始皇本纪》记载“始皇巡陇西、北地，出鸡头山，过回中”，这是秦始皇第一次出巡。行进路线车出咸阳城以后，沿渭河河谷的大路，一路西行，经由今宝鸡市，进入甘肃陇西，到达渭水的发源地——秦陇西郡的治所，今甘肃临洮。在临洮稍事休息后，秦始皇的车队折向东北方向行进，进入北地郡，到达径水上游的鸡头山（今甘肃省平凉市西），然后东行，经过回中（今甘肃省平凉市北），沿泾水的河谷大道回到咸阳，这是秦人祖先的东进路线，历经三十四代帝王，历时六百多年。

从地图上看，咸阳到陇西的距离并不算太远，但在当时的交通条件下，秦始皇之所以能够巡游，是建立在秦统一后很快修筑并完成的四通八达的驰道这一物质基础上的。秦始皇为了顺利出巡，一方面下令统一车辆的大小；另一方面下令修建驰道，整治旧有的交通道路，把战国时各国分散的交通线连接和统一起来。在陆路方面，以咸阳为中心修了两条“驰道”：一条向东直达今山东、河北；一条向南直达今江苏、浙江等地，从而保证了秦始皇能够顺利出巡，面向全国并以东海之滨及吴楚之地为主要目的的巡游活动。他的这些举措，主观上是为了顺利出巡，广播皇威，但客观上促进了秦王朝交通的发展，并对各地之间的交流产生深远的影响。

从秦始皇之后的几次巡游来看，秦始皇对于巡行全国各地有深远的考虑。秦始皇把巡行陇西、北地二郡作为大规模巡游全国各地的一个序曲。其直接目的是什么？究竟是出于怎样的动机？史书并没有记载。这里，我们只能举出如下的客观事实并略作一些推断。

秦朝统一之后，北方的匈奴就成了边疆的一大隐患。秦始皇命蒙恬率大军北征，不仅收复失地，还拓展了疆域，随后又把秦、赵、燕长城连为一体，修筑了西起临洮、东到辽阳的万里长城以及大量要塞，成为秦王朝固守北疆、顺利对百越和西南夷用兵的有力屏障。所以秦始皇对此非常重视，先后两次巡视北边。

渭水流域是秦人祖先的发祥地，秦始皇在兼并天下后巡视陇西郡，有追本溯源、光宗耀祖、不忘祖先的意义。渭水是黄河的最大支流，发源于今甘肃省定西市渭源县鸟鼠山，主要流经今甘肃天水、陕西省关中平原的宝鸡、咸阳、西安、渭南等地，至渭南市潼关县汇入黄河。渭水流域西为黄土丘陵，东为关中平原。关中平原是断层陷落区，后经渭河及其支流泾河、洛河等冲积而成，自古灌溉发达，盛产小麦、棉花等，是中国最早称为“金城千里，天府之国”的地方。这里四面都有天然的地形屏障，易守难攻，从战国时期就有“四塞之国”的说法，所以汉代张良用“金城千里”来概括关中的优势劝说刘邦定都关中。据《史记·秦本纪》记载，秦人的祖先是黄帝的后裔，曾经帮助大禹治水，又替舜调教鸟兽，被舜赐姓嬴氏。周在关中崛起后，秦人的祖先曾经为周王室养马，并替他驾驶战车，周孝王因其有功，封于秦（今甘肃省清水县一带），族号秦嬴。后来迁都于雍，于秦穆公时代称霸于西戎。战国时期，秦孝公迁都咸阳。迁都咸阳后秦国日益强盛，终于兼并了天下。渭水流域是秦人的发祥地，秦始皇为了怀念先祖，巡游到这里也在情理之中，至于视察西部边境、巩固边防，也是巡行的一个效果。由于北地也是秦帝国西境的一郡，因而顺路巡行。

陇西与北地都是秦国人世代居住的地方，同刚刚平定的六国相比，这里秩序安定，秦王朝的统治也比较稳定，不会有意外发生。秦始皇已经打定主意要巡游天下，巡视陇西、北地二郡相当于今后几次巡游的序曲和排练。

林剑鸣先生在《秦史稿》中称秦始皇巡行陇西、北郡“不仅是向当地臣民，而且也是向域外各国炫耀武功。因为当时通过西域走向中亚的一条路，是中国与外国联系最密切的路线。秦始皇来到西部边郡宣扬秦王朝‘皇威’，再通过迁徙不定的‘找’人，将秦王朝的消息传向遥远的西方，更进一步加深了自穆公以来秦对西方的影响。这就是秦始皇第一次出巡就向西进发的原因”。（《秦史稿》第 395~396 页）林先生的上述论断，考虑到了当时的外域国家，陇西因为独特的地理位置，后来成为丝绸之路的必经之地。

秦始皇的第一次巡游比较短暂，史书中也未记载细节，至于其目的和过程，后人也只能根据微乎其微的史料加以想象了。

二次出巡泰山封禅

秦始皇二十八年（前 219），即秦灭六国后的第二年，秦始皇在巡视完西北之后，便开始巡行帝国的东南地区。秦始皇这次主要巡行东方郡县，因为东方是原六国之地，东方郡县是在统一战争中新设立的郡县，秦始皇去巡视一番，正表现出秦始皇的眼光和魄力。

秦始皇乘坐车驾，带着浩浩荡荡的队伍一路东行，巡视沿途经过的郡县，当地官员要随时向皇帝呈献食品，为巡行车队的官员、人马提供食宿。在巡游期间，秦始皇仍然处理天下的政务，行使皇帝管理国家的权力，文武百官和地方官员要随时向秦始皇“奏事”，同时下达有关命令。由咸阳至函谷关所经过的都是秦国的故地，而如今函谷关以东尽是大秦国土，岂能不使秦始皇激动不已？秦始皇不辞劳苦地出巡，条件是比较艰苦的，所谓修驰道是“天子之道”

的说法，恐怕秦始皇出巡并未享受多少；相反，记载中常常反映出巡时“逢大风”，遇“水波恶”，甚至“风雨暴至，休于树下”等，这和后世隋炀帝游江都不能相提并论，而且还要承受“为盗所惊”等风险。这里所说的“盗”即六国旧势力的反抗，在当时是一个非同小可的问题，也与他出巡的目的有关。

车驾出函谷关后，秦始皇便以胜利者的姿态扬威于关东郡县。车队沿驰道而行，路经洛阳，到达今山东省邹县东南的峄山。并登上峄山，在山上立石刻字，歌颂秦统一天下的功德。峄山，又称“绎山”，位于邹城市城东南十千米处，因其独树一帜的自然风貌和丰厚的文化底蕴，而享誉神州大地。从古自今，赞美之作不可胜数，其异情别景非亲临其中不可言表。《孟子》“孔子登东山而小鲁，登泰山而小天下”中的“东山”即指此山。峄山是今曲阜市南面风景幽美之地，所以秦始皇来到原先鲁国的地界之后，就首先登峄山，在峄山之上刻石歌功颂德。

峄山刻石呈竖长方形，四面刻字。碑高一点九米，宽零点四八米，四面皆同。正面、左侧面刊刻颂扬秦始皇功绩的文字，背面刻秦二世诏书。小篆体，每面五行，共二百二十二字。据《金石草编》卷四所载，峄山刻石之文如下：

“皇帝立国，维初在昔，嗣世称王。讨伐乱逆，威动四极，武义直方。戎臣奉诏，经时不久，灭六暴强。廿有六年，上荐高号，孝道显明。既献泰成，乃降专惠，亲巡远方。登于峄山，群臣从者，咸思攸长。追念乱世，分土建邦，以开争理。功战日作，流血于野。自泰古始，世无万数，陀及五帝，莫能禁止。廼今皇帝，一家天下。兵不复起，灾害灭除。黔首康定，利泽长久。群臣诵略，刻此乐石，以箸经纪。皇帝曰，‘金石刻尽始皇帝所为也，今袭号而金石刻辞不称始皇帝。其于久远也，如后嗣为之者，不称成功盛德。丞相臣斯、臣去疾、御史夫臣德昧死言，‘臣请具刻诏书，金石刻因明白矣。’臣昧死请。制曰，‘可。’”

该碑刻文到今天已经损毁了三十七个字，尚存一百八十五个字。左侧面以行书刊刻跋语，记述摹刻经过。峄山石刻中说，是西周的分封诸侯，导致了后来的攻战连年。“流血于野”，而唯有秦始皇统一天下后，才有天下太平的局面。以此来为秦始皇歌功颂德。峄山刻石，出自李斯的手笔。原石已被后来拓跋焘登山时毁掉，但留下了碑文。

秦始皇登峄山除了刻石颂德外，所做的最重要的一件事，就是在这里召集齐鲁的儒生，商议封禅的事情。封为“祭天”，禅为“祭地”，是指中国古代帝王在太平盛世或天降祥瑞之时祭祀天地的大型典礼。夏商周三代，已有封禅的传说。古人认为群山中泰山最高，为“天下第一山”，因此人间的帝王应到最高的泰山去祭祀天帝，才算受命于天。

据《史记·封禅书》记载，“古者封泰山者，七十二家”。孔子在著作六艺的时候写过封禅的事情，最后整理出曾经到泰山封禅的帝王共有七十二位，五帝也在其中，却没有记载任何关于封禅的礼仪。由于时隔久远，封禅的仪式早已被人遗忘，有人问孔子，孔子回答说：“不知道，我要是连这些都知道的话，那对天下任何事都如同观察自己的掌纹一样明白了。”后来齐桓公当了霸主之后，也曾经动过封禅的念头，但是最后被管仲劝阻了。正因为如此，秦始皇才特意“征从齐、鲁之儒生、博士七十人，至于泰山下”，向他们请教封禅的仪式。儒生们说：“古时候封禅，乘坐用蒲草包裹车轮的车子，是怕伤害了山上的土石草木；把地面打扫一下，就作为祭祀场地，席子用草、禾稽编成，是由于容易办到，易于遵行的缘故。”

秦始皇见他们也说不清楚封禅的礼仪，很是失望，一气之下，把随行的儒生全部斥退，下令打扫道路，从阳坡登上泰山的顶峰，在山上行封礼，命李斯竖立石碑，歌颂秦始皇的功德，表示自己应该封禅，然后从阴坡下山，在梁父山行禅礼。封禅的仪式有许多是采用在雍城祭祀上帝所用的仪式，而所封所藏都秘而不宣，世人无法知晓并记录下来。刻石之文，《史记》未载，晋太康《郡国志》记载了，但是不知道出处，里面写着：“事天以礼，立身以义。事亲以孝，育民以仁。四海之内，莫不郡县。四夷八蛮，威来贡职。民庶善息，天禄永得，刻石改号。”刻石上面到现在只剩下十个字，从笔迹上看，很可能不是真迹，倒像是后人加上去的。

秦始皇登临泰山封禅时，到了半山腰曾遭遇暴风骤雨，不得已躲在一棵大松树之下。然而暴雨很快就停了，秦始皇以为是树神在护驾，于是就加封那棵救他的松树为“五大夫松”。那些被斥退的儒生没能参与封禅的典礼，心里就记恨秦始皇，当听到秦始皇遭遇暴雨的消息时，就讥讽嘲笑秦始皇，说他封禅时用的礼仪不对，所以上天才用暴雨来惩罚他。

琅邪仙境流连忘返

早在秦始皇十三年，秦始皇就曾经东行，那时他二十六岁，秦军已经攻下河南，与赵军激战。秦始皇之所以去河南，应该是特意亲临前线督战的。也就在那一年，秦将桓齿奇攻破赵国的平阳和武城，杀死赵将扈辄，斩首十万。

秦始皇十九年，秦军用反间计使赵王处死李牧，最终攻破赵国，俘虏了赵王迁，当时的秦王政再次来到邯郸，那是他儿时生活过的地方，不知道牢狱中的赵王迁看见他会是什么样的心情。但是秦王政的意图很清楚，他来到这个曾经羞辱他的地方，找出了曾经和太后赵姬家有仇怨的人，把他们聚集在一起全部活埋了。

秦始皇二十三年（前 224），王翦率六十万大军击败楚军之后，秦王政再次东行，来到楚国的郢陈。此次出行，成为他距离战场最近的一次。

秦始皇此次巡游以东方为主，经过的地区都是占领时间不长的六国旧地，尤其是齐国故地。当时秦始皇使用权谋之术，骗得齐王建保持“中立”，最终兵不血刃攻占齐国。齐国遭受的损失最小，粮食产量又高，最容易成为反秦势力的基地，所以秦始皇在第二次巡游过程中，在齐地逗留的时间最长。

泰山封禅之后，秦始皇便东下直奔他向往已久的大海。他沿着渤海之滨，途经黄（今山东龙口东南）、腄（今山东省福山县东南）、登临成山（今山东

五岳之首泰山

省荣成县东三十里的成山角，即中国大陆的最东端），然后登之罘山（今山东芝罘半岛），在山上竖立石碑颂扬秦始皇的德行。之后再由之罘来到琅邪。春秋末年越王勾践灭吴之后，为了统领被吴战败的齐地，迁都于此，建造了一座琅邪台。秦始皇非常喜欢古琅邪台，令重修琅邪台，台顶营造“望越楼”，以南望会稽。琅邪台孤立于众山之上，向东可以看见大海，景色壮观，秦始皇在这里停留了三个月，又下令迁徙三万平民到琅邪台下安家，并免除这些移民十二年的徭役。郦道元在《水经注》中描绘当时的琅邪台“孤立特显，出于众山上，下周二十余里，傍滨巨海”，它“台基三层，层高三丈，上级平敞，方二百余步，高五里”。琅邪台冠领群山，仰俯高天风云和大海碧波惊涛，与海上岛屿相望相呼应，自然风光大气磅礴，蔚然壮丽，天地山海间的奇观异景丛出迭现，令人叹为观止，之后又让李斯做《琅邪台刻石》，颂扬自己的功德。汉武帝也曾经登上此台。

在秦始皇所有的刻石之中，《琅邪台刻石》文字最多，也只有琅邪刻石碑文保留至今。《琅邪台刻石》记载了秦帝国建立之后废除分封、设立郡县、车同轨、书同文、行同伦、统一度量衡以及重农抑商等重大举措，又记载秦帝国的疆土范围，因而也是研究秦朝历史的宝贵史料。

秦始皇在此次巡游的过程中兴致很高，在琅邪台玩赏了三个多月，不仅仅是因为海滨美丽的景色，更是缘于他对寻仙求药的热情。

长生不老的传说来自道教，一直是人类的向往，早在春秋战国时期就有长生不老的神话传说了。关于长生不死的神话传说有很多，曾经就有这样一段传闻，神农时期有个叫赤松子的人，服用了一种名叫“冰玉散”的长生不死药，于是他可以入火而不化，随风雨上天入地，后来，成了掌管祈雨的神，炎帝的小女儿追随他，也得道成仙，一起升入了天国。

古代渤海沿岸的人民，看到渤海中的海市蜃楼，不明白它的科学成因，就认为是仙山，以为海中真的有这样一些岛屿。他们便到海中寻找，果然发现一些原来不了解的新岛屿。《山海经》和《封禅书》中，都把蓬莱、方丈、瀛洲三座神山描绘得如真似幻，引得众多帝王竞相走上求仙之路。燕国、齐国濒临勃、黄二海，自从齐威王、齐宣王、燕昭王以来，就派人入海寻找蓬莱、方丈、瀛州三神山。秦始皇统一天下后，向他谈及这些事的方士不计其数，他对这些仙山的传说深信不疑，垂涎于长生不老。

为惩湘君，伐尽湘山之木

秦始皇十分不舍地离开琅邪台，车驾沿黄海海滨的驰道，奔西南而行，到达东海郡的郡治郯（今山东郯城西）。在郯城稍事休息后，启程抵达彭城（今江苏省徐州市）。在彭城，秦始皇遇到了一个神奇的人，听说了关于丢失九鼎的事，勾起了他极大的好奇心。

传说秦始皇坐船经过泗水的时候，有一个宛渠国的人乘着螺舟前来拜访他。螺舟的形状很奇特，像是田螺一样，又称“沦波舟”，行驶的时候在海底潜行而滴水不入。这个宛渠国人长得非常高，高达十丈，用鸟兽的羽毛编成衣服蔽体，他从水里钻出来，吓得秦始皇几乎站立不稳，还以为是遇到了天神，于是对他恭恭敬敬。宛渠国人讲起了天地初开时的情形，说得非常详细，秦始皇仿佛身临其境。宛渠国人说当初大禹做了首领之后，将天下划分为九州，命令九州的州牧贡献青铜，铸造成为九个宝鼎，将各地的名山大川、奇异之物镌刻于九鼎之身，以一鼎象征一州，并将九鼎集中于夏王朝都城。从此九州就成了中国的代名词，九鼎也就成了天子的象征，得到九鼎就相当于得到了整个天下。后来九鼎被商人抢去，夏人也就失去了天下，接着又到了周王室的手中。周显王时，九鼎便沉没于彭城边的泗水河里。

秦始皇越听越入神，现在自己就在宝鼎丢失的地方，他很想得到这些国宝，证明秦朝取代周朝是合乎天意的，当即下令召集一千个善于游泳的人跳进泗水寻找，可是一连找了好几天，连宝鼎的影子也没看见。秦始皇心情不快地南下渡过淮水，到达长江中游的衡（今湖北黄冈南）、南郡（今湖北江陵）。

秦始皇闷闷不乐地带领着文武官员及随行人员继续前行，乘坐大船沿长江顺流而下，路上谁也不敢跟他说话。队伍取道湘山祠（今湖南省岳阳县西），想要登临南岳衡山（今湖南省衡山县西）。然而，没想到却遇到了大风浪，几乎将船掀翻。登岸后，秦始皇更加生气了，在泰山山顶就已经遇到过暴风雨，秦始皇敬畏山神，没敢发怒，可没想到区区的一个河神也敢为难自己！他问随行的博士说："湘君是何方之神？"

博士战战兢兢地回答说："听说尧有两个女儿，娥皇和女英，当了舜的妻子，死后葬于此地，后人尊她们为神。"

秦始皇大怒，以为是湘君为难自己，故意发起风浪，于是派遣三千名刑徒将湘山上的树全部砍光，使湘山成为一座秃山，露出红色的土壤来。砍伐山上的树木，就好比是给湘君"剃光头"了，而赭石色是囚服的颜色，好比给湘君"穿囚衣"。看着光秃秃的大山，秦始皇自认为已经是教训了湘君，总算出了一口恶气。

关于湘君的身份，博士们说是舜的妻子，《楚辞·九歌》中既有"湘君"，又有"湘夫人"。"湘夫人"是舜妻，"湘君"自然就是舜帝了。舜是"五帝"之一，誉满天下。秦始皇竟然羞辱舜帝，说明他在心里非常蔑视舜帝。早在确立封号的时候，秦始皇就说自己"德兼三皇，功盖五帝"，在他看来，三皇五帝毫无功德可言，最多只配给自己当臣子。另一方面，他宣称自己获得了"水德"，而舜帝是土德，"水来土掩"，也就是说土克水，秦始皇当然会仇视能够克服自己的舜帝了。秦始皇对“五帝”尚且如此，对其他的人也好，鬼神也罢，当然都不在话下，不管是谁，只要冒犯了他，他绝不会客气。

秦始皇此次东游还有一个原因，就是镇压“天子气”。《史记·高祖本纪》上说，秦始皇即位之后，就有方士不断地向他进言说“东南有天子气”，也就是说东南方向有象征天子的罕见的彩云，那个地方将会出现天子取代秦朝。秦始皇之所以来到东南巡游，目的之一就是要镇压“天子气”。后来有人确定秦始皇的确找到了“天子气”，就在芒砀山。据说当时的芒砀山前有一道深二十米、长八百余米的断崖，岩石呈紫红色，上面紫气环绕，忽又化作五彩祥云围绕芒砀山盘旋。秦始皇断定：“此乃天子气也！”惊惧不已的秦始皇想把整个山脉都铲平，但这个想法很难办到。李斯建议他说：“可用青石镇之。”依当时人的思想，青色石是人间最阴最冷的石头，用它足以镇压住一切，《水浒传》一百零八将最开始就是被一块大青石镇压在寺院里的。于是秦始皇采纳了他的建议。

从这几件事就可以看出秦始皇心高气傲到什么程度，他认为天地间唯有自己身份最尊贵，对于胆敢冒犯他的人、鬼、神绝不手软，甚至闹出与大山相搏斗的笑话。秦始皇本来兴冲冲地出来巡游，去泰山封禅，祭奠各地的神灵，可是这几次遇险已经让他完全没了心情，于是取消了去衡山的打算，直接返回咸阳了。

秦始皇的第二次巡游就这样结束了。

博浪沙惊魂遇刺

秦始皇虽然打败了六国，但严刑峻法不得人心，反叛势力仍然十分活跃，秦王朝对六国的统治还不够稳固。秦始皇二十九年初春，秦始皇再次出函谷关，进行第三次巡游，在博浪沙遭遇了惊魂的一幕。

博浪沙位于今天河南省原阳县城东郊，地处黄河故道，这里树丛密集，沙丘起伏。秦始皇的庞大车队自西而来，行驶在宽阔的驰道上，犹如一条蜿蜒的长龙。马蹄扬起了灰尘，浩浩荡荡的队伍好像行走在云雾之中。巡行车队是由皇帝的御驾车辆和侍卫人员乘坐的战车以及后勤补给车辆所组成的。车队戒备森严，高大而健壮的卫士，身披铠甲，手持长矛站在兵车上，威风凛凛，警惕地看着周围。

先遣车辆向右绕过一个沙丘，秦始皇装饰豪华的安车也随之走到拐角处。这时，道旁的杂草丛中突然蹿出一个高大的身影，手拎着一个巨大的铁椎猛地冲了过来，长长的队伍顿时混乱起来。战车上的卫士们还未来得及下车捉拿，刺客已经站稳双脚，将铁椎扔向秦始皇的大车。只见“砰”的一声巨响，车厢化为碎片，车仰马翻，拉车的白马惊慌不已，一阵嘶鸣。随行的队伍此时已经混乱不堪，等到安定下来，刺客早已不见了踪影。

被击中的是行驶在战车后面的第一辆安车，它是队伍中的“副车”，秦始皇当时就坐在后面的安车中，幸免于难。作为皇帝的备用乘车，副车与皇帝乘坐的车在形制上没有大的区别，出现故障时可以随时替换，刺客没有分清车辆，以为皇帝就坐在第一辆安车中，却没想到砸错车辆，失手了。李斯慌忙来到专车前，向秦始皇问安。秦始皇惊魂未定，拉开车窗向外望去，只见兵士已经分散开来，正在四处搜捕。在李斯的搀扶下，秦始皇走出车门，来到被击中的副车前，只见一个巨大的铁椎击入车厢，右车轮的辐条已被击断数根。铁椎是从左侧的车窗上方飞入车中，然后嵌入右车轮的，正经过乘客坐卧的位置。如果刺客不是把副车误认为是皇帝专车，那后果真是不堪设想！

秦始皇没有看到当时的情景，甚至连刺客的身影也未能看到，只在事后看到了破碎的车厢与铁椎。秦始皇并没有直面刚才的惊险场面，所以才没有大惊失色，看到随从人员竟被吓成这个样子，感到很可笑。秦始皇没有表现出太过于激烈的情绪，而是下令继续东巡。

没过多久，追捕刺客的几十名卫士陆续归来，一无所获。秦始皇见没有捉拿到刺客，立刻发怒了。他抽出长剑，一剑刺死了领队的军吏，骂了一声：“办事不力的狗东西。”随后命副领队详细述说当时的情景。副领队禀报，袭击的事情发生得太快，当卫士跳下兵车前去追捕时，刺客已消失在树丛中。而秦始皇闻声张望时也未能见到刺客的身影，只看到卫士正跳下路基去追捕刺客。况且当时场面非常混乱，谁也没有看到刺客的去向，卫士搜索了这一带的杂草树丛，也未见到半个人影。

此时陪同秦始皇的官员只有李斯一人，见皇帝脸上的怒气越来越强烈，便向前请示道：“暴徒实在太过猖狂，看样子是有预谋的，应诏令在全国范围内追捕十天。”秦始皇同意了，命他起草诏书，颁布给各地官员，随后又下令继续东巡。

李斯说得不错，这是一次有预谋的行刺，幕后主使是韩国贵族张良。据《史记·留侯世家》记载，张良是韩国的贵族，他的祖先曾经担任韩国五代国君的相国。张良的父亲张平在秦灭韩的二十年前病死，因当的张良年幼，所以没有在韩国担任官职，他却以祖先世代侍奉韩君的缘故，立誓为韩国复仇。他在弟弟病死后竟然顾不上安葬弟弟，而是把所有的家产全部变卖，招募刺客，制订刺杀秦始皇的计划。张良流落淮阳（今河南淮阳）学礼，又东游拜访隐士沧海君，经过沧海君的推荐，终于得到一名大力士。这个大力士表示愿意帮助张良，于是张良为他制作了一个一百二十斤重的铁椎，每天都和他一起商讨刺秦的计划。

张良得知秦始皇再次巡游之后，将刺杀地点选在博浪沙，这里非常偏僻，人迹罕至，又有许多茂盛的杂草树丛可以隐藏，不必担心会引起秦始皇车队的警觉。经过实地勘测，张良让大力士埋伏在驰道的一个转弯处。然而判断错误，铁椎只击中了副车。

行刺失败之后，张良意识到刺杀并不能推翻秦王朝的暴政，于是发愤读书，

姜子牙（约前 1156—前 017），姜姓，吕氏，名尚，一名望，字子牙。西周政治家、军事家，齐国开国君主。

谋求更大的功业。张良改换姓名，远走他乡，藏身于下邳（今江苏省睢宁县西北）。据说就是在这里的圯桥上，张良遇到了人生中最重要的师父——黄石公，并通过了考验，获得了姜子牙所写的《太公兵书》，最终成为闻名千古的谋士。

博浪沙事件极大地震惊了天下人，李白曾写过一首《经下邳圯桥怀张子房》，发表了自己的感慨："子房未虎啸，破产不为家。沧海得壮士，椎秦博浪沙。报韩虽不成，天地皆震动。"元代诗人陈孚也写过一首《留侯庙》，里面有这样的诗句："博浪沙中千尺铁，祖龙未死胆已裂。况此喑呜扛鼎夫，不直秋风一剑血。"千尺铁说的就是刺杀秦始皇的那只铁椎，"祖龙未死胆已裂"是说秦始皇虽然没被杀死，但是已经吓得肝胆俱裂了。

秦始皇害怕是肯定的，但要说怕到肝胆俱裂的程度，就有点儿夸张了，因为他并没有在遇刺之后就打道回府，而是继续东巡。出巡的队伍按照上一次的路线，再次走到之罘和琅邪，然后沿着漳水河抵达上党郡，接着返回咸阳，结束了第三次巡游。

兰池遇险大索关中

秦始皇一生共经历过四次危险的刺杀。第一次是秦王政二十一年（前226），秦军逼近燕国，于是燕太子丹导演了一出荆轲刺秦王，正当"图穷匕见”之时，荆轲却没有把握住机会，让秦始皇逃脱；第二次是在他刚刚统一六国的时候，高渐离忍辱偷生，慢慢靠近秦始皇，企图在击筑的时候砸死他，可惜由于高渐离眼睛已经被弄瞎了，看不见目标，砸偏了；第三次是在博浪沙，险些丧命于张良铸造的铁椎之下；第四次刺杀事件发生于秦始皇三十一年（前216），原因在于“微行”。

在第三次出巡结束之后，秦始皇有整整一年多的时间没有再外出，也没有做出什么重大的事件。此时的秦始皇正沉迷于求取仙药，任用了方士卢生，可是过了很久都没有进展。卢生骗他说：“仙药之所以没有炼制成功，是因为有恶鬼从中作梗，皇帝应该微行，让恶鬼不知道您的行踪，仙人就会来见您了。”所谓“微行”，也就是微服出巡，秦始皇听信了他的话，于是决定微服出巡。

秦始皇换上普通人的衣服，带了四名卫士就出发了。秦始皇很得意，他这一次出行的消息谁也不知道，肯定可以趋避恶鬼了。秦始皇想躲得更远点儿，于是决定出城步行到兰池宫。兰池是一座引水修成的湖，秦始皇在水池的北面造了一座宫殿，称为“兰池宫”。兰池很大，湖中可以荡舟，秦始皇向往仙山，于是又命人修建了蓬莱山等人造园林景观。兰池宫在当时是皇家的游乐场所。

秦始皇趁着月光，优哉游哉地向前走，心里很舒畅，却没想到早被人给盯上了。原来秦始皇走出城之后，就被一个在当地游荡的强盗看见了，那人见他服饰华丽，以为有买卖上门，就一路跟随到郊外。等到了郊外之后，已经看不见行人了，随即冲了出来，随同出行的卫士立即拔剑迎战。有好几次秦始皇都差点儿被刺中，情势十分危急。卫士拼死奋战，砍杀了贼人。

秦始皇这一次所受到的惊恐，比在博浪沙更甚。他立即返回城内，心想：“都城之内，竟然也有这样凶悍的盗贼，真是气煞人也！”回宫之后，下令关闭城门，在关中挨家挨户搜索二十天，严格追捕盗匪。随同出行的那四名卫士因护驾有功，都被连升数级，赏千金，封万户侯。

从历史文献的记载来看，当时的反秦势力都活跃在关东，兰池遇险是唯一一次发生在关中地区的刺杀活动。《史记·秦始皇本纪》只用了短短数语概括了这件事："始皇为微行咸阳，与武士四人俱，夜出逢盗兰池，见窘，武士击杀盗，关中大索二十日。"秦始皇在出行之前，并没有放出消息，这次遇刺更像是突发事件，而不是带有政治性的刺杀事件。要真是像张良那样仔细谋划，还收拾不了区区四个武士吗?

关于司马迁在《史记》中所写的"盗"，明末清初著名学者屈大均在《广东新语》中说，当时秦人把诸侯国的兵都称作"盗"，把诸侯国的门客也称作"盗"，司马迁就延续了秦人的说法。司马迁把秦始皇在博浪沙遇刺说成是"为盗所击"，又把兰池遇险称为"逢盗"。那个在兰池行刺的也不知道是什么人，似乎要比荆轲、高渐离更优秀，只可惜司马迁也不知道他的名字。能去刺杀秦始皇的"盗贼"，都是英雄豪杰，而像赵佗这样的人，占着大秦的土地，手握大秦的兵力，却最终自立为王，这才是秦始皇的大盗。

秦始皇兰池遇险反映了人民群众各种形式的斗争，对秦王朝的威胁依然很大，尽管秦始皇本人狂妄骄横、目空一切，也不能不对此感到担心。在统一后的十一年中，他曾经五次巡游天下。虽然去的地方不一样，每一次办的事也不一样，但这五次巡行都有一个共同目的，就是到各地耀武扬威，威慑百姓，加强对全国的控制。据文献记载：秦始皇出行时，跟随他的队伍十分庞大，皇帝的大驾属车有八十一辆，法驾属车有三十六辆，属车都是一样的形制，外面是黑色，里面是红色，车轮是木质的，还跟随着许多拿着长矛、弓弩的士兵，还有吹奏乐器的人，他每次出行都会带上许多大臣。然而秦王朝的暴政点燃了人民反抗的怒火，尽管秦始皇多次巡游，始终无法扑灭。

四次巡游东临碣石

秦始皇在第三次巡游途中，在博浪沙遭遇张良的狙击，差点儿命丧黄泉，心里已经十分害怕，结果回到咸阳之后，又在兰池遭遇刺客，再次陷入窘境。经过这两次事件之后，秦始皇有足足两年的时间没有再出巡。到了秦始皇三十二年，秦始皇的车队再次离开咸阳，巡行帝国的东北及北方边塞。他的第一个目标是渤海边的碣石（今河北乐亭附近）。

从咸阳到碣石要经过原韩、魏、赵、齐等国的交界地带以及黄河所经过的地方。战国时期，各个国家为了抵御外敌，在边境修了不少城郭与关塞亭障，沿黄河所修的工事，也是拿邻国当作大水坑，把本国的洪水排泄到那里去，这些障碍常常会导致水患的发生，交通也不方便，在大一统的局面下没有任何意义。秦始皇得知以后，对于这些无用的障碍非常讨厌，于是下令拆掉原有的城郭，疏通河道，重新修筑河堤。秦始皇一路前行，命人记下这些事情，当作自己的功德。

秦始皇在四年之前来到海边的时候，就有许多方士向他讲述海上的神仙和长生不老药的事情，这对于他是莫大的诱惑，于是派遣燕人卢生去海上寻找仙人羡门和仙人高誓。可是过了很久，钱也花了，礼也送了，就是不见结果。秦始皇闷闷不乐，开始怀疑其真实性，但长生不老的想法实在太具有诱惑力了，于是这次抵达碣石之后，他再次派遣韩终、侯公和石生三个人再次前往海上寻找长生不老药。可见，秦始皇来到碣石的根本目的是求仙。

秦始皇来到碣石之后、命李斯撰文，刻成石碑。刻石的内容和以往一样，歌颂了秦始皇统一六国、结束战乱的功德，同时将路途中拆除城郭、疏通河道的事情也写了进去。

刻石完成之后，秦始皇继续求仙问药，住在临海的行宫——碣石宫。据史书记载，碣石宫建造之后保存了很长时间，很多帝王都曾来到碣石宫观看大海。东汉末年，曹操出兵乌桓，胜利班师，经过碣石山，写下了著名的《观沧海》，文章开篇就是“东临碣石，以观沧海”。此后，北魏文成帝、北齐文宣帝、唐太宗李世民等，均曾登临远眺。其中北魏的文成帝还在碣石山下与群臣大摆酒宴，改碣石山为游乐山，可见当时的盛大场面。自宋代开始，碣石宫逐渐没落，到最后荡然无存，让人对行宫的位置和具体情形产生了众多的联想和疑问。史书上只提到碣石宫在渤海之滨，但没有说明到底在哪一处海滨。关于具体位置，现在主要有两种说法：一种是《汉书·地理志》所记载的骊成（即今河北省乐亭县西南）的大碣石山；另一种是今河北省昌黎县的碣石山。

碣石的形貌，北魏人郦道元所著的《水经·濡水注》曾做过详细描写。他说濡水东南方向有个碣石山，旁边的海里现在依然存在一块巨石，像甬道一般，长达数千里。山顶有一块圆柱形的巨石，时而出现，时而隐没，立于大海之中。涨潮的时候，巨石就隐藏起来了；潮水退后，巨石会再次出现。巨石在海中屹立不倒，没人知道它到底有多长，也不知道入水有多深，人们都称它为“天桥柱”。天桥柱的形状很整齐，就像人工打造的一样，但是这样浩大的工程，又是人类无法完成的。

郦道元所说的“天桥柱”，就是碣石。郦道元在《水经·碣石山注》中对碣石山的来历做了说明，他说这块石头是大禹开凿的，秦始皇经常登上碣石。过了很久之后，海水向西蔓延，将碣石浸在海水中，就成了现在的样子。传说当年秦始皇想在海中造石桥，苦于无法竖立石柱，最后在海神的帮助下才得以完成。石桥造好之后，秦始皇设立祭坛，向海神祈愿，请求与他相见。海神派人传话说：“我长得很丑，如果你不给我画像，我就和你见面。”秦始皇答应了海神，用了朝见上神的礼仪，备足礼品，乘坐大船在海上行驶四十余里，最终见到了海神。当见到海神时，秦始皇被海神的样貌惊到了，连话都说不出来。尽管他做出了不画像的承诺，可是他又暗中命令画工用脚沾水，在船板上画出海神的样子。他自以为聪明，继续对海神做出敬拜的礼节。没想到海神早已看在眼里，他生气地说：“皇帝答应我不画像，现在竟然违背诺言，你可以走了。”随后海神便潜入海中，看不见了。秦始皇悔恨交加，无奈之下，只得返回，等到他骑马上岸的时候，马的前蹄刚刚踏上岸边，身后的大山就全部崩塌了，除了秦始皇活下来以外，其他人包括画工全都溺死在海里了。山上的石头倾注入海，直到现在还保持着当初的样子。

海神的样子，现在已经没有办法做具体的考证了，据《山海经·大荒东经》记载，东海的小岛上，住着一位神灵，人面鸟身，耳朵上穿着两条黄蛇作装饰，脚上踩着两条青蛇，名叫禺虢。禺虢是皇帝的后代，禺虢生了禺京。禺京居住在北海，禺虢居住在东海，就是传说中的海神。《山海经》中记载的海神样貌很奇特，更拿蛇做装饰，也难怪秦始皇会吃惊了。

秦始皇在碣石停留了一段时间之后，便率领车队巡行帝国的北部边境，一路经过右北平、渔阳、上谷、代、雁门及云中诸郡，来到上郡，最后返回咸阳。

五次出巡，九嶷山遥祭舜帝

秦始皇三十七年，秦始皇年满五十岁，决定开始第五次出巡，随行的文武官员有左丞相李斯、中车府令赵高，右丞相冯去疾留守咸阳。胡亥是秦始皇的小儿子，深受喜爱，他也请求一同巡游，得到秦始皇的允许。秦始皇小时候体质较弱，生过一场重病，他处理政事又十分勤劳，事无巨细都要亲自裁决，每天批阅的竹简重达一百二十斤，工作极度劳累，晚年时身体已经不再像从前一样硬朗了。每况愈下的身体，也正是秦始皇热衷于求仙问药的原因。

十月癸丑日，出巡的队伍踏上行程。这时正是秋高气爽，炎热的暑气已经过去，早晚甚至还有些凉意。车马行进在宽阔的大道上，发出“咯吱咯吱”的声音。微风吹起满地堆积的落叶，咸阳城内一片深秋景色。秦始皇选择这个时节出游，是因为他的目的地是江南，一路南行，季节上的变化就显得不是太大。

秦始皇此次出巡，途经蓝田、商县、商南一带。车出武关，沿丹水、汉水一路前行，在十一月到达云梦（今湖南洞庭湖一带），在九嶷山（又名苍梧山，在今湖南省宁远县南）祭拜虞舜。相传舜帝死后葬于此山，成为九嶷山的山神，因此对九嶷山行望祭之礼。

秦始皇在身体一日不如一日的情况下，对鬼神更加敬畏，他不但祭祀山川湖海各地的神灵，也向五帝三皇表示忏悔。秦始皇在之前的巡游中，曾经将湘山上的树木全部砍光，以此惩罚湘君。湘山的神灵是舜帝的妃子，秦始皇之所以祭奠舜帝，很可能就是为之前的行为道歉。秦始皇既要向舜帝忏悔，又不能在民众面前流露出来，否则就损害了皇帝的威严，所以选择祭祀的地点就十分重要了：如果在洞庭湖湘山祠祭祀，忏悔的意思就暴露无遗了，皇帝威严将丧失殆尽；但如果把地点选得过于遥远，又不能体现对舜帝的诚意，恐怕难以得到舜帝的宽恕。最后秦始皇选择了云梦，这是个遥祭虞舜的理想之地，这里虽然还没到洞庭湖，但相隔不远，是一个两全其美的地方，这大概就是秦始皇选择在云梦祭舜的原因。至于之后对大禹的祭奠，很可能是对祭祀舜帝的掩盖，向人们说明他是“敬贤礼圣”，而并不是忏悔。

秦始皇多次东巡，在出巡的时候，他带了庞大的队伍，包括文臣武将，一方面可以向六国遗民张扬军威，震慑敌人；另一方面也是出于安全考虑，防止大股敌人的偷袭。由于队伍庞大，在路途上耗费的时间就很长。古人说“国之大事，在祀与戎”，国家头等大事是祭祀，然后才是打仗。祭祀在古人的心中是最为重要的，是人们向上天祈愿、表明忠诚的方式，秦始皇想要求得虞舜的原谅，就不能马虎。祭祀之前需要斋戒沐浴，秦始皇又是有名的勤政皇帝，他把丞相李斯等朝中重臣带在身边，就是为了不荒废朝政。在停留的时间里，他还要处理各种政事。秦始皇的这一次出巡，总行程一万余里，时间长达十个月，根据当时的行车速度，两个月就可走完全部行程，余下的八个月都在各地停留了。

秦始皇到云梦祭舜，也是由于云梦禁苑的缘故。云梦禁苑是当地的一个离宫，有得天独厚的条件，足以让秦始皇的队伍在那里停留多日。

首先，云梦禁苑有雄厚的财力保障和丰富的物资供应。禁苑属皇家所有，基本职能是为皇家畜养野生动物，供皇家祭祀、丧葬、招待宾客时使用，也是皇帝的狩猎场。20世纪末出土的《云梦龙岗秦简》，就对云梦禁苑进行过描述，上面说禁苑的规模非常大，仅禁苑耎地（禁苑外的隔离带和保护圈）就有六十华里宽，其主体至少方圆数百里。里面养着各种家畜和各类野兽、鱼类，种植经济林木，收缴皮张，租赁土地，等等。秦始皇出巡时带着庞大的队伍，在这里可以得到充足的供应。

其次，云梦禁苑有供君王行乐的行宫。《云梦龙岗秦简》中提到了许多次“禁中”，禁中也就是禁苑，是帝王居住的地方。秦始皇到了这里之后，立马就可以安排好住处，随从人员也有具体安排。云梦古城虽然早已不在，但在古称遗址出土的石柱础、陶水井、陶水管、卷云纹瓦当等宫殿建筑材料残片和宫殿台基，都是其曾经存在的证据。秦始皇两次巡行至云梦，汉朝时期也有皇帝来到这里，说明云梦确实有行宫。

最后，早在出巡之前，秦始皇就下令修建驰道，修通之后，各地的交通变得更为便利，为秦始皇巡行提供了条件。20世纪80年代，考古工作者发现云梦古城东南角有驰道的遗迹,《云梦龙岗秦简》中也有管理驰道的律文,学界称为《驰道律》，更加证明了在当时云梦地区已经修通了驰道。驰道是天子道，正中地区专供皇帝行走，未经许可，任何人不得横穿驰道或在此道上行走，否则将被判刑。驰道非常宽阔,规定的宽度是五十步,大约有三十米。在这样宽阔的大道上，秦始皇的出巡也就更为方便，各种皇室专用的物品和紧急的公文都能够快速送达秦始皇手中。

秦始皇在九嶷山对舜帝进行祭祀，是他敬畏鬼神的一个证明，同时也说明他的身体状况堪忧，因此他更加迫切地想要求得长生不老药了。

巡游会稽山祭祀大禹

秦始皇在云梦地区祭拜过舜帝之后，乘船沿长江顺流而下，中途路过庐山，接着到达会稽，在会稽拜祭了大禹。

传说中庐山原本是北方的一座山，被秦始皇用“赶山鞭”赶到了南方。秦始皇修筑万里长城时，在全国抓了很多老百姓。沉重的徭役使人们苦不堪言，他们全被扁担压弯了腰，连走路都走不稳。后来黎山老母怜悯百姓，就给那些修建长城的人分发了一根红绳，系在扁担上，担子就变轻了。秦始皇知道这件事情以后，下令把红绳全部收集起来，并让能工巧匠编成了一条巨大的鞭子。神鞭做成之后，秦始皇对着大山抽了一鞭，这一鞭威力巨大，连山峰都被抽得往前走了一步。秦始皇非常高兴，一路驱赶着大山，想填掉东海，好让天下人知道他的厉害。这下可好，急坏了东海龙王，东海要是填满了，他还当什么龙王？于是他派遣神将趁着秦始皇睡觉的时候偷走了神鞭，并把神鞭还给了黎山老母。如此一来，秦始皇再也不能赶山了，那座大山就永远地留在了鄱阳湖边上，变成了风景秀丽的庐山。

庐山的南面有一块上霄石，高耸入云，似乎和天连接在一起。秦始皇见了之后感叹不已，于是就命名为上霄。上霄的南侧，曾经有一块刻石，大禹在上面记载了上霄的高度，也有人说这是秦始皇登庐山时留下的刻石。但是由于年代久远，已经没有办法辨认了。

秦始皇离开庐山之后，乘船经过丹阳（今安徽省当涂县东），走水路到达钱塘（今浙江省杭州市）。原本打算取道浙江（即钱塘江，因江流曲折，又称浙江），坐船登上会稽山，但是由于水流太急，不宜渡舟，只得西行一百二十里，从狭中（今浙江省富阳县附近）渡水登上会稽山。

会稽山风景区

会稽山，原名茅山，也称亩山，位于绍兴北部平原南部，是钱塘江支流浦阳江与曹娥江的分水岭，近于南北走向。相传大禹当年在这里大会诸侯，可是没过多久就死了，于是就葬在这里，定名为“会稽”，又传秦始皇登此山以望南海，因此命名为秦望山。会稽山下有一座大禹陵，坐东朝西，是大禹的纪念陵墓，位于浙江省绍兴市东南八千米禹陵乡禹陵村。大禹陵景区由禹陵、禹庙、禹祠三大部分组成，是我国东南久负盛名的胜迹之一。秦始皇来到会稽山的大禹陵拜祭大禹，随后命丞相李斯撰文并刻石。

这篇文章在文体上属于铭文，四字一句，三句一韵。庄重凝练，是铭文文体的代表作。碑文三句一韵，其字四寸，画如小指，以小篆书写，共二百八十九字，主要称颂秦始皇统一天下的功绩，批评六国为了一己私利，战乱数百年，又写到秦始皇在“行同伦”上所做的贡献。会稽刻石历来受人重视，各种史书多有记述。由于各种原因，原碑已失，刻石的地址也存在诸多争论，有的说碑在会稽山，也有的说石碑在秦望山、鹅鼻山、原何山等地方。

会稽刻石现存版本也有多种，原石在唐代以前就已经丢失了，到了元代有了重刻本，现在人们所见到的是在元重刻本的基础上再行翻刻的版本，早已经失去了原版的风韵神貌，仅保存结构原样，因太偏于外表仪态的圆整规范，已失秦篆生动活灵的笔势。

据《史记·项羽本纪》载，秦始皇游会稽的时候，曾经经过吴地，当时项梁和项羽都站在路边观看皇帝浩浩荡荡的车队。项羽说：“彼可取而代也！”项梁慌忙掩住项羽的嘴巴，告诫他：“不要乱说，这是要灭族的！”从此以后，项梁就对项羽刮目相看了。

秦末的另一位传奇人物刘邦，当时是沛县（今江苏省沛县）的泗水亭长，看到秦始皇出巡时跟随着的威严车队和雄壮的将士之后，不由得感慨：“大丈夫当如此也。”从项羽和刘邦两人的话语中，也可以看出秦始皇当时的巡行队伍是多么壮观。

北游琅邪，与海神交战

长期生活在西北高原的秦始皇，生平第一次在江南度过了冬天。与西北的天寒地冻不同，江南的春天风和日丽，秦始皇的心情很好，意犹未尽，然而日渐衰弱的身体却也让他忧心忡忡。在这种情况下，秦始皇没有直接返回咸阳，而是沿着海滨乘船前行，一路北上，想要继续寻访长生不老药。

这一次秦始皇的出巡队伍来到了阔别已久的琅邪台，这是他第三次来到琅邪。重新登上琅邪台，眺望着大海，秦始皇的心中又充满了无限的遐想。

九年前，方士徐福来到秦始皇的面前，向这位痴迷的帝王说起了海上的仙山，以及仙山上的长生不老药，秦始皇听得如痴如醉，当即派遣徐福下海寻仙求药。可是九年过去了，耗费甚巨却一无所获。忐忑不安的徐福再次来到秦始皇面前，对他说："禀奏陛下，臣自从九年前离去之后，就一直在东海寻找仙山，一刻也不敢懈怠。途中遭遇狂风暴雨，差点儿翻船沉没在海里，然而臣等依旧坚持诚心，终于找到仙山。只是海上经常有一群大鲛鱼出没，它们掀翻船只，伤人性命，由于它们的阻拦，臣无法靠近仙山。请求陛下派遣优秀的射手携带强弓硬弩射杀鲛鱼，这样一来，臣等就可以登上仙岛求药了。"

秦始皇求药心切，果然相信了这套说词。他认真听完徐福的话，觉得非常有道理。但这时他又想起几年前逃跑的卢生和侯生，当初他也对他们的话深信不疑，没想到他们居然背叛自己，尚未求得仙药就逃跑了。秦始皇再抬头看看徐福，只见他镇定自若，态度非常诚恳，完全没有慌张的样子，便相信徐福没有说谎，出于谨慎，秦始皇没有立即表态。

秦始皇挂念了一天，夜晚做了一个梦，梦见自己与海神作战。梦中的秦始皇身披战铠，与一个海神战斗，海神的样貌竟然像人一样。海神说："嬴政，长生不老乃是神灵的本事，你一介凡人，怎敢贪图？”嬴政大怒，说：“寡人乃是天下之主，与神灵无异，如何不能长生不老？”海神又说：“分明是狡辩，凡人就是凡人，永远都摆脱不了生死循环。”嬴政不服，于是挥舞长剑与海神缠斗起来。两人整整斗了一夜也没分出胜负，到早上醒来时，嬴政只感到非常疲倦，浑身酸痛，于是深信自己确实经历过那场战斗。

他把负责占卜的博士找来，博士不敢忤逆，于是顺着他的意思说：“海神是看不到的，那些大鲛鱼只是他派来巡逻的士兵而已，陛下对神灵恭敬有加，没犯任何错误却受到这样的待遇，说明这是一位恶神，只有把他除掉，才能请到善良的神灵，陛下不妨率领大军，携带连弩，再次向海神挑战，只等他一出现，便万箭齐发，把他射死在海里。”

秦始皇见与徐福所说的情况完全一致，于是信以为真，当即率领军队出海，带着捕捉大鲛鱼的鱼具和强大的重弩，以及能够一次发出数箭的连弩，只等大鱼出现。

在之罘，秦始皇感到身体有些不适，便下令取道回咸阳。秦始皇第五次巡游总计有十个月，是他出巡在外时间最长的一次，也是最后一次，不久便病死于归途之中。

CHAPTER

第十一章 11

追求虚无的长生不老

与古往今来的所有帝王相比，秦始皇都可以算得上是最热衷于寻找神仙、求取长生不老药的帝王了。他重用方士，先后几次派遣规模庞大的队伍前往海外求取仙药，甚至直到死去，这位千古一帝仍然在寻仙的路途上恋恋不舍。然而现实是残酷的，秦始皇的心愿注定不会成功，幻想终究会破灭。他虽然害怕死亡，但又不得不面对这一现实。

长生不老的美丽传说

长生不老，原本是道教提出的一种理想状态，指保持青春永生不灭，语出《太上纯阳真经·了三得一经》："天一生水，人同自然，肾为北极之枢，精食万化，滋养百骸，赖以永年而长生不老。"古人对长生不老抱有极大的热情，期望通过努力能达到这种状态，最常见的有三种方式：寻仙、修行和炼丹。

中国古代神话中，神仙是道教中能力非凡、超脱尘世、长生不老的人物。传说在鸿蒙时期，天地未分，宇宙中只有一个人，他就是盘古，后来盘古开天辟地，才逐渐有了各种生灵，那时的盘古，既是人，也是神。远古时期人与神仙区别开来，但距离仍然很近，人与神仙的沟通很频繁，人也可以获得某种法术和能力，当时曾经有"家为巫史"的情况，就是说人人都会一点儿巫术。在黄帝和蚩尤大战的时候，蚩尤作法请神下雨，黄帝则驱动旱神天女旱魃止雨。蚩尤斗法失败，于是被杀。

据《山海经》记载，神仙一般居住在远离人间社会的地方，最著名的有昆仑山和蓬莱三神山。《山海经·海内北经》中记载了西王母所居住的昆仑山：

西王母梯几而戴胜杖。其南有三青鸟，为西王母取食。在昆仑虚北。帝尧台、帝喾台、帝丹硃台、帝舜台，各二台，台四方，在昆仑东北。蟜，其为人虎文，

蓬莱仙境

胫有启。在穷奇东。一曰状如人，昆仑虚北所有。昆仑虚南所，有泛林方三百里。

昆仑山是神话传说中常常提到的一座仙山，位置不详，应该在常人难至的西方内陆。传说西王母就住在那里，山上有不死树、不死水及凉风山，登上凉风山就可以不死，凉风山上有悬圃山，攀上悬圃山就可以获得呼风唤雨的神通。悬圃山再往上去就是太帝居住的天阙，若进入天阙，就能成为神了。

《山海经·海内北经》中说“蓬莱山在海中”，《列子·汤问》中也有记载，书中说渤海东边的海面上有五座仙山，分别是岱舆、员峤、方壶、瀛洲和蓬莱，方壶就是方丈，瀛洲就是瀛海。前两座山被传说中的龙伯国巨人钓去守护神龟了，因此沉没于海中。

从战国后期开始，传播这种迷信思想的方士活跃起来，他们游说各国君主，引起他们的极大兴趣。在他们的故事中，蓬莱仙岛被描述得美不胜收，看起来虽然不远，好像就在云端，但到了眼前，又消失不见了，好像潜藏到水底一样，因此从来都没有人能够登上仙山。现在我们知道这种海市蜃楼的现象是大气折射的结果，但在自然科学知识落后的古代，这种现象无法解答，只能归结于神话传说。各地的君王也对此很感兴趣，齐威王、齐宣王和燕昭王都曾经派人前去寻求仙山，可是最终无功而返。

这些神话传说和求仙问药的活动在燕、齐两地最为风行，秦始皇所任用的卢生和徐福也都是燕、齐两地的人，有三种可能会造成这种现象。

第一，燕、齐两地文化氛围最好，尤其是齐国，在当时是百家争鸣的中心。齐国的首任国君姜太公实行兼听广纳的政策，倾听天下人的意见，奠定了“博取众长，兼听广纳”的政治传统。在姜太公以后，姜氏齐国以及后来的田氏齐国都秉持这一传统，放宽言路，使齐国的文化氛围在当时最为活跃。在这种环境下，古代的神话故事也被一再提起，勾起人们寻求长生不老药的欲望。燕国虽然没有那么优越的条件，但燕国与齐国接壤，文化上的交流比较方便，也可能受到了齐国的影响。

第二，燕国和齐国濒临大海，海边的人偶尔会看到海市蜃楼的景象，相当于为传说提供了实际证明。经过亲眼见证之后，他们会比其他地方的人更加相信传说的真实性。

第三，燕人和齐人世代居住在海边，受到航行能力的限制，无法深入大海和了解远方的世界。这种特殊的地理位置和低下的航行能力，会催生他们对于远方的好奇心，比那些生活在内陆的人更渴望见到外面的世界。

同样居于海滨的还有吴人和越人，但是这两个国家的政治局势不稳，春秋时期越王勾践灭了吴国，后来楚国又吞灭了越国，两国甚至没有来得及等到传说的盛行就灭亡了。

“长生不老药”名字的出处来自《韩非子·说林上》：“且客献不死之药，臣食之而王杀臣，是死药也，是客欺王也。”韩非尊重客观，讲究实际，他以天纵之才轻而易举地拆穿了“不死之药”的骗局。

秦始皇对于这些传说也有浓厚的兴趣，天下统一之后，宣扬长生不老的方士也从燕、齐两地纷纷赶往咸阳。这些人才在秦始皇面前多次谈起海外仙山的美丽，让秦始皇信以为真，给他们十分优厚的待遇，又多次听从他们的建议，派遣人员出海。秦始皇非常爱惜韩非的才华，熟读韩非的著作，这番话他也应该读到过，但是精妙的辩驳并没有能够使秦始皇清醒过来，秦始皇热衷于寻仙，已经沉溺其中不能自拔了。

进献谎言的卢生

自从当上皇帝之后，嬴政享受着无比崇高的荣耀，但也被权力冲昏了头脑，他贪婪地享受着每一天，并希望能够永远持续下去。虽然在登基的时候他说秦国的国君要“传之万世”，但是一人享受万世的话不是更美妙吗？他不断地出巡，为的就是震慑天下，同时也是走在一条漫漫无际的求仙之路上。

秦始皇出巡的时候，曾经屡次在东方宣示威严和德行，经常在各地刻石，后人称为“秦刻石”，现在已知的刻石有七块，分别为峄山刻石、泰山刻石、琅邪刻石、之罘刻石、东观刻石、碣石刻石和会稽刻石，其中有多处流露出对“久长”“无穷”“无极”的向往。所以说，秦始皇出巡的目的，除了宣扬国威之外，还包含了向天祈求长生的一面。

秦始皇渴求长生的愿望随着他的出巡变得广为人知，他花费重金礼聘懂得求仙的方士，在这样的情况下，卢生等人出现在秦始皇的眼前。

卢生是燕人，曾经游历过北海（古代方位名，具体位置不一，古人认为中国四境有海环绕，各按方位为“东海”“南海”“西海”和“北海”，海内即中国，四海之外更有四荒，四极。《尔雅·释地》：“九夷、八狄、七戎、六蛮，谓之四海。”）。卢生向秦始皇详细描述了偏远地区的民俗风情，其中有些大概是真的，有些可能是对书上所载进行加工处理，总之这些新奇的事物把秦始皇迷住了，让他再也不能从虚幻的长生不老药上移开视线了。

秦始皇非常宠信卢生和那些跟随卢生的人，甚至任命他们为博士。这些人并没有安邦定国的才能，也没有治理天下的策略，只是凭借读过的几部神话故事，就获得了极高的荣耀。那些立下功劳的大臣非常憎恨他们，但是碍于秦始皇的颜面，不敢表达出自己对虚妄传奇的不屑。

秦始皇三十二年，秦始皇第三次出巡，并来到碣石宫。在碣石宫，卢生再次向秦始皇说起美丽的海外仙山和仙岛上居住的羡门、高誓，秦始皇听得如痴如醉，决定派遣卢生等人外出寻找仙山，派韩终、侯公、石生求取仙人的不死之药。卢生和侯生兴高采烈地带领着船队出发了。

不知道他们在海上究竟漂流了多久，也不知道他们究竟有没有找到仙山，反正长生不老药是没有得到。眼看着补给将要耗尽，卢生不得不做好返程的准备，同时还要想好理由，不能惹秦始皇生气。当队伍登岸之后，军士发现一个破旧的箱子立在岸边，好像在专门等待他们的到来一样。卢生于是命人打开箱子，发现里面竟然有一部书，打开一看，五个大字赫然出现在眼前：“亡秦者胡也。”

卢生高兴快要跳起来了,侯生等人莫名其妙地看着他,卢生说:“我等不必担忧了,仙药虽然没有求得，但将此书献给皇帝，一样是功劳一件。”于是他把书册擦拭干净，又在上面描绘上许多占卜的图案，做成卜筮书的样子。秦始皇此时在巡游途中，已经到达代郡，卢生等人于是马不停蹄地赶往代郡，面见秦始皇。

秦始皇听说卢生回来了，立即接见了他。卢生绘声绘色地讲述了航行的过程，说他们虽然没有找到仙岛，但在归途中偶遇了一个人头鸟身的仙人，仙人给了他一卷图册。秦始皇打开一看：亡秦者胡也。秦始皇倒抽一口凉气，胡人一直在北方侵扰边境，难道大秦王朝会被胡人所灭？晚年迷信神仙的秦始皇，把图册上的话奉为神明。为消除日后的祸患，秦始皇在从代郡回到都城咸阳后，便命令蒙恬率三十万大军北击匈奴，攻取黄河河套以南被匈奴所侵占的大片土地。

然而秦始皇始终对求仙一事念念不忘，有一天他责问卢生，“为何花费这么大的力气，仍然求不到神仙？”卢生冷汗涔涔地对秦始皇说：“仙人喜欢清静，所以才居住在远离人世的地方，西王母居住在昆仑山，羡门、高誓居住在海外，这些地方从来没有人到达。因此陛下必须居住在深山之中、人迹罕至之处，才有可能和喜爱清静的仙人接近。然而陛下现在所居住的地方，文武百官每天进进出出，后宫之中又有上万名妃嫔宫女，无一处清静，神仙又怎会乐意到来呢？”

秦始皇听了不免有点儿失望，急忙问道：“这样说来，朕是永远看不见神仙啦？”

见秦始皇再次相信了自己的鬼话，卢生镇定了下来，接着说：“依臣所见，寻访仙人倒也不是完全不可能，陛下为一国之君，居住在深山不问世事是不可能的，假如陛下坚定信仰，居住在清静的地方，不让人打扰到陛下，仙人就会来了。”秦始皇这才释然，若有所思地点了点头，于是扩建阿房宫，又极力隐藏自己的行踪，果然清静了许多。有的时候遇到紧急军情，大臣连皇帝的人都找不到。

卢生回到住处之后，找到侯生，两人一起商议，求仙估计是办不到了，长生不老药也无法炼制，这些谎言迟早会拆穿。始皇帝为人残暴，到时候一定不会放过这些求仙的人，还不如早作打算，免得惹来杀身之祸。于是两人连夜收拾行囊，匆匆逃走了，走之前留下一封书信，辱骂秦始皇残暴不仁，不值得为这样的君主求仙问药。

秦始皇大怒，枉费了自己的一番苦心，如此重用两人，竟然会遭到背叛，于是下令全城搜捕。但卢生和侯生早已逃之夭夭，不知去向，再也没有出现。两人对朝政的批评和诽谤也使秦始皇无法容忍，竟牵连出臭名昭著的“坑儒事件”。

徐福受命初次下海

长生不老的传说很早就传到了秦始皇的耳中，只是那时他还是一个年轻有为的君王，正在为攻取六国费心劳力，没有时间去理会这些传言。等到统一大业完成之后，秦始皇终于完成了梦想中的宏图伟业，于是招来燕、齐之地的方生术士。在所有的这些方士之中，最有名的是徐福。

徐福，也作徐市，字君房，齐人。传说徐福曾经师从鬼谷子学习辟谷、气功和修仙之术，是李斯和韩非的同门师兄弟。他博学多才，通晓医学、天文、航海等知识，且同情百姓，乐于助人，在沿海一带名望颇高。他出山的时候，是在秦始皇登基前后，可能是得到了李斯的引荐，徐福从齐地来到咸阳秦宫，拜见秦始皇。

徐福东渡启航处

秦始皇在秦宫中单独召见徐福，李斯作为举荐人，也留下作陪。

徐福看上去四十多岁，并没有传说中的那么老，但是胸前飘忽着的五绺长须，却给人一种仙风道骨的感觉。秦始皇暗暗称奇，命赐座。在徐福行礼坐定以后，秦始皇很客气地问道："朕曾听人说，先生大才，知晓海外的事情，更曾亲眼见到东海仙岛，不知可否说与朕听听？"

"小人曾听人说，当今始皇陛下是有道明君，今日一见，果不其然。"徐福说，"陛下礼贤下士，向小人咨询求仙之事，自然知无不言。小人居住在海边，经常坐船入海，有一次遭遇大风，在海上漂了数天数夜，偶然间看见一座仙岛，甚至见到了仙岛上的居民。"秦始皇对徐福的经历大感兴趣，不断提问。于是，徐福说了一段如梦似幻的神奇遭遇，他能言善道，脸上表情丰富，秦始皇听了不禁神往。

徐福说："岛上长满了花草树木，由于隔得太远，小人无法分辨清楚，但是从形状上看，确实是书中记载的仙岛。岛中央有一座高山，山涧溪水淙淙而流，许多美丽的鸟儿在仙岛周围盘旋着不肯离去，其中有羽毛颜色特别鲜艳的，也有啼叫声非常美妙的，小人站在船上，简直不敢相信自己的眼睛，从远处看，仙岛飘浮在云霄，然而等到我靠近的时候，却又马上消失不见了，小人由此确定，那一定是仙岛。"

徐福接着说："小人于是又回到远处，只见仙岛再次出现，远远地看去，只见岛上的仙人，模样与中原人没有多大分别，只是所穿的衣服不同于中原。"

秦始皇问道："岛上既有仙人，可有长生不老药？"

徐福回答："据书中记载，长生不老药确实是有的，传说西王母居住在昆仑山，昆仑山上就有不死之泉和不死之树，只要喝下不死泉的泉水，或是吃下不死树的果实，就会成为仙人，永葆青春，长生不老。小人虽然没有登上仙岛，但从远处看，仙岛上飞荡着一条瀑布，在晴空中犹如玉玦一般闪闪发光，依我看来，那就是不死泉。书中记载，仙岛上的仙人长得十分俊美，随便哪个都赛过西施。他们虽也有老幼之分，但是只要喝过不死泉里的水，就能够恢复年轻。"

“先生能否再说点儿岛上奇闻给朕听？”秦始皇兴趣越来越浓厚。

“其实东海中还不止这一处仙岛，据书中记载，相互有往来的即有三处，一曰蓬莱，二曰方丈，三曰瀛州，三岛相隔数千里。但是仙人技术超群，做出了特制的楼船，不用船帆也不用桨，就可以在水面漂浮，也可以飞行在空中，一日可往返千里。”徐福说得口沫横飞，连自己也神往不已。

“楼船即是一座移动的宫殿，里面装饰着奇珍异宝，可惜的是楼船构造过于复杂，人类无法仿造。”徐福带点儿遗憾地说。

“那岛上的宫殿是什么样子的呢？”秦始皇问。

徐福微笑着说：“岛上的街道全部都是用玉石铺成的，下雨不湿，日晒不热，即使是在正午，打了赤脚走在上面，清凉由脚底一直沁入人心。岛上的房屋也都是用一种黑白相间的玉石砌成墙壁，用檀香木作屋梁，门是用黄金白银做成的，人们用珍珠装饰所穿的鞋子。”

“小人的船随着风慢慢靠近仙山，只闻得山上奇花异草香气四溢，看见了夜明珠铺就的道路，白玉砌成的阶梯。最令人称奇的是宫殿，完全是五色灵芝层层生成，玲珑剔透。宫前有一条金黄色的神龙，光辉灿烂，照得满天通明。估计这条龙就是传说中的神仙使者吧。有仙缘的，就可以引导他上天。这许多灵芝，得到一颗，吃了就永远不死。”

徐福所说的话，大多数都是从古书上看来的，也许他真的看到过海市蜃楼的景象，所以在仙岛的细节上做了很多的叙述。但这种如梦似幻的仙境实在过于遥远，听起来很不真实，所以秦始皇感到不可思议，但李斯对他说：“神仙本是方外之人，不同于人世间的凡人，做事自然更有魄力，仙岛之国也因此有大气象。”秦始皇于是深信不疑，和徐福讨论了很长时间，最终完全相信了他的话，并选派将领、抽调精兵，备齐十年的口粮，以徐福为领队，择取吉时出海，寻求仙岛。但是徐福这一次走后，一直都没有消息传回来，秦始皇等了好几年也没有见到徐福派回来使者。

始皇帝死而地分

秦始皇三十六年（公元前211年），在一个不寻常的夜晚，负责占卜星象的博士正在咸阳城的官邸仰望星空，一个特殊的天文现象引起了他的注意——荧惑守心，接着一道明亮的流星划破天际。他立即惊出一身冷汗，随即将整件事写成公文，上报给了秦始皇。

写到这里，就非常有必要介绍一下什么是荧惑守心了。“荧惑”指的就是太阳系中的火星，属于类地行星，直径约为地球的一半。橘红色外表是因为地表的赤铁矿（氧化铁）。由于火星荧荧似火，行踪捉摸不定，因此我国古代称它为“荧惑”，在西方称为“战神马尔斯”。但无论是在东方还是西方都认为是战争、死亡的代表。

荧惑又名赤星、罚星、执法。又视火星在东方叫悬息，在西方为天理，在南方为火星。火之精，赤帝之子。方伯之象，主岁成败，司宗妖孽，主天子之礼，主大鸿胪、主死丧、主忧患。总的来说，在古人的眼里，火星是近于妖星的，司天下人臣之过，主旱灾、饥疾、兵乱、死丧、妖孽，等等。火星在五常为礼，于五事为辨。

荧惑守心的“心”是指天蝎座中的红色一等亮星——心宿二，由于它红光如血似火，因此我国称它为“大火”，“七月流火”即是大火星西行，天气将寒之意。天蝎座是黄道星座，在中国传统的天文学中属于二十八宿之中的心宿，心宿有三颗星，分别代表了皇帝和皇子。而火星总是在黄道附近移动，火星留守在天蝎座的罕见天象，在中国的占星学上认为是最不祥的，象征着皇帝驾崩。不祥的火星在心宿徘徊不去，则两星相互辉映，争红斗艳，称为“荧惑守心”。荧惑守心加上流星坠落，是不祥到极点了。

阿房宫的大殿里，秦始皇眉头紧锁，脸色十分难看。在他那个年代，星象就是上天发布给世人的征兆。他无法拒绝相信星象上的事情。可是更让他生气的是，他的面前摆放着那块坠落的陨石，上面写着七个字——始皇帝死而地分。字迹深浅不一，写得也不工整，显然是陨石坠落之后，有人故意刻上去的。

在那段时间里，全国各地纷纷出现各种不祥的征兆和谶语。有人梦见神人吟诗，说秦始皇活不过三年；有人在山顶上看见异象，推测说五年之内天下大乱；有人在德水捕鱼，剖开鱼腹之后，从里面取出来一条绢帛，上面写着“亡秦必胡”，这和卢生带回来的那本书上所写的字一样。起初秦始皇怀疑是卢生和侯生在搞鬼，故意制造混乱，但是怎么也抓不到卢生，而天上的星宿竟然也显示出不祥的征兆，这让他越来越不安。

秦始皇派遣廷尉左尉吴石为御史，前往事发地调查。吴石到了东郡之后，把周围三里的人全部都抓了起来，严加查问。他让每一个人都留下笔迹，同陨石上的字迹比对，可是即使是这样严密的审查，最终还是没有收到任何成效，没有人肯承认是自己做的。吴石无奈，将结果禀报给秦始皇。秦始皇说：“既然没有人承认，那就把抓到的人全部杀死，以儆效尤，看以后还有谁敢做出这种大逆不道的事情。”

吴石只好遵命照办，这一次就杀了两百余人。《史记》卷六《秦始皇本纪》载：“三十六年，荧惑守心。有坠星下东郡，至地为石，黔首或刻其石曰‘始皇帝死而地分’。始皇闻之，遣御史验问，莫服，尽取石旁居人诛之，因燔销其石。”

杀光了陨石周围的百姓之后，怎样处理这块石头，又成了一个难题。陨石非常坚硬，呈黑色，像是生铁一样，重量也和铁差不过，沉甸甸的。秦始皇虽然迷信天命，但这种敢于冒犯他威严的，通通被他称作“恶神”。他不惧与恶神作战，过湘山祠遭遇大风，他就砍光了湘山上的树；巡游至琅邪时，他在梦中与海神战斗，后来又亲自拿着连弩射杀“恶神”大鲛鱼；这一次天上的神灵居然也来向他挑战，他也不会后退，既然是荧惑与“大火”相斗，那就用火来对付这块石头。秦始皇命人搭起了一座六丈见方、一丈高的柴堆，烧了整整一天，终于将石头烧毁。

秦始皇的恐怖统治惹得人心惶惶。自从他在咸阳公开坑杀了四百六十名儒生之后，再也没有人敢于公开批评朝政，但这次的事件说明民怨越积越深，民众开始在暗地里积攒力量，伺机反秦。秦始皇在战争过后没有及时休养生息，而是用更加残暴的统治来奴役人民，注定不得人心，秦王朝最终的灭亡是咎由自取。

今年祖龙死

吴石在办完差事之后，准备返回咸阳。他只是一介文臣，并不是征战沙场的武将，杀人不是他的强项，一次屠杀两百余人更加不是他能承受得住的。他确实是被吓到了，甚至变得有点儿精神恍惚了。但他必须按时回到咸阳，向上司禀报事件的处理结果，如果回去得晚了，他的人头就要滚落在地，去陪伴那两百个冤魂了。

想到这里，吴石不敢再耽搁下去，于是带上两个仆役，乘车出发。等他们驱车来到华阴县平舒道的时候，太阳已经下山，夜幕将要降临。宽阔的大道上毫无人迹，像是一片被人遗忘的天地。这时已是深秋，沿途满目萧瑟，落叶旋转坠落铺满一地，一阵风带来一阵凉意。吴石再次想起了行刑的过程，人群中有个男孩儿，一直在盯着他看，吴石不知道男孩儿是不是因为没见过官员穿的衣服，所以才会对他的衣着感到好奇。刽子手的鬼头刀已经高高举起，可是那男孩儿还是在看着他，直到眼睛随着头颅一起飞出去，男孩儿的目光都没有离开吴石。

“咯嗒咯嗒”的声音从远处传来，将吴石的思绪带回到现实中，那是车马的声音。吴石掀开门帘一看，只见一乘素车白马从华山上疾驰而下。吴石心里明白，这肯定是神仙，于是命随从将马车停在路边，自己下车站在路旁恭恭敬敬地等候。车马驶到跟前，车内有人问：“是廷尉左尉吴石吗？”吴石回答：“是。”车上人又问：“阁下可是要回咸阳见始皇帝？”吴石再次说：“是。”乘客这时下了车，捧着一块玉璧递给吴石，说：“请将此璧赠予滈池君。”未等吴石发问，又说：“今年祖龙死。”吴石听了不知所云，正要追问，赠璧人却忽然神秘地消失了，玉璧却放在了那里。

无奈之下，吴石只好捧着玉璧将这一神奇事件如实报告始皇帝。一贯态度强硬的秦始皇良久不语，最后才说：“山鬼只知道一年的事，不必当真。”退朝后又说：“祖龙，不就是人的祖先嘛！”秦始皇说得很轻松，内心却惴惴不安。他很明白预言究竟是什么意思，秦始皇宣称秦朝获得“水德”，而滈池君是水神的名字，隐隐约约地指向秦始皇。祖，是初始的意思；龙，代指人君，祖龙就是指始皇帝。

他命令李斯彻查这块玉璧的来历。经过仔细观察，李斯得出结论，原来这是八年前秦始皇经过湘山祠时，为镇风浪而沉入长江的那块玉璧。秦始皇这时惶恐不已，于是求神问卦，得到巡游、迁徙吉利的卦辞。他不敢怠慢，立即迁徙北河榆中三万户百姓，每户赏赐一级爵位，以示安抚。接下来就是考虑第五次出巡的事了。

秦始皇评价“今年祖龙死”的时候，说了一句“山鬼固不过知一岁事也”。他口中的山鬼，就是华山山神，秦始皇是在嘲笑华山山神能力有限，无法预知一年以后的事情。秦始皇避实就虚，没有就“祖龙死”发表意见，而是在嘲笑“今年”上做足文章，说明他不敢面对可能会到来的死亡，与其说他是在嘲笑山神，倒不如说是自我安慰。实际上，由于华山处于秦国境内，所以秦国的国民都特别尊崇华山的山神。文物学者曾经发现一件玉器，上面刻着为秦王解除疾病的文字，文字的主题也是向华山之神祈祷。

这个故事经过流传，已经演变出许多不同的版本。《水经注·渭水下》中也记载了这个故事，但具体细节有所不同：使者郑容入柏谷关，来到平舒道，看见华山有素车白马，问，“郑容你要去哪？”郑容说，“回咸阳。”车上的

湘山祠又名湘妃祠

人说，“我是华山君的使臣，想拜托你帮我将一封信送给滈池君，你前往咸阳的路上，要路过滈池，如果看见一棵梓树下有文石的话，你就用石头敲打树干，会有人回应你的。”郑容照着做了，果然有人答应，里面的人说，“今年祖龙死”。故事的内容和《史记》的记载有所不同，但大致意思相同。

那块玉璧八年前就已经沉入长江了，竟然会重现人间，秦始皇对于它的重现人世，百思不得其解，因而恐慌。最后，只有从鬼神处找答案，在求神问卦后，按卦辞行事，这在今人看来，无疑是非常愚昧的迷信活动。不过，沉入长江的玉璧，究竟是怎样再次出现的呢？

有一种说法，秦始皇从南郡去洞庭湖湘山祠时采用乘船的方式，北方的秦人不善于撑船，船上的民夫不可能是从咸阳带来的，只能是在南郡征调来的，船夫当然都是楚人。船行江中遇到狂风大浪，几乎不能过江，始皇惊骇，不知所措，只好下令沉璧，以镇风浪。楚人素来对秦始皇非常仇恨，沉璧镇江的事情被他们知道以后，可能会派水性好的人捞起玉璧，然后，精心策划了这一出极具神秘色彩的事件。

再次入海，徐福踪迹成谜

徐福带领船队走后，秦始皇日夜牵挂，但一连过了许多年，始终等不到徐福的消息，这让他十分心烦。后来卢生和侯生叛逃，惹得秦始皇大发雷霆，他从登基之后就开始求仙，可是这么多年过去了，却一点儿成果也没有，不禁开始怀疑这些方士。可是怀疑归怀疑，秦始皇追求长生不老的梦想依然没变，所以也就不可能会放弃求仙的活动，反而选择继续相信方士。

秦始皇三十七年，秦始皇已经五十岁了，每日的辛勤执政以及长期地巡游天下，大概已经让秦始皇感到精力不济了，他经常从梦中惊醒，浑身大汗，几乎喘不过气来。日渐衰落的身体让秦始皇开始恐惧，对长生不老的渴求更加迫切。带着这样的心境，秦始皇拖着病体再次出巡，这一次的主要目的就是完成他寻仙的梦想。

自秦始皇巡行到渤海之滨以来，早已揣测到皇帝心意的诸多方士，纷纷前来向秦始皇提及海上神仙与长生不老之药，并怂恿他亲自前往海上寻仙求药。秦始皇曾经几次遭遇狂风骤雨，至今心有余悸，况且他现在已经年老，心有余而力不足，所以他并不敢出海冒险，他深怕寻仙不得，反倒遇上风浪，岂不悔之晚矣？

正在他犹豫不决的时候，消失了九年的徐福回来了，这让秦始皇看到了一丝希望，他亲自迎接徐福，关切地询问求仙的进程。徐福很高兴地告诉他："启禀陛下，臣等已经找到仙山了，与臣数年之前所见的完全一致，岛上甚至更加繁华，生活在岛上的仙人也比之前有所增加，估计是这些年来求得仙药的人们，仙岛环境幽美，他们吃了仙药之后，可能舍不得离开，于是也留在了那里。"

秦始皇又问："那你登上仙岛，拜见神仙了吗？"

徐福说："臣万分惭愧，海上有大鲛鱼挡住去路，臣无法过去。"

秦始皇已经不能再等下去了，当即率领大军兵分海陆两路，分头寻找大鲛，最终在之罘成功射死了一只，随后便命徐福再次入海。

徐福又拜求说："求取仙药需要备足厚礼，臣在梦中曾经见到仙人，仙人指示，要臣带上童男童女三千人和百种工具以及五谷蔬果的种子，送到仙山，就可以得到仙丹了。"徐福的一大篇鬼话，果然骗得秦始皇心花怒放。

“先生还能再找到那座仙岛吗？”秦始皇满怀希望地问。

“陛下诚心感动上天，臣才能在梦中见到仙人，既然仙人对臣做出了承诺，臣相信只需两月，一定可以不辱使命，顺利带回仙药。”徐福肯定地说。

秦始皇不等回驾，立刻传旨挑选年轻美貌的民间童男童女三千人和五谷种子以及各种工具，全部准备齐全之后，便马上派徐福出发。

谁知道徐福这一走，从此就再也没有音信了，他的行踪也成了谜，史家对此多有争议，最普遍的说法是徐福并没有找到仙岛，因为担心秦始皇责罚，所以航行到了一座岛上，从此不再回来。

《史记》中记录徐福东渡之事有较多内容的是《淮南衡山列传》，其中包括徐福从东南到蓬莱，与海神的对话以及海神索要童男童女作为礼物等事，一般认为这是徐福对秦始皇编造的托词，还记载了徐福再度出海携带了谷种，并有百工随行。这次出海后，徐福来到“平原广泽”（可能是日本九州岛），他感到当地气候温暖，风光明媚，人民友善，便“止王不来”，停下来自立为王，教当地人农耕、捕鱼、捕鲸和沥纸的方法，不回来了。《淮南衡山列传》与《秦始皇本纪》稍有不同，称徐福并未开始就带数千童男童女入海，而是在寻访仙家多年未果的情况下，再度率数千童男童女出海。关于徐福所要寻访的蓬莱、方丈、瀛洲三座仙山，《史记·封禅书》中是说在渤海中，并不能确定具体位置。而平原广泽在何处，更是不能考证。

日本人认为徐福在日本的纪州熊野的新宫（今和歌山县新宫市）登陆，目前当地还有徐福墓和徐福神社，每年 11 月 28 日是祭祀徐福的日子。在日本徐福的传说中，日本人认为徐福带来了童男童女、百工、谷种、农具、药物及生产技术和医术，对日本发展起了重要作用，因此尊徐福为“司农耕神”和“司药神”。据《日本国史略》记载：“孝灵天皇七十二年，秦人徐福来。”在《富士文书》中则说徐福来到日本，协助当地农民耕种，带来一些新技术。

到达日本后，徐福再没有返回中国，而且没有得到长生不老药，他担心秦始皇追杀，要求同行男女各自改姓成为秦、佃、福田、羽田、福台、福山等姓氏。

巧合的是，连云港市现有云台山脉，姓氏都与山有奇特渊源。现在，日本和歌山县新宫市都还有姓秦的日本人，有些家门口楼上还仍然刻着“秦”字。最为有趣的是，在尚未考察清楚徐福下落的情况下，日本的天皇竟然主持祭祀徐福达八十多次，直到明治维新才停止。

目前有关徐福遗迹的资料还不足以提供明确的证据，不过秦末齐人曾为了逃避苦役而大批渡海前往朝鲜，汉武帝也曾派遣楼船将军杨仆从齐地出海进攻朝鲜，这两个历史事实说明当时的海上航运能力已经相当强了，如果徐福等人在朝鲜得到补给的话，是完全有可能到达日本的。

求仙梦想最终幻灭

秦始皇送走徐福之后，在琅邪恋恋不舍地又停留了一段时间，但始终没有消息，再加上突然患病，身体虚弱，于是下令返回咸阳。一路之上，他不断向赵高询问求仙的消息。赵高心里非常明白，徐福和卢生等人多次出海寻找，都没有结果，寻仙多半只是他们博取恩宠的手段罢了。况且徐福这一次离去携带了众多的五谷种子，大有一去不复返之势。但在求仙心切的始皇帝面前，这些话可不能说出来。左思右想，赵高决定和李斯商议，派人假扮徐福的使者，向秦始皇说出实情。

经过反复筛选，赵高选出了自己最信任的门客。这个人有着极好的口才，见过的大场面也不少，却是第一次觐见帝王。使者个子很小，进入大殿，环顾四周，都是身材高大的彪形大汉，更显得自己出奇的渺小，他两脚发软，几乎要瘫软在地了。赵高咳嗽了一声，阴狠地盯着他。

来到阶下，他跪地行礼，高呼万岁已毕，奉命起立回话。

“徐福在海外寻找长生不老药，有什么消息？他现在又在何处？”秦始皇问。

“寻仙的队伍遭遇风暴，困在了海外一个无名孤岛，缺水缺粮。”

“你们可曾见到仙岛？”

使者只得硬起头皮回答：“多次见到，只是靠近不了。”

“为何？难道是仙人不愿意接见朕的使者吗？你们究竟有没有找到仙岛？”秦始皇一连提出三个问题，像连珠炮一样逼问使者。

“臣等的确看见了蓬莱仙岛。”使者只有一口咬定。

“蓬莱仙岛是什么样子？”徐福曾经向他描述过仙岛的模样，他一直记得很清楚，从使者的回答中，就可知道这个人说的是不是真话。

谁知赵高比他更厉害，早料到他会有这招，不但伪造了徐福给秦始皇的奏简，还教了使者一套说辞。使者照着事前的准备，将蓬莱仙岛描述得分毫不差。这名使者本身当然也是精明之辈，他结尾加了一句：“至于仙岛里的事，徐福从不对别人说，小人也完全不知道。”

秦始皇听他这样说，也就深信他们是接近过仙岛而无法上去了，心里略略有点儿高兴，便吩咐启驾继续朝咸阳行进。路上走了几天，秦始皇心神恍惚，头昏身热。随驾的御医天天为他诊治，但丝毫也不见效。这时候正是农历六月，天气十分炎热，带着病在路上跋涉，自然容易病上加病。经过御医的诊断，秦始皇的病情是因风寒入侵导致的，所以必须要好好休养。但谁敢劝告？秦始皇一心只想着早回咸阳，不肯在路上停下。

又过了几天，正好走到沙丘，沙丘有一座原属赵国的沙丘宫，建得很高大，秦始皇就在这里住下了，准备在这里暂时停歇，等过了夏季，天气稍微凉快一点儿再次前行。

这时秦始皇身边只带了最小的儿子，名叫胡亥，还有二十多个儿子都在咸阳，没有随驾。最大的儿子扶苏在蒙恬军中。秦始皇生性多疑，最忌惮人说到“死”字，虽然病得这般沉重，却没有一个臣下敢提到“死”字。群臣此时最关心的是立太子的事，但谁也不敢提出来，连蒙毅和李斯等人也不敢流露出一点儿意思，因为谈及立嗣就不可避免地要提到秦始皇“百年之后”，秦始皇生性要强，在他面前说出这些话来，会被当作叛逆。

秦始皇病得不轻，御医只能给他开出一些降温解暑的药来，根本不起多大作用。秦始皇也知道这一点，所以要求御医不得向外透露任何一丝关于自己的病情，违者诛灭九族。所以御医每天对外宣布皇帝的病情，都只说是皇帝偶染风寒，需要静养，不可打扰，大小政事都交给丞相李斯和中车府令赵高代为处理。随时陪伴在身边的只有公子胡亥和蒙毅。

秦始皇这时还对鬼神之说念念不忘，以为自己之所以会生病，一定是因为得罪了什么鬼神，便想派大臣祷告山川，请求鬼神庇佑，让他早日恢复健康。秦始皇将这件事委托给李斯办理。

李斯召集蒙毅和赵高共同商议，他想要亲自去祭祀山神，讨好秦始皇。当时蒙毅还没到场，赵高先问李斯："丞相打算派何人前去祭祀山川？"

李斯说："祭祀神灵是一件大事，按理应由我亲自前去，才能显示出对神灵的敬重和皇帝的诚心。"

赵高摇了摇头，轻声对李斯说："老奴一介宦官，地位卑微，没有资格去，又要服侍皇帝，所以老奴不是合适的人选。至于丞相，您虽然位高权重，且一片诚心，但您同样不可以去。"

李斯奇怪地看着他，问道："此话何解？"

赵高贴在他耳边，声音低到几乎听不见，他说："皇帝病得太重，看样子是好不了了，你我需要随侍身边，以防万一！依我之见，应当派遣蒙毅大人前往。"

CHAPTER

第十二章 帝国最终的崩溃 12

历史的车轮滚滚前行，推动无数的王朝兴起再灭亡。回首往昔，统一天下的场景何其壮哉，可是仅仅过了十五年，秦王朝便分崩离析了，真是“其兴也勃焉，其亡也忽焉”。究其原因，沙丘政变可以视作秦朝兴亡的转折点，根本原因乃是秦王朝的暴虐无道。正如杜牧在《阿房宫赋》中所说的：“灭六国者，六国也，非秦也；族秦者，秦也，非天下也。”

始皇帝病死沙丘宫

秦始皇第五次出巡从咸阳出发，向东南行经云梦，然后浮江而下，视察了吴越旧地，又登会稽山（今浙江绍兴东南），临望东海，然后沿着海岸北上，来到黄海之滨的琅邪，接着继续沿海岸行进，抵达荣成（今山东荣成）、之罘等地。秦始皇的车队又继续西行，到达平原津（今山东平原）的时候，这位辛劳的皇帝终于病重不起。

七月丙寅，天气炎热，他躺在病床上，眼前浮现出盛年时的场景，那时他是多么风光！平定嫪毐和成蛟的叛乱，除掉权倾朝野的“仲父”吕不韦，接着灭六国，天下大权集于一身，再没有人能像他这样了。可惜啊！奔波数年，始终无法找到长生不老药，不知道徐福现在到了哪里，是否已经寻到仙山？是否正捧着丹药马不停蹄地往回赶呢？他笑了笑，自言自语道：“徐福，只要你找到长生不老药，你就是本朝最大的功臣。”他甚至看见了徐福满脸欢喜地跪下谢恩。

沙丘宫平台遗址位于广宗县大平台村南，是一个长一百五十米、宽七十米的沙丘。

千头万绪一时涌上心头，他只觉得胸口又开始疼痛起来，头晕耳鸣。过了一会儿，他才不甘心地说道：“看来朕的愿望是无法实现了，帝国的江山，终归要交出去。”他向赵高示意，准备好笔墨文书。接着在诏书上写下：“以兵属蒙恬，与丧会咸阳而葬。告诉李丞相，将诏书和御玺一同交给扶苏，着扶苏承继大位。”说完，便扑倒在书案上，昏迷不醒。第二天，秦始皇与世长辞。这一年，他正好五十岁。秦国历史上最伟大的一位帝王的生涯就此结束了。

秦始皇虽然死了，但是他的故事还在延续，他的死因也成了谜。据《史记》记载，秦始皇自幼身体有病，所以体质较弱。他为人又刚愎自用，事无巨细都要亲自裁决，每日批阅文书一百二十斤，工作极度劳累。再加上巡游途中正是夏天，天气炎热，以上因素并发，促使他在途中生病，但是否秦始皇就因此一命呜呼，尚令人怀疑。目前最主流的看法有两类，一是秦始皇死于疾病；二是被人谋杀。

按现代医学来看，秦始皇可能死于心肌梗死或脑出血之类的心血管疾病。因为这种类型疾病而死亡的人，许多都是五十岁上下，秦始皇死时也是这个年纪。秦始皇在沙丘死时，是农历七月，正值三伏酷暑，是心血管病易发季。在医疗条件落后的古代，这种病一旦发作，基本上很难抢救过来。秦始皇执政辛苦，又四处巡游，不分寒暑，路途颠簸，造成身体劳累，很容易患上心血管疾病。

学医出身的历史学家、文学家郭沫若先生在他的历史小说《秦始皇将死》中，将秦始皇的病症诊断为“结核性脑膜炎”。他说秦始皇在平源津渡黄河时，很可能是癫痫病发作，发病时后脑撞在青铜冰鉴上，加重了脑膜炎的病情，人处于昏迷状态。当车赶到沙丘后，停留了一夜。第二天，赵高、李斯发觉秦始皇已死，右耳流出黑血，右耳孔内露出一寸长的铁钉。这篇小说反映出早就有人怀疑秦始皇是被人谋杀的。至于谋害者是谁，小说中认为是胡亥谋杀了秦始皇，最大的利益获得者是胡亥。当时胡亥随同秦始皇一同出巡，得以有机会靠近秦始皇。在看见秦始皇立扶苏的诏书以后，胡亥心生歹念，谋杀父亲，然后篡位。

还有一种说法是赵高谋害了秦始皇。首先，赵高有条件谋害秦始皇。因为诏书和御玺都在赵高手中，所以继承王位的决定权也掌握在他与李斯手中。如果胡亥弑父之后得不到承认，赵高、李斯不愿配合，反而拿着诏书去找扶苏的话，那胡亥不仅得不到皇位，反而有杀身之祸。赵高随侍在皇帝左右，趁机行事不露痕迹，就要比胡亥方便得多。

其次，赵高有谋害秦始皇的动机。他曾经对李斯讲：“长子刚毅而武勇，信人而奋士，即全必用蒙恬为丞相。”赵高对秦始皇极尽谄媚，却对与他争宠的蒙氏兄弟恨之入骨，如果扶苏即位，自己将不会再受到重用，所以必须阻止扶苏登上帝位。秦始皇刚愎自用，决不会听从赵高的谗言，如果秦始皇不但没死，反而坚持着活了下去，那他确立扶苏的意愿就会被人知道了。只有结束这一暴君的生命，才可拥立胡亥。秦始皇平时居于深宫，戒备森严，无法下手，现在他在旅途中病倒，这真是天赐良机。

最后，赵高心狠手辣，敢于做出弑君的勾当。他对胡亥说：“臣闻汤武杀其主，在下称义焉，不为不忠。卫君杀其父，而卫国载其往，孔子著之，不为不孝。”赵高不仅有这种弑君的言论，后来还杀了胡亥，做出了弑君的行动，证明此人狼子野心，敢于谋害秦始皇。

虽然胡亥和赵高都有动机杀害秦始皇，但是也缺乏足够的证据证明就是他们干的，因此都只能作为推测。总而言之，秦始皇亲手养肥了帝国最大的危害，他识人不明，最终导致了秦王朝的覆灭。

贤良的扶苏未能继位

秦始皇有二十多个儿子，史料中所记载的有长子扶苏、公子将闾、公子高以及第十八子胡亥。其中以扶苏最为贤能，也是最有希望的继承者。因其母郑妃是郑国人，喜欢吟唱当地流行的情歌《山有扶苏》，始皇便将两人之子取名“扶苏”。“扶苏”是古人对树木枝叶茂盛的形容，秦始皇以此命名，足见他对长子的喜爱，对他寄托着无限的期望。

据载，扶苏为人“刚毅而武勇，信人而奋士”，也就是说，他性格坚强果敢，能够团结下属，善于激励士气，取得人心。从上述记载来看，扶苏是个很有上进心的皇子，也具备领导者的资质。

扶苏的仁义正好和秦始皇的残暴形成了对比，因此两人的政治主张也是不一样的，甚至可以说，两人有着原则性的分歧。扶苏关心帝国的方针大计，也曾经就此多次上书秦始皇，对时政提出自己的看法与意见，即所谓“扶苏尝数上书，议时政”。但是好像效果不太好，扶苏的金玉良言，秦始皇根本听不进去。扶苏的上书见于史料明文记载的，只有《史记·秦始皇本纪》里记载的一件事：

秦始皇三十五年（前 212），因诸生议论朝政而引起的坑儒事件，扶苏说现在天下刚刚平定，远方的百姓还没有归附，天下的儒生诵读的都是诗书，效法的都是孔子，现在皇帝一律用严刑重罚惩治他们，恐怕天下会再次混乱。这一记载表明，扶苏对秦始皇坑杀儒生一事持有不同政见，并因此惹怒了秦始皇。秦始皇命他离开都城咸阳，到边境与蒙恬一同镇守北部边境。扶苏有仁义之心，所以对秦始皇所推行的某些暴政是有异议的，在秦始皇看来，扶苏过于软弱，不适合当君主。他之所以迟迟不立扶苏，很可能就是这个原因。

扶苏虽然被派遣到边疆，但也不能就此认为秦始皇讨厌他。上郡郡治肤施县（今陕西省榆林市南），那里有蒙恬率领的三十万精兵，主要任务是防范匈奴入侵，修筑长城边防，这是大秦帝国一项非常重要的政策。秦始皇派遣扶苏来到这里做蒙恬的监军，说明秦始皇很看重他。扶苏太年轻，在这里可以得到很好的锻炼。秦始皇之所以要他待在军队里，很可能是想通过这种方式训练扶苏，改变扶苏过于柔弱的性格，以便日后有能力保住

朱允炆（1377 年 12 月 5 日—？），明朝第二位皇帝。明太祖朱元璋之孙。

秦帝国的江山。在众多皇子之中，唯有扶苏被委以重任，而其他二十多个儿子却没有任何关于这方面的记载。这就足以表明，在秦始皇的心中，扶苏是帝位的继承人。

此外，中国历代王朝采纳的都是嫡长子继承制。扶苏作为嫡长子，即使是惹得秦始皇生气，也仍然最具有继承皇位的可能。很多时候，即使嫡长子不及其他皇子有才能，也不妨碍其继位，因此嫡长子继承制度能解释一些奇怪的历史现象。例如，在明朝朱元璋为什么一定要把他的皇位传给长孙朱允炆，而不传给他的儿子朱棣。其实，原因很简单，朱允炆是太子的儿子，是他的嫡长孙。选立嫡长孙为法定继承人，理由就是“皇孙世嫡，富于春秋，正位储极，四海系心”。

与此相对的是秦始皇对少子胡亥的偏爱，当秦始皇最后一次出游时，胡亥请求随从，始皇也允许胡亥同行，伴随他在外地长达十个月之久，直至他本人病死于途中。胡亥是秦始皇的第十八子，深得秦始皇的喜爱，但没有任何记载说明秦始皇想要立胡亥为储君。秦始皇在第五次出巡之前身体可能就不是太好了，但也决不会料到自己居然会死在途中，所以带胡亥出巡不能作为立他为储君的证据。

秦始皇未能及早立长子扶苏为储君，又在出巡时将胡亥带在身边，这样就为之后的沙丘政变创造了条件，最终为秦朝留下两大祸害。倒行逆施的胡亥获得皇帝的宝座，为虎作伥的赵高出谋划策，利欲熏心的李斯随意附和，这三个人都不顾秦帝国的兴衰命运，倒行逆施。在此期间，唯一忠诚正直的蒙毅反倒被派出祭祀。

秦始皇生前对二世皇帝的人选，不能说没有考虑。从他对扶苏的任用和病危所留下的遗诏来看，他确实是把长子扶苏定为储君的。可他迟迟没有立扶苏为储君，等到死前才做出决定，却终于被几大奸臣窃取了帝国的果实。所以说，秦朝的灭亡与秦始皇有着分不开的关系，之后的政变也是他一味纵容的结果。如果秦始皇早立扶苏为储君，贤明的扶苏就将继位，最大的奸臣赵高就会失势，蒙氏兄弟也将在国家政权中发挥更大的作用。如果历史的车轮按照这样的轨迹行驶下去，帝国的命运是否可以走上截然相反的方向呢？

沙丘政变，赵高改诏书

沙丘是古地名，在今河北省广宗县大平台村。《史记》记载，商纣王在沙丘大兴土木，建了一所苑台，在里面放置各种鸟兽，还设酒池肉林，使男女裸体追逐游戏，狂歌滥饮，通宵达旦。其荒淫奢侈程度骇人听闻。战国时期，沙丘为赵国属地，赵王又在这里设离宫。公元前 295 年，雄才大略的赵武灵王因储位斗争处理不当，结果被围困在沙丘宫里，断粮断水达三个月之久，竟活活饿死。八十五年后，沙丘再次发生政变，只不过这一次的主角换成了秦始皇。

秦始皇之死，可以说是一个意外事件，发生得过于突然，甚至让李斯和赵高感到不知所措，但稍作镇静之后，赵高便开始了阴谋的布置。秦始皇第五次出巡时，上卿蒙毅也在随行之列。蒙毅是蒙恬的亲弟弟，为皇帝的亲信，可是当秦始皇在途中病重时，蒙毅被李斯调遣至远处祭祀山川，这是李斯和赵高的计谋。因为蒙恬忠于公子扶苏，遣走蒙毅，也就是去掉了扶苏的耳目。赵高是个宦官，专管宫廷御车与公文、印信。此时，秦始皇的遗诏还在他的手里，尚未发出。有那么一瞬间，他很想传令使者，快马加鞭将诏书送给扶苏，但如果扶苏真的当上皇帝，对他有什么好处呢？扶苏从来都没给过他好脸色，反倒跟蒙恬、蒙毅二人走得很近，对他们礼遇有加。反观皇帝幼子胡亥倒是跟自己关系不错，胡亥是个昏庸的家伙，可以轻易控制住，况且自己又曾受命教胡亥学习法律，更拉近了关系。赵高想立胡亥为皇帝，以便实现他篡权乱政的阴谋，所以他违背秦始皇的命令，扣住诏书不发。

赵高以避免叛乱为由说服李斯秘不发丧，他们将秦始皇的尸体仍旧装在车中，饮食奏请如常，一面命令车子加紧赶路，一面开始鼓动李斯和胡亥。胡亥一开始还有所犹豫，假惺惺地说不忍夺取皇位，其实心里早就乐开了花，很快就答应了下来。

对待李斯倒是比较难办，他是秦朝开国元老，忠诚勤勉，跟随始皇多年，协助始皇统一天下，治理国家，在朝中享有很高的声望。赵高明白，必须争取到李斯，篡位之事才有可能成功。为此，赵高费了不少功夫。赵高知道李斯出身布衣，现在虽然位居三公，但骨子里还是为了自己的荣华富贵担忧，唯恐有一天眼前的一切会化为泡影，于是，他决定抓住李斯的这个弱点发起进攻。赵高径直找到李斯，非常悠闲地对李斯说："始皇去世，赐给长子扶苏诏书，命他到咸阳参加丧礼，并立为继承人。诏书未送，皇帝去世，还没人知道此事。皇帝赐给长子的诏书和符玺都在胡亥手里，立谁为太子只在于你我的一句话而已。你看这事该怎么办？"李斯说："你怎么能说出这种亡国的话呢！这不是作为人臣所应当议论的事！"赵高一听，狡猾地笑了一声，接着问道："李大人，依你之见，在才能、功绩、谋略、受人拥戴以及和扶苏的关系上，你与蒙恬将军相比，谁更优秀呢？"这句话正触李斯的痛处，他沉默半晌，黯然地说："我比不上蒙将军，但你为什么这样苛求我呢？"赵高装出十分关切的样子，进一步试探道："丞相是个聪明人，难道还不懂吗？我本来就是一个宦官的奴仆，有幸能凭熟悉狱法文书进入秦宫，管事二十多年，还未曾见过被皇帝罢免的大臣能够把封爵传给下一代的，最后都被杀了。扶苏公子一旦即位，丞相之职必定落入蒙恬之手，到时候，你还能得善终吗？胡亥公子慈悲仁爱，心里聪明但不善言辞，竭尽礼节尊重贤士，在秦始皇的儿子中，没人能赶得上他，可以立为继承人，希望丞相能好好考虑。"李斯虽然富有谋略，但在赵高的威逼利诱之下，早已心乱如麻，最后挥泪叹息，无奈地说道："唉！偏偏遭逢乱世，我又不能以死尽忠，只好明哲保身了。"于是李斯就依从了赵高。

赵高知计已成，欣喜若狂，马上与李斯合谋，伪造诏书立胡亥为太子，在上面盖上御玺，又另外炮制一份诏书送往上郡，以"不忠不孝"的罪名赐扶苏与蒙恬自裁。等这一切办妥之后，才命令车队日夜兼程，迅速返回咸阳。为了继续欺骗臣民，不取捷径回咸阳，而是摆出继续巡游的架势，从沙丘到井陉，而后抵太原，经直道回咸阳，绕了三四千里。夏天温度太高，秦始皇的尸体已经腐烂，发出恶臭，为了遮人耳目，赵高就命人买了许多鱼装在所有车上，用鱼的腥臭味做掩饰，迷惑大家。等回到咸阳，他们马上公布了秦始皇死亡的消息，发丧出殡。紧接着，胡亥就登基做了皇帝，是为秦二世。赵高升为郎中令，李斯依旧做丞相。

赵高阴谋得逞以后，立即铲除政敌，他向秦二世进谗言，陷害蒙氏弟兄，诛杀诸公子又布下陷阱，把李斯逐步逼上死路。赵高蒙蔽秦二世，将大权集于一手。不难看出，秦始皇之死，实质上是一场宫廷政变，而这场政变的总策划人就是赵高。

扶苏愚忠尽孝的悲剧

秦始皇在死前曾留下遗诏，要扶苏回咸阳，意思很明白，就是要让扶苏继承皇位。秦始皇死后，赵高和李斯、胡亥共同商议，决定发动政变，夺取皇位，他们首先封锁了秦始皇的死讯，接着便着手于发布矫诏。经过密商，他们伪称是受了秦始皇的命令，立胡亥为太子，又以秦始皇的名义编造了一封给扶苏的信，信中说："朕巡视天下，祈祷祭祀各地名山大海的神灵以求长寿。又让扶苏和将军蒙恬带领几十万军队驻守边疆，现在已经过去十几年了，不但没有向前进军，反而伤亡了很多士兵，没有立下半点儿功劳，反而多次上书诽谤朕的所做所为，扶苏因不能解职回京当太子，日夜怨恨不满，作为人子却一点儿都不孝顺，命赐剑自杀！将军蒙恬和扶苏一同在外，不纠正他的错误，也应知道他的谋划。作为人臣而不尽忠，一同赐命自杀，把军队交给副将王离。"然后赵高用皇帝的玉玺把诏书封好，让胡亥的门客捧着诏书到上郡交给扶苏。

诏书虽然是假的，但所用的口吻和秦始皇非常像，以至于让扶苏和蒙恬不辨真假。扶苏接到这封信，仰天垂泪，他万万想不到这竟是一场阴谋。他转身走进屋内，抽出长剑，就要准备自杀。蒙恬身经百战，对这封信的真实性表示怀疑，他劝扶苏不要冲动，对他说："皇帝陛下巡游在外，到现在都没有立太子。可是他派我统兵三十万驻守边防，又让公子您监军，把这么重的责任托付给我们，是对我们的重视。现在您仅凭使者送来的一封信就要自杀，又怎么知道其中没有误会呢？公子最好亲自面见始皇陛下，当面问清楚，若是皇帝陛下坚持认为我等该死，蒙恬也决不会苟活。"送信的使者见到这种情形，担心扶苏会改变心意，于是一再催促。扶苏泪眼蒙胧，哭着对蒙恬说："蒙将军，我知道你是好意，可现在父亲命令儿子自尽，还有什么好问的呢？"说完，扶苏就横剑自刎了，蒙恬阻挡不及，眼睁睁看着殷红的鲜血飞溅出来，他立即上前扶住公子的尸首，恸哭不已。

扶苏的自杀，改变了秦朝的历史。他死后，胡亥、李斯、赵高立即赶回咸阳公布了秦始皇驾崩的消息，胡亥以秦二世的身份，登上了皇位。扶苏之所以被杀，也是因为封建专制统治的弊端所引起的，秦始皇虽然没有亲自动手，但是把扶苏贬斥到北方边疆，实际上是让他远离了政治中心，极易受到别人的攻击。直到后来赵高伪作诏书，终于使扶苏陷于死地，从此可以看出，实际上是秦始皇亲手将扶苏置于死地的。

这样的悲剧远远没有结束，后来的帝王并没有从这件事上吸取教训，反而引出了更多的惨剧。汉武帝晚年性格多疑，听信小人的谗言，牵连出了多起巫蛊之祸。受到重用的奸臣江充，摸清了汉武帝的脾气，于是肆无忌惮地栽赃嫁祸，甚至将祸水引向太子和皇后。他在宫中掘地调查，声称在太子宫中找到了扎着铁针的铜木人。当时的太子刘据惴惴不安，处于极其被动的形势，于是召见少傅石德。石德只说了一句话："太子将不念秦扶苏事耶？"石德说得很简单，"太子您忘了秦朝的扶苏吗？"就是这样简单的一句话，使刘据大为震动，最终决定起兵造反。这次事件，又是一起父子相残的惨剧，太子军和政府军在长安城大战五日，死者数万人，以至于路边的排水沟里都灌满了鲜血。刘据也最终兵败自杀。数年之后，巫蛊之祸的冤情渐渐浮出水面，汉武帝后悔不已，知道太子起兵是被迫自保，但已经无法挽回了。悲伤之下，汉武帝诛杀了江充全族及其同党，又在太子刘据自尽的地方立了一座思子宫和思子台，表示自己的后悔和对太子的思念。

太子将不念秦扶苏事耶？扶苏的遭遇让刘据瞬间清醒过来，选择了反击。在这件可悲的事件中，扶苏和刘据做出了截然不同的选择，扶苏固然是受害者，让人为之同情，为其扼腕叹息，但从另一方面来讲，也正是由于扶苏的软弱才使敌人的阴谋得逞，丢掉了自己的性命。宋人苏过在《思子台赋》里写道："昔秦之亡也，祸始于扶苏。眇斯、高之羸豕兮，视其君犹乳虎。曾圹息之未定兮，乃敢探其穴而啖其雏。"苏过有感于扶苏的悲剧，说秦朝的灭亡，是从扶苏自尽开始的，在秦始皇还活着的时候，李斯、赵高这两个奸臣就像是病猪一样，不敢冒犯秦始皇的虎威，可是皇帝去世，还没来得及下葬，他们竟然就敢深入虎穴，宰杀幼虎了。

当时的人们非常同情扶苏，还不知道他已经死去，百姓都认为胡亥是秦始皇的小儿子，是不应该继位的，当皇帝的应该是仁厚的扶苏。于是在陈胜、吴广领导人民起义时，他们自称是接到公子扶苏的命令，号召天下人起兵反抗暴政，这在当时是顺应民心的。陈胜、吴广只不过是地位低下的平民而已，连他们都知道扶苏的名声，可见扶苏当时是很得民心的。如果扶苏没有自杀，而是听从了蒙恬的建议，那么大秦王朝二世而亡的命运应该就可以避免了吧！

蒙氏兄弟之死

蒙恬的祖先是齐国人，来到秦国之后，一直受到秦国君主的重用。蒙恬的祖父是蒙骜，先后为秦国攻下近百座城池，官至上卿；蒙恬的父亲蒙武，曾经

蒙骜（？—前240年），战国末期秦国著名将领。蒙骜本是齐国人，后来投靠秦国，官至上卿。

和王翦一同攻打楚国，大败楚军，杀死了项燕，后来又俘虏了楚王。蒙恬率三十万大军北击匈奴，镇守边关，他的弟弟蒙毅是当时重要的文臣之一，官至上卿。秦始皇特别尊重蒙氏，他亲近蒙毅，与其同坐一辆车子。蒙恬在外担当着军事重任，蒙毅在内为朝廷出谋划策，被誉为忠信大臣。当时的蒙家地位之高，远远超出一般的大臣，没有人敢和他们争宠。

等到秦始皇死后，蒙氏一族也走向了末路。赵高伪作诏书，命扶苏和蒙恬一同自尽。蒙恬对诏书表示怀疑，他极力劝阻扶苏，不想让他不明不白地死去，但扶苏太过于悲伤，当场就自尽了。使者又催促蒙恬自裁，蒙恬跪在扶苏的尸体旁哭泣，狠狠地看着使者说："皇帝陛下将守护边防这么大的任务交给我，我怎可轻易死去？我要面见陛下，问清缘由。"使者不答应，想要凭借着皇帝的印信强行诛杀蒙恬，他说："皇帝既然下了诏书，赐你自尽，你就应当乖乖从命，你若不愿自尽，就是叛逆，按律当夷灭三族。"说着就要拔剑斩杀蒙恬。

这时蒙恬的副将王离愤怒地冲了进来，大喊道："谁敢动蒙将军？"王离是王翦的儿子，王、蒙两家在秦国都占有重要地位。在秦始皇统一六国的过程中，王氏和蒙氏立功最多，攻打楚国时蒙武是王翦的副将，现在王离又是蒙恬的副将，因此两家的关系非常好。眼见蒙恬和扶苏受到这样不公平的待遇，王离当然不肯坐视不理，他当时正在长城外巡视，听到消息之后立即快马加鞭，一路飞奔回来。只可惜他回来得太晚，见到扶苏的尸首，他为公子感到愤愤不平，激动地说："公子和蒙将军没有任何罪过，却遭到这样的待遇，定是奸臣的诡计，公子贤明却遭到屠戮，天底下哪有这样的道理？在事实查明之前，谁也不许动蒙将军。"

使者大叫道："大胆王离，你想造反不成？"说着便要拔剑。

可是他忘了，这里是前方的军营，没有赵高能够给他撑腰，其他的将领早就怒不可遏了，齐刷刷亮出兵刃。使者见状，顿时说不出话来。这时蒙恬说："我不想为难你，带我去见你的主管官吏。"使者于是将蒙恬带回上郡，囚禁在阳周（今陕西省子长县北）。胡亥用李斯的家臣担任护军。等到使者回来报告时，胡亥已经听到扶苏的死讯，就打算释放蒙恬。赵高害怕蒙氏再次当权跟自己争宠，决定除掉他们。

不久，蒙毅祈祷完毕，他已经听说了蒙恬被抓的消息，但还是决定返回。赵高对蒙毅恨之入骨，欲除之而后快，此时他最得宠信，于是日日夜夜毁谤蒙氏。赵高对胡亥说："先帝很久以前就想册立您为太子，却遭到蒙毅的劝阻，他知道您贤明却又反对您做太子，分明就是一个不忠之人，先帝生前一直受到他的蛊惑，简直可恶至极，陛下应当立即除掉他们兄弟俩。"

秦二世的从兄子婴进言规劝说："我听说过去赵王迁杀死李牧而起用颜聚，燕王喜采用荆轲的计谋而背弃与秦国的盟约，齐王建杀死忠臣而改用后胜的计策。这三位国君，都是因为改变旧规而丧失了他们的国家，甚至为此丢了性命。如今蒙氏兄弟是秦国最优秀的大臣和谋士，大王却要处死他们，这可不是明智的决定。我听说考虑问题草率的人无法治理国家，独断专行、自以为是的人也无法辅佐国君，诛杀忠臣良将，却任用没有品行节操的人，会使文臣离心离德，也会使武将涣散斗志，皇上千万不要自毁长城啊！"

胡亥此时已经完全被赵高迷惑了，听不进子婴的规劝，反而派遣御史前往代郡，对蒙毅说："你曾经阻挠先主册立太子，丞相认为你不忠诚，要诛杀你们全族，皇上不忍心，要你自杀，对你算是很好了，你自己好好考虑吧！"蒙毅回答说："我从年轻时就开始做官，一直能够得到先主的信任，算不上是不忠吧？先主举用太子，是经过深思积虑才作出的决定，我怎么会说三道四呢？不是我为了活命找借口，而是怕羞辱了先主的名誉，希望大人认真考虑，让我死于应有的罪名。做事完美无缺，是道义所追崇的；严刑杀戮，是道义所不容的。从前秦穆公杀死车氏三良为他殉葬，判处百里奚以不应得的罪名，因此在死后得到'缪'的称号；昭襄王杀死武安君白起；楚平王杀死伍奢；吴王夫差杀了伍子胥，这四位国君，都犯了重大的过失，而遭到天下人对他们的非议，在各诸侯国中声名狼藉。用道义治理国家的人，不会杀害无罪之人，请皇帝认真考虑。"使者不听，杀害了蒙毅。

二世皇帝又派遣使者前往阳周，命令蒙恬自裁："你的弟弟蒙毅犯有重罪，依法要牵连你。"蒙恬说："蒙家三代人都受到秦国的重用，为秦国立下无数功劳。我带兵三十多万，即使被囚禁，仍然有能力叛乱。我知道必死无疑却坚守忠义，是不敢辱没祖宗的教诲，不敢忘掉先主的恩宠。从前周成王即位的时候过于年幼，周公背着他接受群臣的朝见，终于平定了天下。成王病重，周公剪下自己的指甲沉入黄河，祈祷说，'国君年幼无知，当权执政的是我，若有罪过，应该由我承受惩罚。'并把这些祷词书写下来，收藏在档案馆里，这可以说是非常忠信了。到了成王亲政的时候，有奸臣造谣，污蔑周公想要谋反。成王听了大发雷霆，要逮捕周公，周公无奈之下逃奔到楚国。后来成王看见了周公的祷词，被他的一片诚心所感动，流着泪说，'谁说周公旦想要作乱呢！'他杀了造谣生事的那个大臣，请周公旦回国。所以《周书》上说，'一定要多方询问，反复审察'。蒙氏世世代代侍奉秦国的国君，从来没有二心，最终却落得这样的下场，一定是因为奸臣叛逆作乱、欺君罔上。周成王知错能改，最终使周朝兴盛；夏桀、商纣大杀忠臣而不知悔改，最终落得身死国破。我说这些并不是为了祈求免死，而是希望陛下替黎民百姓着想，作出正确的决定。"使者说："我奉命来杀你，不敢把将军的话转报皇上听。"蒙恬沉重地叹息说："我究竟犯了什么罪，会无罪被杀呢？"过了很久，他才慢慢地说："我本就该死啊，为了修筑长城，挖掘壕沟一万余里，能没有截断地脉吗？这就是我的罪过了。"

想到这里，蒙恬不再感到遗憾，吞下毒药自杀了。

司马迁在《史记·蒙恬列传》里说：我到北方边境，从直道返回，实地观察了蒙恬修筑的长城和堡垒，挖山填谷，贯通直道，本来就是不重视百姓的人力物力的浩大工程。秦国刚刚灭掉其他诸侯的时候，人心尚未安定，百业待兴，蒙恬身为名将，不在这时候规劝皇帝，为百姓谋福，让百姓能够安定地生活，反而迎合始皇的心意，大规模地修筑长城，他们兄弟遭到杀身之祸，不也是顺理成章的事吗？哪里是什么挖断地脉的罪过呢？

蒙恬和蒙毅都是秦朝的名臣，两人为秦朝的稳定做出了巨大的贡献。赵高逼死了蒙氏兄弟，为自己扫清了争权路上的障碍，同时也毁掉了秦王朝的一大支柱，更加速了秦朝的灭亡。扶苏死后，蒙氏兄弟已经不会对胡亥构成威胁了，可他竟然听从赵高的谗言自毁长城，足见他有多么昏庸无道了。

曲意逢迎，李斯终被杀

李斯年轻的时候只是一介布衣，十分贫穷，后来投入吕不韦门下做门客，得到秦王政的赏识，才声名鹊起。李斯不愿意再过那种饥寒交迫的日子，特别担心失去荣华富贵，因此行事十分谨慎，日夜提防。李斯很受秦始皇的信任，他的长子李由担任三川郡守，儿子们娶的是秦国的公主，女儿嫁的都是秦国的皇族子弟。李由请假回咸阳时，李斯在家中设下酒宴，文武百官都前去祝贺，丞相府门前的车马数以千计。李斯慨然长叹道："唉！先师荀卿曾经说过'物禁大盛'，我原是上蔡的平民，街巷里的百姓，现在却有这样高的地位，可以说是富贵荣华到了极点。物极则衰，我也不知道将来会发展成什么样子啊！"正是由于李斯这种软弱的性格，才使他在沙丘政变中不敢提出异议，没有坚持做正确的事情，反而相信了赵高的邪说。

胡亥坐上皇帝宝座之后，赵高极力迎合他的心意，讨好胡亥享乐。但是胡亥还不放心，又向李斯询问如何才能长久地享乐下去。他对李斯说："我听韩非说，古代的帝王过得十分贫寒。尧治理天下的时候，房子是茅草做的，吃饭只喝野菜汤，连件像样的衣服都没有，冬天裹鹿皮御寒，夏天穿麻衣。大禹治水时到处奔波，累得大腿掉肉，小腿脱毛，最后客死异乡。当上了帝王却还活得那么辛苦，难道他们喜欢那样吗？大概只有穷酸的书生才会提倡贫寒的生活吧？既然拥有了天下，就应该尽力享乐才对，如果自己过得不开心，又怎么可能有心思治理天下呢？我就是想这样永远享乐天下，爱卿你看有什么良策？"

李斯唯恐赵高抢了风头，于是写了一篇文章，建议胡亥独断专权，用酷法治民。

这封答书上奏之后，二世看了非常高兴。得到赵高和李斯这两大权臣的支持之后，秦二世更加肆无忌惮了。当时的刑罚一天比一天残酷，人人自危，想反叛的人很多。二世又建造阿房宫，修筑直道、驰道，赋税越来越重，兵役劳役没完没了。路上的行人，有一半是犯人，街市上堆满了尸体，杀的人越多在胡亥眼里就越是忠臣。

百姓失去了生存的希望，纷纷揭竿而起，起义的怒火点燃了整个天下，秦王朝的统治岌岌可危。李斯看在眼里，急在心上，一直想要劝谏秦二世。赵高了解了他的想法之后，怂恿他上表，说："关东盗贼那么多，皇上却继续修建阿房宫，沉溺于声色犬马之中。我想劝谏，但我的地位卑贱。你作为丞相，规劝皇上是你分内之事，你为什么不做呢？"李斯不知是计，他说："确实是这样，我早就想说了。可是现在皇帝不理政事，常居深宫之中，我连他的面都见不到，哪有机会劝谏呢？"赵高对他说："你若真能劝谏的话，就由我替你打听，只要皇上一有空闲，我立刻通知你。"

赵高趁着秦二世正在玩乐时，通知李斯进宫奏事。李斯就到宫门求见，接连三次都是这样。二世非常生气地说："我平时空闲的日子很多，丞相都不来。当我想好好休息的时候，他反而来了，丞相是瞧不起我呢？还是故意烦我？"赵高又乘机进谗言："您这样说话可太危险了！沙丘的密谋，丞相是参与了的。

现在陛下您已即皇帝位，而丞相的地位却没有提高，显然他的意思是想割地封王啊！丞相的大儿子李由担任三川郡守，楚地的强盗陈胜等人都是丞相故乡的人，所以才敢横行霸道，经过三川时，李由只是守城，从来没有出击。我曾听说他们之间有书信来往，但还没有调查清楚，所以没敢向陛下报告。更何况丞相在外，权力比陛下还大。”二世听信了这些话，想要对付李斯，又担心情况不实，就不断地派人到三川调查，并责备李斯身居三公之位，不采取措施治理天下，却让盗贼猖狂到这种地步。

李斯这才明白赵高的险恶用心，他不甘心坐以待毙，于是急着想要面见秦二世。当时二世正在甘泉宫观看摔跤和滑稽戏表演，李斯不能觐见，就上书揭发赵高：“赵高为人奸诈，贪敛财富，他不断进谗言，窃取了陛下您的威信，诛杀异己，四处安插自己的亲信，朝中遍布他的党羽，陛下你不早做打算，我担心他迟早会发动叛乱啊。”二世早已相信了赵高，反而逮捕了李斯。

李斯被套上刑具，关在监狱中。他仰天长叹：“可悲啊！无道的昏君，又有谁能为他出谋划策呢？夏桀杀死关龙逢，商纣杀死比干，吴王夫差杀死伍子胥。这三个惨死的大臣，难道不忠吗？只可惜忠非其人。我的智慧比不上这三人，而二世的暴虐无道超过了桀、纣、夫差，我因尽忠而死，也是应该的呀。现在造反的人已占天下人的一半了，但二世没有觉悟，居然任用赵高为辅佐，大秦王朝危在旦夕。”

二世听到这番话大怒不已，派赵高审理，将丞相府的门客和家族全部逮捕。李斯被打了一千多下，实在忍受不了这种痛苦的折磨，只好招供了。直到这时，李斯还抱有一丝幻想，他自负能言善辩，又对秦国有大功，确实没有反叛之心，希望能够上书为自己辩护。李斯于是在监狱中写了一封信，希望二世能觉悟过来并赦免他。奏书写好之后，李斯颤颤巍巍地递给狱吏，狱吏看了一眼书信，又看了一眼李斯，随即将书信扔到地上，恶狠狠地说：“囚犯怎能上书！”

赵高派门客假扮成皇帝的使者，来到狱中问李斯：“你冤屈吗？”李斯大声喊冤，结果继续被殴打。第二天又来了一个，问李斯：“你冤屈吗？”李斯仍然喊冤，于是继续被鞭打。这样过了许多次之后，李斯已经不敢再相信了。等到二世真的派使者来验证口供的时候，李斯以为还和以前一样，不敢再改口供，承认了所有的罪状。赵高把供词呈给秦二世，秦二世高兴地说："要不是你的话，我几乎被丞相出卖了。"等二世派的使者到达三川时，李由已经被项梁杀死，赵高就编造了一整套李由谋反的罪状。

二世二年（前208）七月，李斯被判以五刑，在咸阳街市上腰斩。在行刑的路上，他回头对次子说："真怀念以前在上蔡的时光，那时我们父子一起牵着黄狗，出了东门去打猎追兔子，只是现在已经不可能了！"于是父子二人相对痛哭，三族被诛。

倒行逆施的胡亥

恐怕连秦始皇也没有想到，他的继任者会是一个比他还要凶狠残暴的人。安葬秦始皇的时候，秦二世说："先帝后宫妃嫔没有子女的，放她们出去不合适。"就命令这些人全部殉葬，殉葬的人很多。下葬完毕，赵高又进谗言说，修建陵墓的工匠制造了墓中的机关，里面的宝藏他们都知道，难免会泄露出去。于是等到隆重的丧礼完毕，宝物封藏好之后，秦二世命人把墓地最外层的一道石门放下来，工匠全部被封闭在里边，没有一个出来的。

秦二世害死了扶苏之后，还不满意，大肆屠杀兄弟姐妹。如果说杀害扶苏是出于政治斗争的需要，那么他即位之后的行为只能说明他本来就是一个毫无人性的野兽。他对待其他众多的兄弟姐妹的手段十分残忍。最残忍的一次是在咸阳的市上（市即古代城市中的商业区）将十二个兄弟处死。另一次在杜邮（今陕西咸阳东）又将六个兄弟和十个姐妹碾死，刑场惨不忍睹。将闾等三人也是胡亥的兄弟，他们害怕遭到屠杀，于是谨言慎行，连房门都不出一步。胡亥找不出他们的罪名，就把他们关在了宫内。可是没过多久，赵高仍然派人逼他们自尽，将闾对来人说："我们遵守礼制和法律，从没犯过任何错误。对皇帝的命令，我们言听计从，为什么说我们不忠，要我们自裁？"来人答道："我只是奉命行事，不知道皇帝为什么要处死你们。"将闾兄弟三人抱在一起大哭了一场，最后引剑自刎。

公子高眼看着兄弟姐妹一个一个地惨死在胡亥的屠刀之下，心中明白自己也难逃厄运。他想过逃跑，可是以胡亥残忍的个性，恐怕会连累家人。他坐在地上哭泣，为兄弟姐妹哀伤不已，也为自己哭泣。他思念大哥扶苏，为什么不是扶苏登上帝位？说什么都迟了，左思右想也没有好的办法，于是他下定决心，用自己的一死来保全家人的安全。他上书给胡亥，说愿意在骊山为父亲殉葬。胡亥很高兴，赐给他十万钱，放过了他的家人。至此，胡亥将自己的兄弟屠杀殆尽，再也没有人能够和他争皇位了。

胡亥将屠刀指向了文武大臣，蒙恬兄弟首先被赐死。在赵高的唆使下，胡亥继续大开杀戒。右丞相冯去疾和将军冯劫为免遭羞辱，选择了自尽。等他们死后，赵高将自己的亲信一个个安插进去，他的兄弟赵成做了中车府令，他的女婿做了都城咸阳的县令，朝中布满了他的党羽。

在秦二世统治时期，人民的劳役负担不但没有减轻，反而更加沉重了。秦二世大量征发全国的农夫继续修造阿房宫和骊山陵墓，同时让各地向咸阳供给粮草，禁止运粮草的人在路上吃咸阳周围三百里以内的粮食。秦二世的倒行逆施，使百姓的生活更加艰难，最终导致了人民起义的爆发，成为压垮秦王朝的最后一根稻草。

胡亥墓，即秦二世墓。据载公元前 207 年（二世三年）权臣赵高胁迫秦二世自杀，以庶人仪葬于周杜国属地，即秦时的洲地，在今西安市雁塔区曲江乡曲江池村南缘台地上。

此时的秦二世只顾享乐，只喜欢听天下太平的好话，竟然不同意有“反叛”的事，更别提发兵平叛了。有东方来的使者向朝廷报告了军情，说起义军现在已经攻下蕲县，攻入了陈郡，秦二世于是召集身边的博士和儒生商讨对策。殿下的三十多个博士儒生非常着急，一起说：“对于造反的人决不能宽恕，请陛下火速发兵前往剿灭。”秦二世一听也跟着急了，脸色通红。博士叔孙通同情起义军，憎恨胡亥的为人，于是他故意装出一副鄙视的样子，不屑地说：“陛下，他们说的根本就不对，先皇早已经拆毁了城墙，销毁了天下的兵器，又有陛下您坐镇天下，国家安定，人民富足，怎么可能会有人造反呢？他们说的只不过是几个盗贼而已，地方官想要封赏，故意把事情说得那么严重，陛下只需叫他们积极追捕就可以了，不用为这些琐事伤了陛下的万金之躯。”胡亥喜笑颜开，直夸叔孙通说得好，然后又问其他的人。博士们面面相觑，完全没了主意，纷纷向叔孙通看了过去，只见叔孙通傲然挺立，于是都顺着胡亥的心意，说陈胜是盗贼。有的人不肯附和，坚持说陈胜是造反，反而被秦二世治罪，罪名是“非所宜言”罪，就是说了不应该说的话。

在胡亥为自己是“仁义之君”而沾沾自喜的时候，起义军的数十万大军已经悄悄逼近了咸阳。胡亥这才着了急，听从少府章邯的建议，让他率领释放的骊山刑徒出战迎敌。章邯是秦朝最后一员名将，他临危受命，靠临时组织的囚徒，一败周文数十万大军，再破齐楚联军，接着击破楚军，杀死楚军统帅项梁。在章邯的努力下，秦朝得以苟延残喘。在钜鹿（今河北平乡），气拔山兮的楚将项羽率领士卒破釜沉舟，在各诸侯军畏缩不进时如猛虎下山般扑向秦军，击败章邯，然后又率领诸侯义军全歼王离军，走投无路的章邯带着二十万秦军投降。秦王朝失去了最后一根救命稻草，名存实亡。

到这时，胡亥才猛然醒悟过来，原来赵高说的天下太平竟全是谎言，对赵高很不满。赵高害怕二世发怒，诛杀自己，就谎称有病不去朝见皇上，准备先下手为强。一天夜里，胡亥梦见一只白虎咬了他车驾的骖马，他大惊之下杀了那只白虎，心中一直闷闷不乐。解梦人对他说是泾水水神在作怪。秦二世于是在望夷宫斋戒，准备把四匹白马沉入泾水，祭祀水神。

赵高暗中跟他的女婿、咸阳县令阎乐和弟弟赵成商量说："皇帝不听劝谏，现在天下乱成这个样子，他又想把罪名推给咱们。反倒是公子婴忠义仁爱，百姓都拥护他，我们干脆杀掉胡亥，改立公子婴。"计划商议好了之后，赵高让郎中令做内应，谎称有大盗，命令阎乐带兵追捕。赵高还劫持了阎乐的母亲，安置到府中当人质，迫使阎乐不得不听从他差遣。阎乐带领一千名官兵来到望夷宫门前，绑住卫令仆射，喝问道："有盗贼从这里进去了，你为什么不阻拦？"卫令战战兢兢地说："皇宫周围警卫哨所都有卫兵防守，十分严密，盗贼怎么敢进入宫中？"阎乐大怒，斩了卫令，带领官兵径直冲进去，一边走一边杀人，被杀死的总共有几十人。

郎中令和阎乐一同冲进去，看见了秦二世，立即放箭，但距离很远，只射中了帷帐。二世很害怕，召唤左右护驾，但这个时候还有谁会听他的命令？左右的人不敢动手，全部逃走了，只有一个宦官双腿发抖，愣在原地不动。秦二世愤怒地问他："你们为什么不早告诉我，竟到了现在这种地步？"宦官说："我就是因为没说才保住了性命，如果说出实情的话，我们这班人早就都被您杀了，怎能活到今天？"

阎乐走上前去历数二世的罪状，勒令他自尽。秦二世这时仍然抱有一丝幻想，他天真地说："我可以见丞相吗？"阎乐说："不行。"二世说愿意做个郡王，阎乐摇头。又说愿做个万户侯，阎乐还是摇头。二世又说："我愿意和妻子儿女去做普通百姓，跟诸公子一样。"阎乐冷冷地说："我是奉丞相之命，为天下人主持正义，你的任何请求我都不敢答应。"最终二世自杀。

赵高害死胡亥之后，用平民的礼节埋葬了他，墓地在杜南（今西安西南）的宜春苑中。他死时只有二十四岁，皇帝也仅仅当了三年。权力腐蚀了他，使他变成了一头怪物。秦始皇执政的时候就已经够残暴了，胡亥倒行逆施，变本加厉，竟在短短几年时间内就将秦朝的江山葬送了。

祸害无穷的奸臣赵高

赵高是嬴姓，赵氏，本是秦国的宗室远亲（一说为赵国宗室远亲），家族流亡至秦国。他的母亲因触犯刑法遭到处罚，被收入秦朝的隐官，赵高兄弟皆出生于此。长大之后，赵高成了秦始皇最信任的宦官。秦始皇听说他为人勤奋，又精通法律，便提拔他为中车府令掌皇帝车舆，还让他教自己的少子胡亥判案断狱。由于赵高善于察言观色、逢迎献媚，因而很快就博得了秦始皇和公子胡亥的赏识和信任。有一次，赵高犯下重罪，蒙毅不敢徇私，要按律处他死刑，赵高巧言令色迷惑秦始皇，最终使秦始皇赦免了他并官复原职。此后赵高一直勤于职守，钻研法律，至少在秦始皇的眼里是一个忠诚老实、办事得力的人。

秦始皇死后，继位的胡亥昏庸无能，朝政便一步步被赵高把持在手里。赵高对秦二世说："陛下虽然当上了皇帝，但天底下还有许多人不服。您必须实行严峻的法律和残酷的刑罚，把犯法的和受牵连的人统统杀死，直至灭族。铲除先帝的旧臣，重新任命您信任的人，这样就使他们从心底对您感恩戴德，陛下您就可以高枕无忧，纵情享受了。"秦二世认为没有比这更好的主意了，就重新修订法律。赵高利用这个机会大开杀戒，他仇恨蒙氏兄弟，很快就把他们杀死了，接着又杀光了秦二世的兄弟姐妹，财物没收归皇帝所有，受到牵连的人不计其数。

赵高杀人太多，起初还害怕大臣在入朝奏事时揭露他，就劝二世："天子之所以尊贵，是因为大臣只闻其声，不见其人，所以才自称'朕'。陛下还很年轻，未必什么事情都懂，如果在朝堂处事不妥，就会把自己的短处暴露给大臣，就显现不了您的圣明了。陛下不妨深居宫中，等着大臣把公文呈奏上来，我们就可以研究决定。这样，大臣就不敢把疑难的事情报上来，天下的人也就称您为圣明之主了。”二世听信了赵高，就不再坐在朝廷上接见大臣，深居在宫禁之中。赵高总在皇帝身边侍奉办事，一切公务也全由他决定。

指鹿为马的雕塑

李斯死后，赵高接替了他的职位，成为丞相后。这时候农民起义十分激烈，赵高认为天下已乱，时机成熟，欲篡位称帝。他怕大臣不服，想设法试验一下，看看究竟有多少人服从自己，于是，就导演出一出“指鹿为马”的闹剧。上朝的时候，赵高牵了一头鹿进入皇宫，把它献给秦二世。秦二世一看，赞许地说：“好漂亮的一头鹿。”赵高说：“这不是鹿，是马。”秦二世一听，不觉大笑起来，说：“丞相你错了，这怎么可能是马呢！”赵高笑了笑说：“这就是马，不信您问问其他大臣，看这到底是鹿还是马。”赵高挂着一脸笑容，看着底下的官员。赵成首先喊了起来：“这就是马，丞相说得没错。”大臣看到这里已经完全明白了，附和声此起彼伏。也有的怕得罪赵高，不敢说实话，只好默默不语；还有些人尊重事实，直言是鹿。赵高认为这些都是反对他的人，便将他们一一暗害了，而那些睁眼说瞎话的人则成了赵高收罗的对象。

此刻的秦王朝已经摇摇欲坠，秦二世三年钜鹿之战（今河北省平乡县西南），秦军主力被项羽打败，精锐尽失，大将王离被擒。章邯求助不成，恐朝廷降罪，率二十万大军投降。六国旧贵族见机纷纷自立为王，并力西进。刘邦带着数万兵马迂回进入武关（今陕西省商洛县西南丹江北岸），为了早日攻克咸阳，他派人暗中与赵高联系，希望赵高能做内应。赵高担心胡亥降罪，便逼死了秦二世。

阎乐向赵高报告了胡亥已死的消息，赵高匆匆赶到现场，摘下了胡亥身上的玉玺佩。赵高非常得意，认为称帝的时机已经到来，他捧着玉玺来到大殿上，准备宣布登基。但是文武百官都低着头不说话，用这种方式表示他们的愤怒。赵高顿时感觉天旋地转，这才感到自己的罪恶达到了“天弗与，群臣弗与”的程度，只得改变主意，宣布拥戴子婴登基。没过几天，赵高被子婴刺杀，但此时的秦王朝已经病入膏肓，无法挽救了。

赵高从小地位低贱，长大后成为宦官。赵高和李斯一样，都是秦汉时期的书法大家，东汉许慎《说文解字序》云：“赵高作《爰历篇》，取史籀大篆，或颇省改。”他又熟读刑律，所以秦始皇很看重他，让他教胡亥书法和刑律。但是赵高并没有奋发图强，像李斯一样在政治上有所作为，而是倚仗秦始皇的宠信，逐步向上攀爬。秦二世胡亥昏庸无能，秦朝的权力实际上落入了赵高的手里，他把秦朝的暴政推向了顶峰，从而加速了它的灭亡。西汉时期的陆贾感慨道：“秦朝的严刑峻法一直没有改变，百姓无以为生，最终导致了帝国的灭亡。”明朝时期的陈伯康在《读史》诗里写道：“赵高利少主，矫制诛扶苏。一念误国人，三说感李斯。望夷眩鹿马，赤族诚天诛。”认为赵高是秦朝灭亡的罪魁祸首，最终被灭族的惩罚乃是天意。

大秦帝国的灭亡

赵高逼死胡亥后，召来子婴，把皇帝的印玺交给他，子婴成为秦王朝名义上的领导人。子婴是扶苏的儿子，十分仁义节俭，当初胡亥等人发动沙丘政变的时候，只决定赐死扶苏，没有牵连扶苏的家人，所以子婴才得以幸免。

赵高说：“秦国本来只是一个诸侯国而已，始皇帝统一了天下，所以称帝。但是现在六国的后人已经再次称王了，天下重新回到分割局面，秦国的国土也只剩下关中地区了，空有一个帝号的虚名没有意义，应该还是像之前一样称王。”

并让子婴斋戒，到宗庙参拜祖先，接受国王玉玺。秦朝的政权统治又回到了战国时代的状况，子婴成为秦王。

斋戒五天之后，子婴找来了他的两个儿子，又找到心腹宦官韩谈商量说："丞相赵高在望夷宫杀害秦二世，害怕群臣诛杀他，才假装申张正义立我为王。我听说他已经和楚国的刘邦约定好了，灭掉秦朝的宗族后在关中称王。如今让我斋戒朝见宗庙，这是想在宗庙趁机杀掉我。我装病不去，赵高必定亲自来请，赵高来后就杀死他。"于是，子婴暗地里联络各位大臣和武将，在都城各处做下埋伏。平时假托生病，不理朝政，赵高数次派人来请他上朝他都不去。

赵高感到纳闷，怎么会有人连王位都不要呢？他问弟弟赵成："子婴到底是怎么啦？为什么不来登基呢？快去催促，别耽误了吉时。"赵成回答："他说身体有病，无法下床，要我们再等几天。"赵高不满地说："就算是得了重病，也得等登基之后再死。"于是亲自去请子婴。赵高来到子婴居住的地方，说："朝见宗庙有关国事，君王为什么不去？"突然之间，韩谈冲了出来，一刀砍死了赵高。子婴抓住机会，调集士兵诛灭了赵高的三族，在咸阳城内示众。

赵高、李斯、胡亥三人虽然发动了沙丘政变，成功夺取了秦朝的政权，但他们都是贪图权力的小人，免不了互相倾轧，最终都不得善终。在他们的倒行逆施下，起义军遍布天下，秦王朝就像风暴中的一叶扁舟，逃脱不了灭亡的命运。三个月后，反秦队伍中的一支——刘邦率领的义军逼近咸阳城下，屯兵霸上（今陕西省西安市东），派人劝子婴投降。此时，群臣百官也都背叛秦朝而投降刘邦。子婴眼看大势已去，便和妻子、儿子用绳子绑缚自己，坐上由白马驾驶的白色马车，身着死者葬礼所穿的白装束，并携同皇帝御用的玉玺、兵符等物，亲自来到刘邦军前投降，秦朝灭亡，子婴共在位四十六天。樊哙提议杀死子婴，但刘邦没有同意，而是把他交给随行的吏员看管。

刘邦兵不血刃占领了咸阳，而后召集诸县父老豪杰，向他们发布安民告示："父老苦秦苛法久矣，诽谤者族，偶语者弃市。吾与诸侯约，先入者王之，吾当王关中。与父老约法三章耳，杀人者死，伤人及盗抵罪。余悉除去秦法。诸吏人皆案堵如故。凡吾所以来，为父老除害，非有所侵暴，无恐！”刘邦宽仁的政策得到秦人拥护，百姓终于挣脱了秦王朝的恐怖统治，唯恐刘邦不肯做秦王。

好景不长，没过多久西楚霸王项羽就带领着四十万大军进入了咸阳。项羽的大军都是由六国的后人组成的，他们十分憎恶秦人，于是开始屠城，杀了秦降王子婴，火烧秦王宫。阿房宫的大火持续烧了三个月都没有熄灭。杜牧在《阿房宫赋》里写道：“楚人一炬，可怜焦土。”项羽亲手点燃了这把大火，烧掉了秦朝文化中最瑰丽的一部分。

秦始皇做梦也不会想到，他要传之万世的大秦帝国竟然二世而亡，也不会想到他耗费全国之力建造起来的阿房宫会被项羽一把火烧光，就连他自己也差一点儿被人挖出来鞭尸。楚汉战争时，刘邦列出了项羽的十大罪状，第四条是：“怀王约入秦无暴掠，羽烧秦宫室，掘始皇帝冢，收私其财，罪四也。”对于刘邦“掘始皇帝冢”的指责，历史上传得沸沸扬扬，按理来说，项羽是干得出来的，秦始皇和他有不共戴天之仇，想要挖他出来鞭尸也是很正常的。但是一直以来，这种说法都没有确切的实际证据。

无论如何，秦朝的统治就此结束了，“始皇帝死而地分”也一语成谶。项

横店影视城秦王宫

羽入关之后，分封十八路诸侯，刘邦得到了巴、蜀、汉中。南下汉中的时候，刘邦烧毁了一路上的栈道，表示没有北上的野心。等到刘邦再次统一全国，建立汉朝之后，他也大封诸侯，当时的七个异姓诸侯王国，封域大概相当于汉朝疆域的一般。这种局势，一直持续到汉武帝年间才结束。

大秦帝国就这样追随着它的缔造者退出了历史舞台，它是中国历史上最重要也最短命的一个王朝。秦王朝虽然灭亡了，但是秦始皇制定的中央集权政治体制却影响了中国两千多年。